MEGACHANGE
THE WORLD
IN 2050

创新的方向

洞见未来世界架构的4大创新底蕴

《经济学人》■ 著

张　岩　梁济丰　胡珊珊■译

中华工商联合出版社

图书在版编目（CIP）数据

创新的方向：洞见未来世界架构的4大创新底蕴 / 英国《经济学人》著；张岩，梁济丰，胡珊珊译．—2版．—北京：中华工商联合出版社，2016.7

书名原文：MEGACHANGE：The World in 2050

ISBN 978-7-5158-1704-0

Ⅰ．①创…　Ⅱ．①英…　②张…　③梁…　④胡…　Ⅲ．①世界经济—经济预测—研究　Ⅳ．① F113.4

中国版本图书馆 CIP 数据核字（2016）第142997号

创新的方向：洞见未来世界架构的4大创新底蕴

作　　者：《经济学人》
译　　者：张　岩　梁济丰　胡珊珊
策划编辑：王宝平
责任编辑：于建廷　臧赞杰
装帧设计：周　源
营销企划：万春生　王　静
责任审读：郭敬梅
责任印制：迈致红
出版发行：中华工商联合出版社有限责任公司
印　　刷：三河市宏盛印务有限公司
版　　次：2016年9月第2版
印　　次：2016年9月第1次印刷
开　　本：710mm × 1020mm　1/16
字　　数：300千字
印　　张：19
书　　号：978-7-5158-1704-0
定　　价：58.00元

服务热线：010-58301130
销售热线：010-58302813
地址邮编：北京市西城区西环广场A座
19-20层，100044
Http：//www.chgslcbs.cn
E-mail：y9001@163.com（第七编辑室）
E-mail：gslzbs@sina.com（总编室）

工商联版图书

目 录
MEGACHANGE
THE WORLD IN 2050

第二部分 地球

第三部分 经济

第四部分 知识

序 言

MEGACHANGE
THE WORLD IN 2050

看清未来

人类花了25万年的时间才在公元1800年前后让地球上的人口数量增加到了10亿，而最近增加的10亿人口，人类只花了12年的时间。这是个大转变，是个以惊人速度发生的、全方位、大规模的转变。这个转变与我们每个人都息息相关。如今，技术传播之迅捷绝无仅有——互联网、手机等传播手段，还有浩如烟海的信息。这些信息要么存储在计算机中，要么通过Facebook和Twitter这样的社交网络进行传播。想想这一切，你就明白信息传播变得如何迅捷了。我们慢慢看着全球经济的重心向亚洲倾斜。所有这些都会对人民生活、商业战略、国家政策乃至地球的未来产生深刻的影响。

编撰本书的目的有二。其一是找出并探讨即将改变世界的种种发展态势，如今它们正在从医疗卫生到社会财富的各个领域发挥作用。而本书结构成篇的根本原则就是打破常规的一锅端的做法，各个击破，分别探讨不同领域的问题。当所有领域的前景都被清晰勾勒出来之后，令人耳目一新的全景自然就会跃然纸上，那时视野之开阔就好像搭乘直升机在空中俯瞰。

其二就是展望未来，畅想一下经过了几十年的发展变化之后，到2050年，世界会变成什么样子。乍看之下，定下这样的目标简直是不知天高地厚。丹·加德纳在其作品《未来狂言》中敢于冒天下之大不韪，大胆用史实证明：历史前进的道路上满地丢弃的都是最后被证实完全不得要领的各种预言。比如，英国记者H.N.布雷斯福德曾在1914年写道："我相信世界上最强大的六个国家之间再也不会发生战争了。"而不久之后，第一次世界大战爆发。还有，1929年股市崩盘前一周，美国经济学家欧文·费希尔预言："我认为股市会在未来几个月里大涨。"

普通人又怎么能够知道未来到底会是什么样呢？仅仅是预测明天的天气情况就已经够困难的了，更不用说预测未来40年里会发生什么了。在此期间，这个世界上还不知要发生多少次"黑天鹅事件"。这个说法是研究随机性的作者纳齐姆·塔利布提出的，他把人们无法预测的事件称为"黑天鹅事件"。

然而，未来还是值得一猜的。也许这听起来有些不可思议，但事实上预测2050年的世界远比预测下个礼拜或者明年会发生什么要容易。即便是对未来预测如此不信任的塔利布也愿意尝试着预测二三十年后的情况，而他的理由则是："在经过了那么长时间以后，今天所有脆弱的东西都已经灰飞烟灭。"我们还是来借用一下天气预报的例子吧——虽不能指望有谁能够准确可靠地预测出下个月的天气情况，但是，完全不去考虑2050年的气候形态以及期间的气候变化是极其不负责任的行为。

而且，我们确实能够比较准确地预测出未来几十年里一些重要领域的发展变化情况，比如说人口的发展变化趋势：尽管这种趋势不像数学定理般毋庸置疑，但是也非常接近事实。人口问题是一个很好的思考未来的出发点。事实上，本书正是从这个话题开始探讨的，我们将会首先读到约翰·帕克对人口发展变化整体趋势的权威预测。

人口发展变化趋势又会影响到本书中探讨的许多其他问题的发展方向。本书中共收录了19篇文章，每一篇都是由《经济学人》大家庭中的一位成员或者一位撰稿人来完成，广泛探讨了各种话题，这些文章被分为四大部分：人、地球、经济和知识。它们不但描述了未来世界的大转变，而且还传达了作者们就未来发展变化趋势所持有的相似观点（当然，作者们也都表达了担心自己预测出现偏差的惶恐之情）。

2050年愿景

首先，本书撰稿人或多或少都秉承同样的思路——要看清未来，首先要审视过去，回顾过去有助于我们了解未来变化的规模和性质。我们还可以借此来了解变化背后的原动力。

不过，这股动力也可能会遭遇抵抗。因此，大家也还有另外一个相同的思路——正视沿途的各种破坏力量，而不是一味地仅仅根据过去的历史发展来推演未来的模样。如今，大家对于环境持续遭到破坏这一趋势已经再确定不过了，但马特·里德利却认为生态环境会在一段时间内出现好转。奥利弗·莫顿则探讨了气候问题，并指出一旦我们以全新的、风险管理的视角来看待和应对气候问题，一系列深刻的变化将会随之出现。夏洛特·霍华德认为，基因科学研究领域的突破以及医疗卫生服务的推广会改变疾病传播发展的趋势。新兴世界的迅速发展会带来许多对社会产生严重破坏作用的新情况，而芭芭拉·贝克指出女性受教育水平的提高以及发展机遇的增加也能够起到同样的效果。爱德华·卢卡斯对世界民主形势变化的预测令人惊讶，他认为，未来40年，在专制国家里民主会进步，而在如今的自由国家里民主则会退步。

在谈到经济问题时，赞尼·明顿·班道斯认为，尽管目前发达国家贫富差距拉大的趋势看似无法遏制，但在未来几十年里，贫富差距却很可能会缩小。目前的一个重要趋势之一就是各国政府因为要负担日趋高昂的医疗卫生和养老服务费用而日渐臃肿，但是保罗·华莱士认为，改革最终会让政府变得更加轻盈、明智和健康。一年又一年，我们几乎要认为中国的飞速发展是理所当然的了，但是西蒙·考克斯却告诉我们，到2050年，其经济增长速度也将只能保持在每年2.5%左右。

说到这里，不得不说，亚洲，特别是中国的崛起是本书中的一个重要线索。世界经济重心正在向东迁移，拉扎·科奇克指出，这其实是历史的重现。到2050年，亚洲的经济总量将会达到全球经济总量的二分之一强，而1820年之前，在长达几个世纪的时间里，世界经济格局一直是这个样子的。经济格局的变化必将深刻影响从环境到军事力量对比的方方面面，世界经济的重心也会发生迁移。但是，不要认为到了2050年，中国就能够在各个领域都叱咤风云，罗伯特·莱恩·格林在探讨文化问题的时候指出，汉语普通话不会取代英语成为世界语言。杰弗里·卡尔认为，除非中国从制度上为科学研究创造更好的条件，营造促进科学的政治环境，否则中国科学家是无法引领世界科学研究的。

作者们都认为未来40年的发展总趋势是进步，这种态度同预言行业阴郁悲观的传统大相径庭。他们对未来的乐观，并不是因为他们在透过玫瑰色的水晶球看未来，也绝对不是对危机和挑战视而不见。他们也看到了前进道路上的各种挑战，从应对气候变化、避免因为抢夺水资源等稀缺资源而引发战争，到在2050年养活90亿人口，再到形形色色的安全威胁。不过，接下来诸位将要读到的这些文章的主要基调还是积极乐观。或者说，至少作者们相信，只要政策合理，在大部分领域人类都会有更好的发展。

换言之，2050年的世界完全有可能变得更富裕、更健康，联系更紧密，发展更加可持续，生产力更发达，创造力更旺盛，教育水平更高，贫富之间、两性之间的差距更小，数十亿地球人口都能够拥有更多的机遇。城市化的程度也会更高，近70%的人口将会居住在小城镇或者大城市，而今天的非农人口只占全部人口的一半多一点儿。世界人口的年龄水平也会提高，中位数年龄将从29岁提高到38岁；非洲人口占全球人口比例会提高，全世界人口增加的23亿当中，有一半来自非洲。所有这些都会给世界带来翻天覆地的变化，不过，就像阿德里安·伍尔德里奇在研讨未来商业发展趋势的时候得出的结论一样："创造性破坏的风暴最终会将我们吹往一个更美好的地方。"

在这件事情上，新技术居功至伟。有些新技术我们还想象不到，不过有一些已经初现端倪了。制造业会因为叠层制造技术，也就是三维立体打印技术的出现而发生革命性的变革。利用这种技术，消费者自产汽车零件将会变成很平常的事情。而靶向药物、无须冷藏运输的疫苗还有能够生发新组织的干细胞会创造更多医学奇迹。生物学和机器人学的融合能够赋予残废的肢体新的生命力。随着现实世界与虚拟世界之间的界限变得日趋模糊，教育也实现了自主化，几乎人人都可以远程学习牛津、剑桥和哈佛这样的知名学府所提供的网络课程。2050年，许多科幻小说中的景象会变成现实：已经灭绝的生物可能重生。而且，据蒂姆·克罗斯的说法，我们也很可能会发现外星生命。

上面列出的只是我们可以期待的无限可能中的一些，本书中收录的文章还有一个共性。这些文章中充满各种奇思妙想和出乎我们意料之外的数据和事实：对于未来的各个不同领域的探索结果常常会让许多人感到惊奇。比如，2050年，法国的人口数量将会超过德国；中国人的平均年龄不光会比美国高，还会比欧洲人高；主要由穆斯林构成的繁荣的中东地区将会开始收获"人口红利"；尼日利亚人口将会达到近四亿，大有赶超美国之势，而且尼日利亚也将会成为一个像今日的金砖四国（BRIC，包括巴西、俄罗斯、印度和中国）[①] 一样飞速发展的新兴市场国家。

在战略层面，到2050年，因为深刻的防御重组，北大西洋公约组织将会退出历史舞台，无人机将会取代真人驾驶的飞机来执行大部分的飞行任务。在所有学科中，生物学将会成为最活跃的学科，而且会同纳米科学以及信息科学实现融合。在金融市场上将会数度出现菲利普·科根所描述的循环现象。而对个人而言，检验基因组序列将会变得像今天验血那么简单。因为机器翻译技术的长足进步，外语技能将会像被电脑取代的书写技艺一样，变成可有可无的技巧。马丁·贾尔斯认为，随着社交网络的发展，个人智慧被集体智慧所取代将成为常态。事实上，肯尼斯·库克尔认为无处不在的计算机（所有东西都被植入芯片）是未来40年改变人类生存方式的最重要力量。远程通信技术事实上已经消灭了距离，在这样一个世界，身处何方这个事实还具有什么意义吗？路德维格·希格勒认为，物理位置的重要性远比我们想象的要大。

综上所述，本书中收录的文章能够启发和激励广泛的读者群。公司决策者、政策制定者，以及从生物学到商业学的研究人员都能够从这些文章中汲取丰富的营养。从更广阔的视角来看，任何一个愿意透析新闻现象背后本质的人，任何一个对世界未来走向感兴趣的人都会为本书着迷。

并不是只有职业预言家口中那样黯淡的未来才能让读者信服。尽管前路坎坷，要适应这样的大转变也势必会很困难，但是2050年的世界一定不会比现在的世界更差。要是你不相信，就请翻看本书的最后一章，

---

① 由于南非的加入，现在金砖四国（BRIC）已经更名为金砖国家（BRICS）——译者注

这是关于预言和进步的。即使它无法照亮你未来几十年的征程，至少能够让你的一天明亮起来。

丹尼尔·富兰克林

《经济学人》执行主编

PART 1 第一部分

人

人口结构、卫生和文化的动态

1 人口增长的归宿

地球的人口数量注定会增长，然而，这世界准备好应对随之而来的各种后果了吗？

2011 年 10 月 31 日，零时刚过，在爱丁堡的荷里路德宫，诞生了地球上第 70 亿位公民——亚历克斯·萨蒙德。之所以这么说，是因为他是这一天出生的第一个婴儿，而联合国之前曾经宣布，地球上的人口数量将会在这一天达到 70 亿。

1999 年 10 月 12 日出生于波黑首府萨拉热窝的阿德南·内维克正式宣布为地球的第 60 亿位居民，而他的出生与小宝宝亚历克斯的出生仅仅间隔了 12 年。地球人口从 1987 年的 50 亿增长为 1999 年的 60 亿也用了 12 年。

以此为标准，世界人口当前的增长速度比人类历史上任何时候都要快。世界人口花了 25 万年的时间才达到了 10 亿，一个多世纪之后的 1927 年，全球人口数量增长到了 20 亿，后来又花了 33 年的时间增加到了 30 亿人。而到 2050 年，全球人口数量将会增加到 90 亿，而且还会继续增长（见图 1.1）。

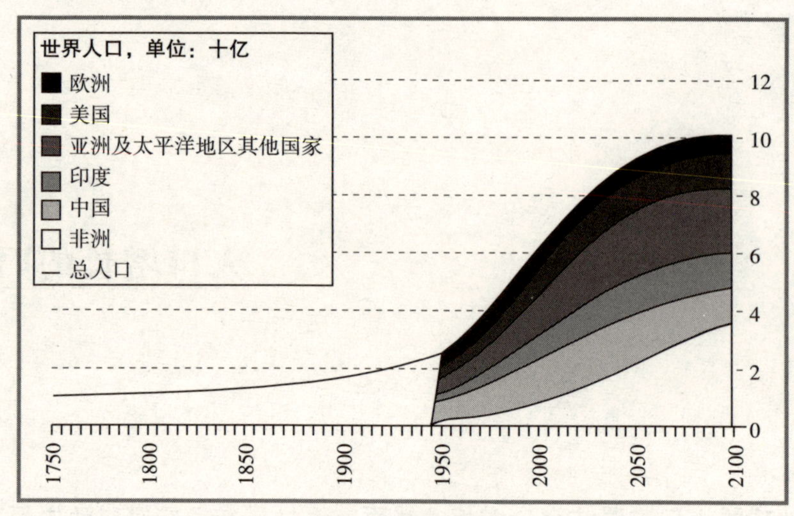

图 1.1 人力资源

资料来源：联合国数据

某些国家的人口增长速度非常惊人而且还会将这样惊人的速度保持下去。1970 年，尼日利亚的人口数量为 5700 万，而到 2050 年，除非该国的人口出生率意外出现迅速下降的情况，其人口数量将会达到 3.89 亿，几乎跟那时的美国人口数量一样多。坦桑尼亚的人口增长速度则更快，会从 1970 年的 1400 万增长到 2050 年的 1.39 亿。到 2100 年，这两个国家将分别成为世界人口第三和第五大国。

与之恰恰相反，有些国家目前的人口数量位居世界前列，但是这些国家的人口总量将会在到达峰值后出现下降。俄罗斯的人口数量从 1995 年开始就已经在下降了。日本的人口数量也在 2010 年达到了最高水平 1.26 亿。2025 年，中国的人口数量也将达到峰值 14 亿，并在之后开始减少。到那时，甚至印度这个在 2050 年时的人口第一大国的人口数量也快要达到峰值了，尽管大多数人都没有意识到这一点。印度人口数量的峰值为 17 亿，会在 2060 年前后达到这个数量，然后开始减少。

世界不同地区的人口增长速度不同，这会导致居住在这些地方的人口数量对比产生变化。亚洲还将会是人口最多的大洲，承载地球一半多一点儿的人口。不过，这同 2000 年时相比已经大幅下降了，那时地球上三分之二的人口居住在亚洲。2000 年时，非洲撒哈拉沙漠以南地区的人口数量同欧洲的人口数量大致相等；而到 2050 年，非洲的人口规模将差不多是欧洲的 3 倍。从 2010 年到 2050 年，世界人口总共要增加约 24 亿，其中一半是非洲贡献的。

预测：调整空间到底有多大？

本文关于人口的预测都来自联合国人口司，使用的是其 2011 年发布的中位数预测。他们假设过去 20 年里的人口发展变化趋势会继续保持下去。除非这些趋势因为一些意想不到的情况而改向，对 2050 年的预测将会有比较合理的准确度。然而，假设条件的细微调整经过复合式计算之后对几十年后的预测结果会产生巨大的影响。联合国预测的高变量——假设人口出生率会更高——得出的总人口数量比中位数预测数要高 12%，而低变量预测则比这组数字低 8%。而对比 2050 年更远时期的预测可调整的空间则会更大一些。

2050 年的地球居民除了数量比现在多之外，平均年龄还要大上许多（见图 1.2）。年龄超过 65 岁的人群占全体人口的比例将会翻一番还多，从 2010 年的不足 8% 增加到 2050 年的 16% 强。而所谓的中位数年龄（一半人口比这个年龄大，而另一半人口比这个年龄小）将会在 2010~2050 年间提高整整 9 年，达到 38 岁，无论是从涨幅还是增长速度上来讲，这都是前所未有的。在富裕国家，即使是在 2050 年出生的人，平均寿命也很可能达到 100 岁。

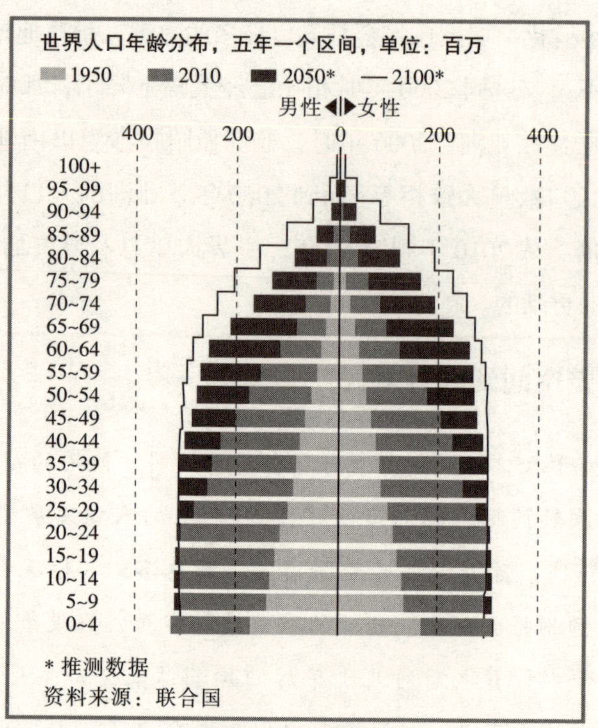

图 1.2 越来越老

而这些平均年龄更大、数量更庞大的人群还会更加城市化（见图 1.3）。2010 年，地球上一半的人居住在城市中，而到了 2050 年，这个比例将会达到 70%，城市人口总量将会达到 65 亿，相当于 2005 年全球人口总数。甚至，到 2025 年，全球人口超千万的超大城市数量就很可能会达到 30 座（1950 年，全球只有两座这样的城市，纽约和东京——参见图 1.4）但是，增长最快的还是人口数量少于 1000 万的城市。从事顾问工作的麦金西认为，到 2025 年，发展中国家将会出现 400 座这样的城市。

上述这些趋势对人们的家庭生活和经济状况都将产生深远的影响。人们的家庭生活质量总体会有提升，而经济状况却未必一定会得到改

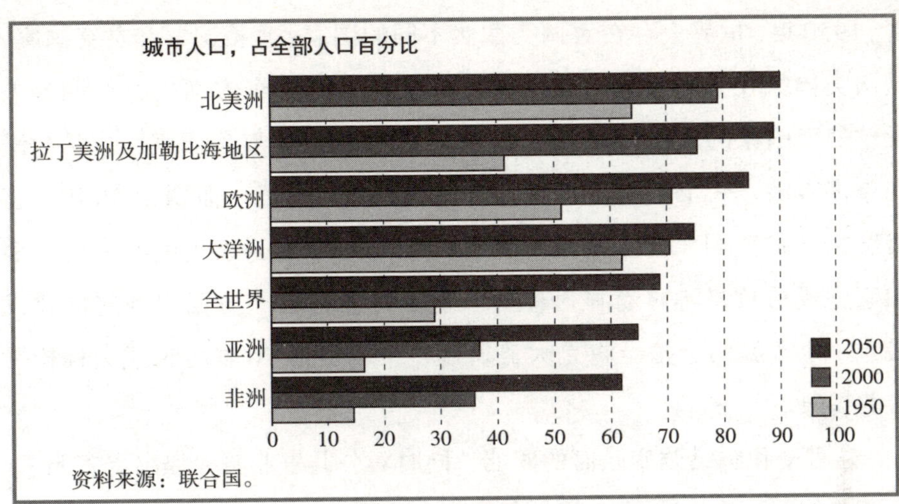

图 1.3 进城去

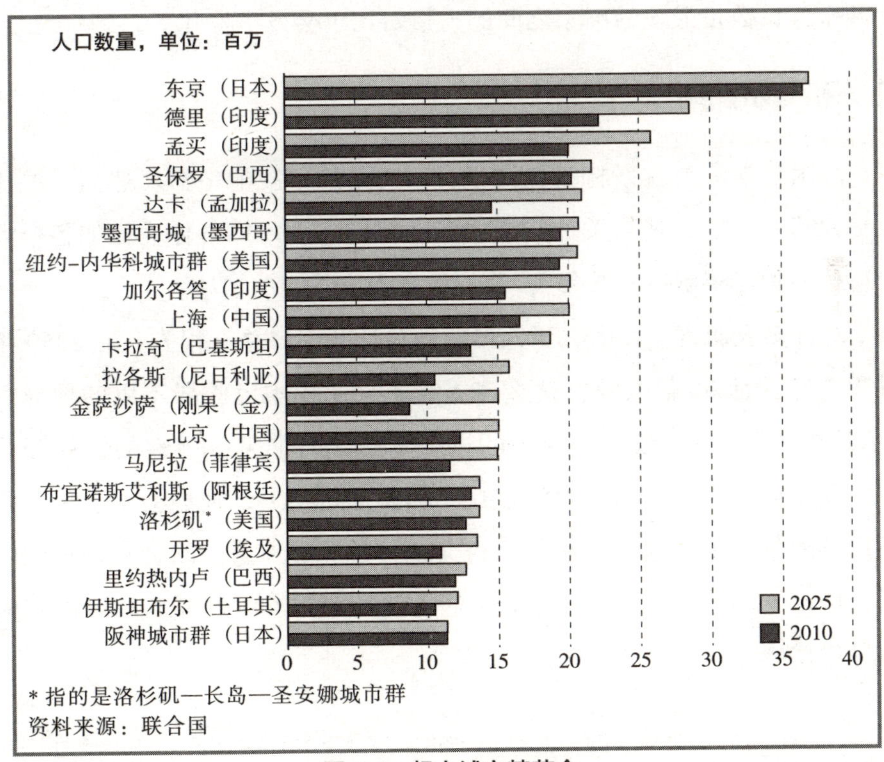

图 1.4 超大城市精英会

善。1950年，世界上存在着两类截然不同的国家：富裕国家和贫穷国家，这两类国家在人口平均寿命和家庭成员数量这两个方面也存在明显差异。贫穷国家的人民寿命要短得多（平均只有37岁）而家庭成员数量则要多得多，一个家庭通常有6个甚至更多的孩子。而到2050年，富裕国家和贫穷国家的差别仍然存在，但是这两类国家人民的平均寿命和家庭成员数量不再有显著差异。世界将会在这些方面出现趋同化发展，一个家庭两个孩子将是大势所趋，平均寿命70岁也将成为稀松平常的现象。

这种变化将会改变政府的职能，同时对公共事业服务提出更多要求。从商业创新到金融市场等各个方面，它将会全方位改变这个世界；世界上两个人口数量最多的国家之间的力量对比也会发生变化。

孔德和马尔萨斯

法国哲学家奥古斯特·孔德说，人口是逃不脱的宿命。然而，关注人口总量的改变，或者关注构成人口总体的各个不同群体（比如各个人口群体的相对年龄以及数量），我们将会得出不同的结论。

对许多人而言，许多关于人口的问题都同人口总量相关。到2050年世界能够养活90亿人吗？这么多人会不会超出本已脆弱不堪的地球的“承载能力”，并导致生态环境的进一步恶化，带来毁灭性的气候变化呢？几十亿人摩肩接踵地生活在这个拥挤的行星上，他们会不会更频繁地进行战争，苦涩的暴力深井是否会越挖越深呢？这些问题直指马尔萨斯人口论①的核心问题——地球上的人就是太多了！人越多，2050年的世界就越糟糕。

---

① 马尔萨斯人口论认为人类必须控制人口的增长，否则贫穷是人类不可改变的命运。——编者注

虽然这听起来与我们的直觉相悖，但上述这些并不是人口问题的关键。而且，在全球范围内，人口数量变化的趋势对不同地区会带来不同的影响。从某种意义上来说，马尔萨斯人口论其实分散了公众的注意力。

首先，让我们来考虑一下人口同政治暴力之间的关系。直觉告诉我们，人越多，人与人之间发生冲突的可能性就越大。特别是大量青年人正在成长的过程中，或者当不同的人群为了有限或者稀缺的资源（比如水源）展开激烈竞争的时候，情况更是如此。

表面看来，在那些人口数量增长奇快的地方，地区冲突确实更容易发生。非洲中北部半干旱的萨赫勒地区还有尼日尔河流域的水资源正在承受极大的压力。巴基斯坦和印度河河谷是另外一个水资源匮乏的地区。巴基斯坦的人口很可能会从 2010 年的 1.75 亿增加到 2050 年的 2.75 亿，而该国主要农垦区旁遮普省的地下水资源正在迅速萎缩。这有可能会直接导致人们为争夺稀缺土地或者水源而发生冲突，或者会引发移民潮或者难民潮而间接导致冲突。据国际移民组织统计，2008 年，世界上只有两亿人生活在自己出生地以外的地方，占全球总人口的 3%。在过去 10 年间，这一比例已经翻了一番，而且还将继续增加，因为越来越多的人想要离开贫穷、拥挤的国家，在水草更加肥美的地方另谋出路。

地区冲突的确令人担忧，但是这同全球范围内发生的情况是两回事。在 2010 年之前的 50 年间，世界人口数量从 30 亿增加到了 70 亿（而主权国家人口数量增长的速度更是令人瞠目结舌）。然而，在此期间，国家间发生战争的次数却减少了；内战的数量先升后降；战争导致的死亡人数从 20 世纪 60 年代的每年 15 万 ~25 万人减少到了 21 世纪第一个 10 年里的每年大约 5 万人。

换言之，看起来无情的人口压力并未加剧这种暴力形势。而且，尽管21世纪第一个10年里的移民数量增加了，但是难民数以及在本国内背井离乡的人的数量还是稳定保持在一千四五百万人的水平。事实上，最容易陷入暴力旋涡的移民的数量在这10年里差不多减少了一半。而导致全球暴力水平下降的主要原因是后殖民地战争数量的减少和冷战的结束，可能还有国际维和组织在数量和力量上的增长。如果（当然这是个很大的“如果”）这种趋势持续下去的话，我们有理由相信，到2050年，尽管世界人口数量增加了，却未必会带来更高的暴力水平。

而对于环境破坏问题，我们也会得出类似的结论。几乎所有的科学家都同意全球性的根本变化已经发生：无论是气候，生物多样性，海洋的酸度水平，还是氮循环（也就是将氮气转化成各种含氮化合物的过程）都已经发生了很大变化。而这些变化基本上要全部归咎为人类活动。但是，人越多，环境破坏的程度就会越严重并非上述事实的一个必然推论。环境的破坏程度还取决于人们居住在何处，还有他们以何种方式生活。

2005年，美国和澳大利亚的人均二氧化碳排放量差不多是20吨，而超过60个国家（其中绝大多数是非洲国家）的人均二氧化碳排放量只有不到1吨。地球上最富裕的7%人口制造了全世界50%的碳排放，而最穷的50%人口却只排放了7%的碳。假如这样的模式持续不变，贫穷国家人口翻番对气候变化的影响并不太大，反而是美国人口30%的增长对气候变化的影响更大。换言之，要想阻止人口增长对环境的破坏，让美国人少生一个抵得上让非洲人少生20个的效果。

今后40年，世界上增加的人口大都生活在那些温室气体排放最少的国家和地区，因此，这些人口的诞生并不会导致碳排放量的激增或者化学污染状况的急剧恶化。环境问题的关键是人们的生活方式。假如这些人也变得像美国人和澳大利亚人那样过着能源依赖型的生活，人口增长就会给环境带来严重的破坏。反之，人口增长对环境的破坏作用就相对较小。无论他们选择何种生活方式，那些人口增长很快的国家对全球变暖的贡献量将更多由其经济增长方式而不是人口构成模式来决定。

而人口增长本身势必会对第三个领域——食物，产生显著影响。即使是碳排放量最少的人也得吃饭。同等条件下，养活 90 亿人肯定比养活 80 亿人要困难。人口绝对数量的增长势必会加剧获取食物的竞争，而在其他条件不变的情况下，这又会推高食物的价格。因为 2050 年的时候地球上会有更多的人，也因为随着这些人越来越富裕并从乡村迁居到城市中，他们对肉制品的需求会越来越大，全球在未来 40 年里的食物总量必须要增长 70% 才行。同样的，我们还是要把这个数字放在更大的背景下来考察，比起过去 40 年间农业增产的幅度，70% 的增幅几乎微不足道。过去 40 年间，谷物产量的增幅高达 250%。因此，从理论上来讲，因人口数量增长而带来的食物供应问题是能够解决的。

然而，农业生产领域存在着一些非常棘手的问题：农产品的产量从 1990 年后就出现了下降的趋势（而产量一直是农业生产成败的首要标准）；可供耕种土地的增长空间非常有限；长期性干旱缺水和滥用化肥的现象严重；世界各地的气候变化都带来了农业减产的威胁，在有些地方因气候变化而导致的农业减产幅度将会高达三分之一甚至更多。所有这些都意味着尽管人口数量增长的速度有所放缓，在 2050 年养活这样庞大的人口还将会是个世界性的问题。好消息是，解决问题的办法还是存在的，不用实施严厉的人口控制措施也能解决问题。我们可以通过更高效的利用水资源以及其他农业必要投入，可以通过基因标记来筛选更优越的作物品种，还可以减少浪费……比起减缓人口增长速度，这些措施对缓解食物供应压力所起到的作用都要更大。

因此，人口总量的影响并不像马尔萨斯认为的那样大。但是，这并不意味着人口多少无所谓。只不过比起人口的绝对数量，人口的相对变化，也就是某个年龄段人口数量相对另外一个年龄段人口数量变化的情况、人口平均寿命还有家庭人口规模等因素发挥了更加显著的作用。

人口出生率下降

在所有这些相对变化因素中，人口出生率下降这个因素是迄今为止最重要的因素。所谓世界人口总出生率，粗略来算，就是妇女在其适宜生育的那些年中生育子女的平均数量。到2050年，这个数字会降到2.1个。这差不多相当于“世代替换率”，也就是说，让人口总量保持不变的人口出生率水平。而世代替换率的准确数值在不同的地方会稍有差别，因为各地的新生儿死亡率不同；贫穷国家的新生儿死亡率要相对高一些。不过，一般人们都会把2.1看作是个神奇的数字，保持这样的数字，一个国家的人口增长速度会放缓并最终趋于稳定。这也许是有史以来全球的人口出生率首次低至2.1甚至更低。在之前所有的世世代代里，即使是在人口数量不增长甚至减少的时候，人口出生率也很高，不过这个高出生率会被更高的死亡率平衡掉，甚至有所消减。

2.1的出生率意味着出生率降幅巨大。20世纪70年代，总出生率是4.45，正常的家庭通常有4~5个孩子。而2010年，出生率已经一路降到了2.45（见图1.5）。而那个时候，世界上近一半的人口（70亿人口当中的32亿）都生活在出生率为2.1的地方。而到2050年，全世界除了非洲之外的所有国家的人口出生率都会低于或者等于2.1，甚至是非洲许多国家的人口出生率也差不多处于“世代替换率”的水平（因为这些地方的婴儿死亡率要高一些，所以这个世代替换率也可能会高于2.1）。

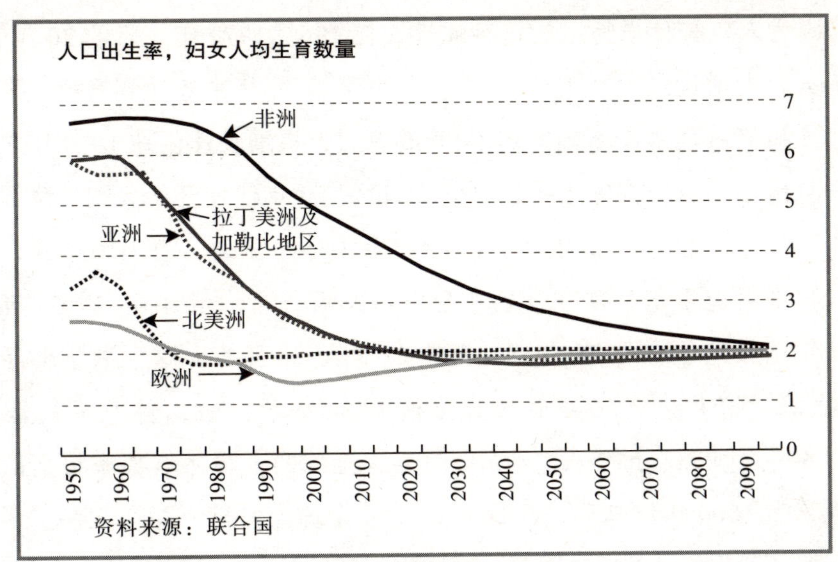

图 1.5　家庭的变化

在 2050 年后，人口增长速度会不断变缓，直至最后减少为零增长。甚至是在 2010 年，也有许多国家的人口出生率就已经低于世代替换率了，这里面既包括那些以人口速度增长慢而著称的国家，如日本和俄罗斯，也包括那些通常被认为是人口增长速度很快的国家，如巴西、突尼斯和泰国。有些国家人口出生率降幅惊人，如孟加拉的出生率在 1980~2000 年之间减少了一半；伊朗的人口出生率从 1984 年的 7 降到了 2006 年的 1.9。

出生率下降会带来世界人口统计学特征一波又一波的变化。最明显的变化就是它会导致全球人口增长速度变缓。人口增速下降已经很长时间了，人口增长速度的峰值出现在 1965~1970 年之间，那个阶段的人口增幅达到了有史以来最高的年均 2%。不过，某一代人新生儿数量的变化所带来的后果通常需要再过一代人甚至更长的时间才能够在人口总数上显现出来，其效果显现大概要延后 20 年。

因为人口统计学特征的这种惯性，在1965~1970年之后的20年间，世界人口的增量继续在增长，直到20世纪80年代末才达到峰值，那个时候人口绝对数量年增幅达到了9000万。人口增长速度在1970年之后也一直保持相对较快的水平，直到20世纪90年代才开始急剧下降，因为直到这个时候人口出生率下降的效果才开始显现。也因为如此，世界人口增量也就是从现在开始才会出现大幅下降。在2010~2015年间，人口年增幅差不多是7800万，而在21世纪30年代，这个数字会降到5200万；到21世纪50年代中期会降到3000万左右，差不多只是20世纪80年代的三分之一。到那个时候，全球的人口年增长率将会低于0.5%，是1800年以来第一次低于0.5%。全球人口肆无忌惮又快又多的增长随着工业革命的到来而最先从欧洲开始，并蔓延到地球的每个角落，而几十年后，这样的疯涨终于将要结束了。

兑现人口红利

低出生率深刻改变了特定人口群体内部不同年龄段人口数量之间的平衡关系。简而言之，人口出生率骤然下降会让某一代人的数量相对极其庞大，而在这个人口数量凸起逐渐凹下来的过程中，会发生一系列的变化。形成凸起的正是出生率下降开始起效之前的那一代人。在欧洲和美国，这一代人就是俗称“婴儿潮”一代的那些人，他们出生于1946~1964年间。

开始的时候，“凸起”时代的这些人还是未成年人的时候，国家需要进行大量的教育投入，以及其他儿童成长所需的资源投入。一般来说，这个时期，该国大多数家庭都是大家庭：到处都是蹦蹦跳跳的孩子，不过很少能够见到祖父母（因为当时的平均寿命还比较低）。一般而言，在这个时期，多数女性都留在家中料理家务（虽然不总是这样）。

20 世纪 50 年代的欧洲，20 世纪 70 年代的东亚，以及现在的非洲都是这样的。

但是，当这代人长大成人，他们就成为劳动力，并可以工作 40 年左右，这也是成年人一般的工作年限。在这期间，这些人口的所在国就得到了所谓的“人口红利”。在这个时期，该国的孩子相对较少（因为人口出生率下降了），老年人的数量相对较少（因为之前的人口死亡率较高），而积极参与经济活动的成年人则很多（现在还包括大量涌入职场的女性）。这个时期，家庭的规模变小，收入增长，出现了大量中产阶级人口，平均寿命提高，而且社会也发生了一系列变化，包括离婚率的增长、结婚年龄的推迟以及更多的单身家庭（至少在某些国家情况如此），而中产阶级也给独裁统治施加了很大的压力。这正是 1945~1975 年间欧洲的状况，法国人把这一时期称为“光辉 30 年”；而在 1980~2000 年间，东亚大多数国家情况也是如此。

此后，黄金一代变得银发斑斑，光荣退休。现在，原本的红利变成了负债。比起其后的那一代人，现在需要后代照顾的老年人的数量多得与其后代的数量不成比例。而且，有时候，一旦人口出生率低于世代替换率的时间太长，就会开始反弹。因此，后婴儿潮一代面临着双重的压力：既要赡养更多领退休金的人，又要帮助抚养和教育更多的孙辈。一般这个时期，人口总数会减少，相关国家的某些地区会被人们放弃，而国民也会越来越担心老龄化发展的问题。上述这些现象在 2010~2040 年间会在欧美发生，而东亚国家到 2030~2050 年间也会出现这些情况。

这种人口时代变化的趋势会在未来 40 年里对经济发展产生很大的影响。人口变化通常都会对经济发展产生极大的影响作用，因为大量具备工作能力的成年人的存在可以增加劳动力储备，压低工资水平，促进储蓄并保持人们对新商品和服务的旺盛需求。

但是这样的人口优势并不会自动带来经济增长。问题的关键是相关国家是否能够善加利用新增的劳动力人口，利用他们来促进生产。20世纪80年代的拉丁美洲和东亚拥有类似的人口结构。东亚诸国创造了一个经济发展奇迹，而拉美诸国则经历了“失去的十年”。不过，人口优势确实是促进经济发展的有利条件，只要一个国家和地区能够对此善加利用，这个因素还是能够发挥巨大的作用的。一项研究计算得出的结论显示，1965~1995年间东亚的GDP增长中有三分之一是由人口优势带来的，特别是形成人口曲线上惊人凸起的那部分人。而且，也不光东亚尝到了人口红利的甜头。在21世纪的第一个十年里，美国的GDP增长了3%，其中有1%是由人口增长带来的。

在未来几十年里，人口结构则有可能拖发展的后腿，在某些地方这种牵制作用会更加明显。根据澳大利亚储备银行的估算，在东亚诸国，2010~2020年间，人口因素对GDP年增长的作用会降低到1%，只是1995~2005年间的一半。而在美国，该因素的年贡献也只有GDP的0.5%（之前曾达到1.3%）。在日本，人口结构会使经济增长每年减缓1%，而在德国会减缓0.5%（也就是说，因为人口结构变化，国民生产总值会比同等条件下人口结构不变时少差不多0.5%）。

随着时间的推移，人口问题对经济的拖累将会更加明显。在2010年之前的40年间，从整体上而言，这个世界收取到了可观的人口红利，这主要靠的是发达国家和东亚国家的发展。1970年的时候，全球每100名劳动人口需要负担的非劳动力人口（孩子和超过65岁的人）是75名。而2010年，这个数字降到了52人，这说明全球劳动人口的比例提高了，而这也是经济增长的一个主要原因。这个因素促进了经济，特别是中国经济的发展。中国实施了计划生育政策，使得该国的人口抚养比[①]达到了前所未有的38（也就是说劳动人口的数量差不多是其他人口数量的两倍）。但是，到2050年，全球的人口抚养比就会接近58，这倒不会造成经济的大幅倒退，2010~2050年间的经济衰退水平（6%）只是1970~2010年间经济增长水平（23%）的四分之一左右。因此，今后40年里人口因素导致的损失同过去40年里的人口红利相比还是相当温和的。而在某些国家和地区，形势却会急转直下。

青年、中年和老年人

在2010年前的40年里，除了日本之外，地球上主要国家和地区的劳动人口与其他人口之间的比例都或多或少得到了改善。非洲的改善幅度要小一些，人口抚养比只下降了6%，因为非洲的出生率很高，需要供养的未成年人数量庞大。而东南亚和北非的改善程度则非常高，人口抚养比下降了40%。不过，即使是正在逐渐走向老龄化的欧洲和美国在这一时期靠劳动人口来养活的人口数量也减少了。

法国对德国

过去100年间，法国对其东边人口更多的邻国的忌惮一直是欧洲政局中一个大家都心照不宣的重要影响因素。当拿破仑的军队纵横全欧洲的时候，法国是全欧洲人口最多的国家，能够征集到的士兵比欧洲其他任何国家都要多。但是德国的统一以及19世纪法国人口出生率的下降改变了这一状况。因此，在1919年签订《凡尔

① 人口抚养比指总体人口中每100名劳动年龄人口大致要负担的非劳动年龄人口数量。——编者注

赛和约》的时候，法国总理乔治·克莱蒙梭就曾经很担心地说："你可以在一份协议中列出各种条件，你可以收走德国人的所有枪支弹药，你可以为所欲为，但是法国还是会失败，因为以后法国就没有人了。"在1870到1945年间，法国打了三场战争来限制德国的力量，而1945年之后，又发起了后来演变成欧盟的组织来限制这个在欧洲发挥核心作用的巨人。

但是，在今后半个世纪里，双方的力量对比会发生变化，法国人口会超过德国。在2000年，德国人口还比法国多2300万（8200万对5900万）。而现在，德国人口还是比法国多2000万。随着法国人口出生率上升而德国的人口出生率又一直远远低于世代替换率，法国的人口数量不断攀升，而德国的人口数量则在不断下降，根据联合国的预测，2050年左右，两国的人口对比形势将会实现逆转。到2060年，德国人口将会降到7200万，而法国人口数量将会达到7400万。到2100年，法国人口将会比德国多1000万。

2100年欧盟是什么样子大家可有的一猜了。不过，要是到时候法国还是要对西欧人口最多的国家心存忌惮的话，届时英法关系将会取代法德关系而成为大家关注的焦点：在2050年，英国人口数量将会超过法国（但是这一情况持续时间很短）。

而这种情况在2010~2050年将会得到改变。到那个时候，世界上的国家和地区将会被分为三类。第一类是印度、撒哈拉沙漠以南地区、中东还有北非等国，这些国家会继续得益于人口结构改善。这些国家的人口抚养比会继续下降，而中位数年龄到2050年的时候都不会超过40岁，低于全球平均水平，因此这些国家和地区会继续拥有一支廉价的劳动力大军。

在非洲和中东地区，不确定因素会增加：更多的年轻劳动力确实有可能促进经济发展，然而，假如他们找不到工作，就会增加社会的不稳定性。非洲已经开始表现出20世纪八九十年代东亚经济因为人口结构优势而起飞的势头。然而，其公共机构的能力是不是同东亚国家公共机构的能力一样强，其政策是不是同东亚一样的外向型，我们还不好说。

随着之前高出生率阶段出生的孩子们长大成人成为劳动力，中东地区国家的未成年人凸起已经渐趋平缓。而大量人口对这些国家和地区是一个严峻的挑战。为数不多的几个依靠石油来换取大笔收入的国家还是没有成功地创造出大量的工作岗位。但是，中东国家具备了东亚国家在经济起飞前期所不具备的一些优势。中东的教育水平比当时的东亚要高；中产阶级已经存在，男女之间的教育程度差距已经变小。方兴未艾的人口结构优化开启了各种可能，无论今天看来希望有多么渺茫，在通向2050年的这几十年里，中东拥有兴旺发达的巨大潜力。

印度的发展也会继续。其人口抚养比的优势会继续扩大。在1970~2010年的40年里，它的人口红利远没有中国丰厚（其抚养比下降了25%，而中国下降了39%）。但在今后40年里，其人口结构却比中国更适宜发展——中国的人口抚养比会增长26%，而印度的则会下降7%。这意味印度制造行业和服务行业低工资的状况会在相当长的时间内持续下去。到2050年的时候，印度的老人和孩子数量还不到劳动人口数量的一半，而中国的老人和孩子总和将会达到劳动力人口数量的三分之二。这并不意味着印度的经济水平一定能够超过中国。印度经济发展还面临着非常大的制约因素：该国成年人中文盲的比例很高（它即将成为第一个大学毕业生和文盲一样多的国家）；年轻男性的数量远高于年轻女性（有重男轻女的思想，又不希望生太多的孩子，如今的性别识别技术又很简便，所以造成了这种后果）；还有南北两地严重不平衡的人口发展趋势——北方人口贫穷、受教育水平低下，人口却越来越多；南方富裕、更有创业精神但是人口出生率却低于世代替换率。不过，中国面临的问题则更严重。

第二类国家和地区受人口结构变化的负面影响较小，因为他们的人口抚养比增幅不大，通常小于20，而中位数年龄会在40~48岁之间。这些国家包括美国、拉美国家和东南亚国家。美国的人口发展态势一直都比欧洲要稳定，因为这个国家在20世纪八九十年代的时候人口出生率较高（拉丁裔移民的涌入是个重要影响因素，但不是唯一因素）。1970年时，美国的人口抚养比还比欧洲稍高一些，2010年，大西洋两岸的人口抚养比基本持平，但是，假如美国的人口出生率继续比欧洲高，那么到2050年它的抚养比就会比欧洲低10个百分点。

在2010~2050年期间因为人口结构变化而受害最深重的国家和地区将会是欧洲、日本，还有中国。在很长一段时间内，日本老龄人口占总人口的比例一直是全世界最高的。日本的抚养比将会在2010~2050年间升高40个百分点。到2050年，这个国家需要被供养的人口数量几乎同劳动力数量持平了。这种情况从未在任何一个社会发生过。到那个时候，日本将成为有史以来老龄化最严重的社会，中位数年龄达到52.3岁（也就是说，一半人口的年龄超过了52岁）。欧洲的人口抚养比不会增长那么多，但也是第二高的（东欧和西欧的情况会稍有不同）。

目前我们完全不知道这些国家会如何应对。不过下面的想法也是合理的设想——正如正在工作的成年人常常会愿意冒较高的商业风险、进行更多创新、新建更多家庭、拥有更多储蓄、更倾向于选择股票来投资，以老龄化为特征的社会则会更倾向于规避风险、拥有不动产、情愿选择政府债券而不选择股票。当然这也不一定。

我们也不知道这些国家将会如何去负担老龄化的重担。至少是在未来 20 年里，即使人口出生率持续大幅增长也无法逆转老龄化的趋势。极大规模的移民潮能够一方面增加供养领养老金的人口，同时也能在短时间内提高人口出生率（那些来自人口出生率较高的国家的移民一般会在一段时间内保持大家庭的传统，不过最终他们的家庭结构也变得跟移入国的人们一样了）。但是，接受大规模移民对这些社会来说是个非常痛苦的巨大转变。不过，至少这些国家的收入水平给了这些国家一些操作的空间。

而中国的操作空间就相对要局限得多了。中国的人口出生率因为计划生育政策而被人为压低，其老龄化的步伐前所未有地快速。中国的人口中位数年龄从 1980 年的 22 岁（典型的发展中国家形态）增长到了 2010 年的 36 岁（已经是典型的富裕国家形态了）。中国人口中位数年龄在 2020 年就会超过美国，到 2040 年就超过欧洲了。中国担心自己在变富之前就已经变老了，这绝不是杞人忧天。

因为计划生育，中国还将面临严重的性别失衡问题。因为这个国家一直有重男轻女的传统，到 2025 年，20 多岁青年人当中男女比例会达到 97 ∶ 80，这个比例比印度还要糟糕。但是，即使放弃计划生育政策也已经于事无补了：如今倾向于小家庭和低出生率的思想已经根深蒂固了，而且很可能会继续存在下去。因此，中国有可能会进口大量年轻女性来给众多的光棍们当新娘（许多富有的东亚国家已经在这样做了）。因为中国人口那么庞大，所以年轻女性移入的数量也会非常庞大。这对其他地方人口结构会有相当的破坏性。而且，即便如此，也无法填平将会出现的性别鸿沟。在未来 40 年里，中国所面临的最大问题将是人口问题。

然而，这还不是中国、东亚、中东还有大部分发展中国家因为人口结构变化所面临的最大问题。几代人之前，人口红利改变了欧美国家，而今，新兴市场国家也由此获益。这些国家正在奋起直追，在收入水平、家庭规模、教育状况还有中产阶级产生等方面也将会赶上发达国家。大部分国家宣称他们想要保持自己传统的孝道还有家庭秩序，而不要接受西方的价值观念，更不要像欧美那样在创造巨大社会财富的同时也创造出了新的习俗和趋势，比如离婚、单亲家庭还有对个人表达自由的更多强调。然而，他们却很难阻止这些情况发生。在一些亚洲的大城市中，30 岁出头的女性中有四分之一是从未结过婚的。在这些国家，传统上大多数人都是要结婚的，而且都会结婚很早。大龄剩女现象是对这个传统的公然挑战。数百万计的年轻亚洲人搬到了大城市和国外，而他们的孩子则交给祖父母们来照顾，而不是像以前那样在核心家庭内长大。而这样的趋势未来也许会愈演愈烈。

从人口数量变化角度来看，人口数量会越来越趋于稳定，并逐渐回归十七八世纪那样的人口几乎不增长的状态。然而，在平均数据的表象之下，许多压力正在形成。家庭生活的传统和世代之间的平衡正在改变，社会正在被搅动，经历着平静的近现代世界从未经历过的躁动。而在通向 2050 年的这几十年间，不断变化的人口结构也许会是影响世界变化方向的最强有力的因素，这种变化是全方位的，包括政治、经济和社会等各个领域的变化。

2
国民健康论

疾病是人类面临的环境中无可回避的部分。在接下来的几十年里，医疗卫生领域将会取得超乎人们想象的进步，同时人们也会在这一领域遇到新的挑战。

1980年的时候，还没有人听说过获得性免疫功能丧失综合征（即艾滋病），因为当时这个说法根本就不存在。但是，那个时候，这种原本一直在黑猩猩群中肆虐的导致艾滋病的病毒却已经传播到了人类身上。1981年6月，美国疾病控制中心（CDC）发出了警报，用几个短短的章节描述了洛杉矶市五位同性恋男子所感染的一种非常罕见的肺炎。这一报告本身就语焉不详，因此也并未引起足够重视。有些记者据此警告我们："同性恋癌症"正在爆发。1982年，美国疾病控制中心发明了"获得性免疫功能丧失综合征"这一说法。澳大利亚、墨西哥、南非和中国都发现了艾滋病病例。1992年，艾滋病位居美国25~44岁成年男子死亡原因之冠。20世纪90年代关于艾滋病的研究轰轰烈烈地展开，挫折和公众运动此起彼伏。华盛顿特区的广场上覆盖上了纪念艾滋病感染者的被单。2001年，全世界的国家元首们齐聚联合国，宣誓共同遏制艾滋病迅速传播的态势。

令人欣慰的是，他们也确实取得了进展。2009 年，艾滋病的新感染人数比十年前降低了 19%。抗逆转录酶病毒疗法将这种疾病从一种无药可解的致命疾病变成了一种慢性病，而随着治疗药物的改进，艾滋病感染率将会进一步下降。更激动人心的是，人们还有可能成功开发出艾滋病疫苗。2009 年，全世界共生活着 3300 万感染了 HIV 病毒的人，然而，艾滋病患者的分布并不平衡。近 20% 的南非成年人感染了 HIV 病毒，而在美国，该病毒的感染率是 0.6%，在英国是 0.2%。只有极少数病人接受了治疗；新增感染率仍然太高。但是，在过去的短短 30 年间，人们对这种疾病的态度已经从恐惧和无助转变为采取有效行动加以控制，而且对控制它的前景充满希望。可以预见，在今后的 40 年里，相关研究能够取得重大进展，而大量新的治疗方法会不断涌现。

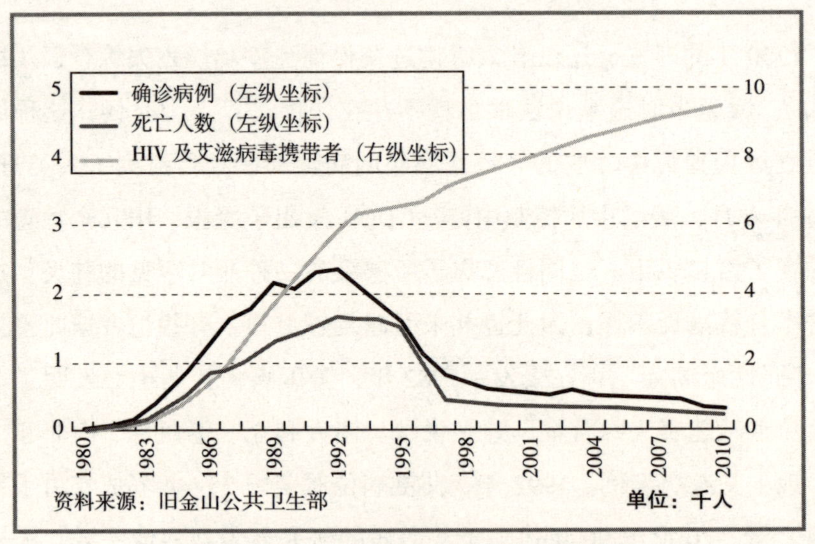

图 2.1　旧金山人口 HIV 及艾滋病感染情况

然而，人类对未知未来的恐惧依然存在，我们担心会出现新的疫病大流行，担心会出现一种强大的超级病毒把我们的医学之剑变得像牙签一样不堪一击。一些表面看来同国民健康问题毫无关系的变化趋势，比如气候变化和城市化进程，却会对医疗卫生事业造成深远的影响，在贫穷国家，它们的作用尤其显著。在富裕国家，人们正在进行一场艰苦的斗争，试图解决儿童肥胖的问题：打输了这场仗，我们的下一代就注定要终生受到慢性疾病的折磨。同时，政客们正在进行激烈的唇枪舌剑，争论到底谁应该为赡养老人埋单。

在这些焦虑和担忧中，兴奋和激动并非主旋律。21 世纪伊始，卫生保健领域充满着希望与期待。许多公司都致力于开发出新的技术来使卫生保健变得更好、更便宜、更容易获得。科学家们正致力于揭开我们基因编码的秘密。在今后 40 年里，一支由各种疾病组成的“恶魔军队”将要进攻人类，但是科学和勤奋有可能打败这支军队。

旧病谢幕

21 世纪上半叶摆在我们面前的全球性卫生保健问题不计其数，而我们彻底解决其中某些问题的时机已经成熟了——消除那些如今还在贫穷国家肆虐，但是已经从富裕国家消除了的疾病。对于这样的疾病，科学不发达并不是问题。根据比尔和梅琳达·盖茨基金会的说法，只要利用现有的技术，到 2025 年，儿童的夭折率就能够减少到目前的一半。

最显而易见的目标应该是那些可以用疫苗防治的疾病。每年有大约 200 万儿童死于能够用疫苗防治的疾病。历史证据表明，这样的悲剧是可以被阻止的。1980 年，世界卫生组织（WHO）宣布，通过一系列成功的疫苗防疫项目，人类已经成功消除了天花（现在，这种病毒只在实验室里还存在）。还有脊髓灰质炎：1952 年，脊髓灰质炎每年会导致 24000 名美国人瘫痪或者死亡。而今天，用来维持呼吸的人工呼吸器已经同水蛭疗法一样过时了。几十年前，富裕国家就消除了脊髓灰质炎。尽管目前发展中国家还在受到脊髓灰质炎的戕害，但是，到2050年，这样的情况有望得以终结。在过去20年里，脊髓灰质炎的感染人数已经骤降99%，年发生量仅为3000例。

其他一些疾病的传播势头也将会在未来得到遏制。根据世界卫生组织的统计，肺炎和腹泻是5岁以下儿童的最大杀手。2008年，5岁以下儿童死亡病例中，死于肺炎的占18%，死于腹泻的占15%。广泛采用疫苗防疫能够取得显著的效果，而我们面临的挑战是如何以便宜的价格让那些需要这些疫苗的人们得到疫苗和相应的治疗。

技术进步将对疫苗生产和疾病治疗大有帮助。科学家们已经努力研制出了不需要低温保存的疫苗，而到2050年，我们可以普及这样的疫苗。还有更多公司能够生产出使用更方便的疫苗，比如多种疫苗同时注射，这样就免去了多次到保健中心接种疫苗的麻烦。随着药品运输渠道不断改进以及发展中国家药品研发和生产的能力不断增强，药品的价格也会降低。

这些发展会继续显著改善医疗卫生事业的状况。贫穷国家新生儿死亡率会继续下降，而人口平均寿命会提高（见图2.2及图2.3）。

有很多种疾病，在应对的时候，我们既需要已有的旧“武器”，也要依赖于新开发出来的“武器”。疟疾已经困扰了人类数千年，主要通过蚊子来传播致病寄生虫。人类曾经尝试过各种办法来抵御这种微小生物的进攻。索尼娅·沙阿在其作品《热症》一书中写道：20世纪30年代，科学家们发现，相较于人血，英国的蚊子更喜欢猪血，所以他们建议人们在床下养猪来防御蚊子的叮咬。而更现代化的措施包括蚊帐、在墙上涂抹杀虫剂和治疗疟疾的药品，这些措施的效果还不错。疟疾的致死率已经从2000年98.5万人降到了2009年的78.1万人。在11个非洲国家

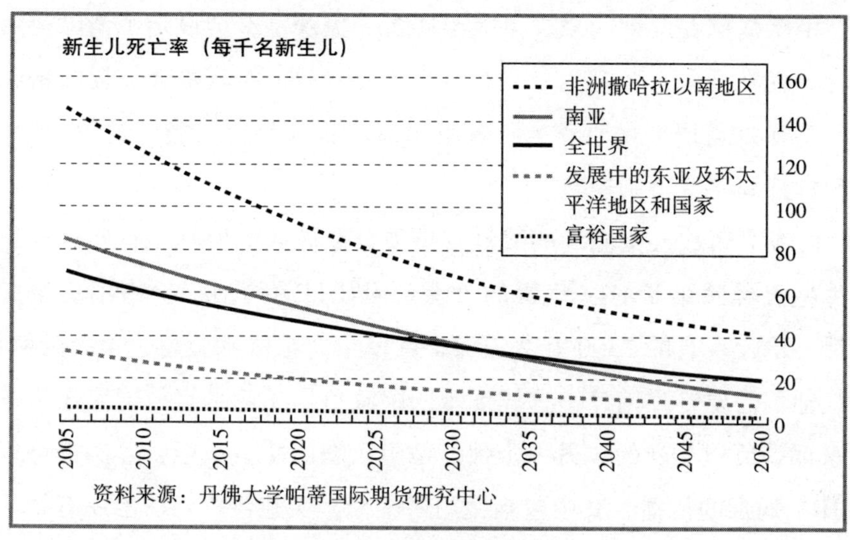

图 2.2　他们会活下来

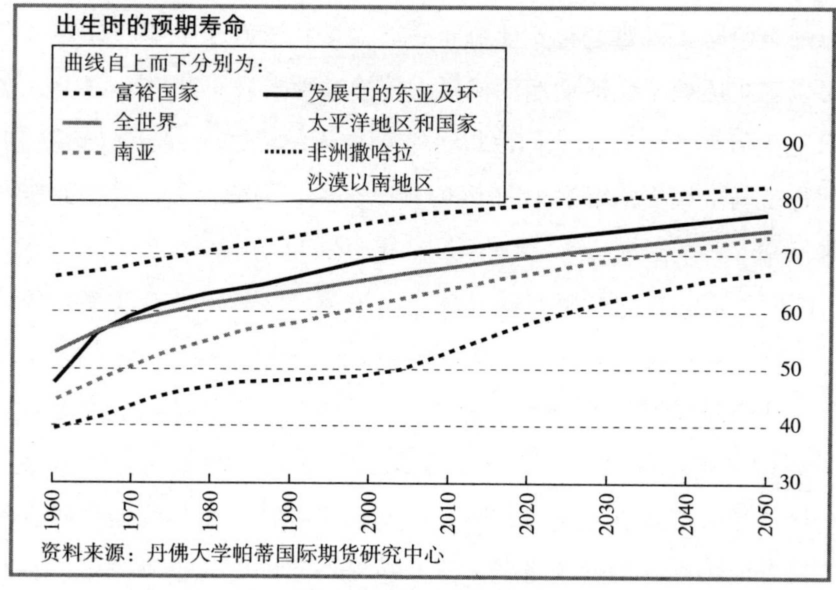

图 2.3　许多幸福的回报

中，疟疾病例在此期间减少了一半还多。盖茨基金会设定了消除疟疾的目标。现在看来，实现这一目标的前景很乐观：由该基金会提供基金支持的疟疾疫苗研究前景喜人，一旦出现积极成果，人类与这位“宿敌”之间的战局将会得到逆转。

而应对新敌人艾滋病的战役则更加复杂。我们面临的首要挑战是治疗那些已经感染了 HIV 病毒的患者。假如目前的治疗价格不发生变化的话，治疗现有的 3300 万艾滋病患者每年的花费将会高达 400 亿美元，而且他们需要终生治疗。这样沉重的财政负担无论是富裕国家还是贫穷国家都是负担不起的。另一个挑战是阻止新的感染。很多办法都可以抑制 HIV 病毒的传播，其中包括使用避孕套，实施包皮环切术还有新的以阴道凝胶形态存在的杀菌剂。

但是很可能，治疗才是最好的预防方法。至少，母婴传播这种途径可以通过给感染病毒的母亲实施抗逆转录酶病毒疗法而得以斩断。治疗也可以防止还处于性活动期的成年人传播这种疾病。2011 年 5 月，美国国家卫生研究所宣布，他们取得了一项令人瞩目的发现：一诊断出感染了病毒就马上接受治疗的 HIV 感染者把这种病传染给其性伴侣的概率能够降低 96%。

然而，最具决定性意义的发现还是疫苗。从肯尼亚到马里兰的研究者们都在竭尽所能地为开发出艾滋病疫苗而奋斗。

在这些阵线上的进展不可能是一帆风顺的。最微不足道的力量都可能阻碍这项事业的进展。2003 年夏天，尼日利亚的穆斯林牧师以及北部地区领导人禁止在该地区接种脊髓灰质炎疫苗，宣称疫苗是西方传播 HIV 以及使穆斯林妇女绝育的阴谋。持续一年的联合抵制疫苗，引发了新的感染，病毒传入大约 12 个国家，使得原本近乎成功的小儿麻痹症根除运动遭到重创，出现了破坏性的逆转。

然而，最大的威胁是，全世界应对疾病的决心有可能会动摇。富裕国家的经济问题打击了他们帮助贫穷国家的积极性。很多钱可能会白白花掉，无法带来有益的效果。然而，如果全世界的人都能够明智地使用现有的资金，很可能技术的进步能够帮助我们再消除1~2种疾病，并使得其他一些疾病的死亡率降低。对于上述这些苦难，今后几十年里，我们也许能够找到应对的办法。而另外一些苦难却会迎来它们的“黄金时代”。

新疾病登台

每一种传染病都是时代的产物，这个理论能够追溯到公元2世纪的哲学家普鲁塔克。玛德琳·德雷克斯勒在其作品《锋芒初现的传染病》一书中写道，蒙古的军队还有同他们结伴而行的啮齿目动物，将腹股沟腺炎这种瘟疫从亚洲带到了欧洲。而西班牙征服者则将天花带到了新世界。肺结核的致病菌最适宜生活在污秽的环境中，因此工业革命的发生也带来了肺结核的流行。同样的，21世纪的前50年里，也会出现许多的疾病。

疾病传播的原因之一就是持续的城市化进程。2010年，世界上只有一半的人居住在城市中。而到2050年，约70%的人会生活在城市中，其中大多数人都生活在发展中国家拥挤的大城市中。在人口密集的贫民窟，传染病的传播速度惊人，而医疗设施的缺失会加剧这一问题。气候变化也会加速疾病传播：温度的升高使得蚊子的繁殖期得以延长。

像拿破仑一样雄心勃勃想要征服地球的微生物还有一个有力的“帮凶”，那就是联系越来越紧密的世界。越来越国际化的食物链会将病原体从国外带到当地市场。全世界各条航线目前的年旅客吞吐量已经达到了35亿人次，因此，一种疾病从一个大洲传播到另外一个大洲，只需要有一只成功搭上波音747“便机”的蚊子就可以了。1999年的时候，西尼罗河热就是这样到纽约的。

而最让人担忧的还是那些现在还不存在的病。据世界卫生组织称，自从20世纪70年代以来，新的疾病就以每年一种或者更多种的速度不断出现。下一波流行性疾病的罪魁祸首很可能就会是那些原本在野生动物当中传播，却慢慢从动物身上蔓延到人身上的病毒。非典（SARS）、艾滋病、埃博拉、西尼罗河热等，都是由野生动物传染给人类的。

如今，最可怕的威胁还是流行性感冒的大行其道。流感之所以特别危险，主要由两个因素造成。第一个原因是，流感病毒是最灵活多变的病毒之一。只要有一个菌株发生变异并同其他菌株交换了基因，就可能会产生一种人类无法抵御的菌株。第二个原因是，一旦一个菌株出现，它会很容易就广泛传播出去。疟疾需要蚊子作为其传播的中介，而流感病毒的传播完全不需要这样低效率的中间环节，它可以轻而易举通过打喷嚏的飞沫在人们之间传播。甲型H1N1流感，也被称作“甲流”，于2009年4月首次在北美被确诊，之后短短6周时间，它就传播到了69个国家。

问题的关键不是新的大疫情会不会出现，而是全世界将会在什么时候以何种方式来应对。从长远角度来看，技术的改进能够帮助我们。比如说，过去我们研制流感疫苗，需要耗费数月时间从无数个鸡蛋中提取疫苗。而这种方式将会被新的方法所取代。我们可以使用植物，也可以通过细胞培养来制造流感疫苗。最激动人心的是，科学家们目前正在努力研发一种普适性的疫苗。在未来，一种流感疫苗可以保护我们一生不得流感。

在寻找治疗方法的同时，我们面临着一个巨大的挑战：如何在一种病毒造成疫病大流行之前控制住它。谷歌推出的Google.org网站正试图通过对互联网上公开的研究数据进行“蜘蛛抓取[①]”而发现病毒爆发的预兆。全球病毒预报机构的发起人内森·沃尔夫勾勒了这样一幅蓝图：建立一个覆盖面极广的“免疫系统”，收集各种实验室的实验数据以及其他数据来发现不寻常的疾病。成本低廉的DNA序列分析也能够帮助我们迅速发现危险的新病毒。

同新病毒一样恐怖的威胁就是我们的老对手会变得不可战胜。无论科学技术如何进步，超级病毒都一直是萦绕在人们心头的一块心病。1945年，曾经在1928年意外发现了盘尼西林（即青霉素）的亚历山大·弗莱明就曾经警告说，滥用抗生素会加速具有抗药性的细菌的进化。盘尼西林在“二战”期间才实现了大批量生产，这要归功于霍华德·弗洛里和恩斯特·钱恩的工作。弗莱明的预言很快就变成了现实。1946年的时候，一家英国医院宣布，他们发现14%的金黄色葡萄球菌感染病例已经对盘尼西林产生了抗药性。而到了20世纪90年代，盘尼西林已经对80%的金黄色葡萄球菌感染无效了。21世纪的工厂化农庄已经成为了病毒进化的加速器：农民们使用抗生素来催肥牲口，为细菌变异和进行基因交换提供了完美的环境，也帮助它们创造出了对抗抗生素的本领。

尽管有些生物学家们认为，对一种病毒而言，演化出抗药性也是需要付出巨大代价的，因此也会主动限制这样的变异，但是卡珊德拉[②]们还是想象出了可怕的未来：即使只是简单的膝盖擦伤也会变成严重的医学问题。现在平常的外科手术则可能带来致命性后果。而且，不光是细

① 蜘蛛抓取是网络搜索引擎工作的一种模式，把互联网比喻成一个蜘蛛网，那么搜索引擎就是在网上爬来爬去的蜘蛛。搜索引擎通过网页的链接地址来寻找网页，从网站某一个页面（通常是首页）开始，读取网页的内容，找到在网页中的其他链接地址，然后通过这些链接地址寻找下一个网页，这样一直循环下去，直到把这个网站所有的网页都抓取完为止。——编者注

② 卡珊德拉：古希腊神话中特洛伊国王的一个女儿，具有预知未来的禀赋，但阿波罗使她命中注定不会为人所信。——译者注

菌会产生抗药性，寄生虫和病毒也会，我们已经见识到了疟疾和 HIV 病毒都已经变异出了新的种类，现有药品无法对它们发挥作用。

我们还不确定科学家将会怎样应对迫在眉睫的灾难。更好的监管也许能够及早发现新的变异种类；政府官员们也可以颁布政策来避免抗生素的滥用；医药公司也能够开发出新的抗菌利器来代替旧的、不再发挥作用的抗生素。不幸的是，看起来各家公司并没有采取行动的打算。根据世界卫生组织的统计，15 家曾经投资于抗生素研发的大型制药公司中有 8 家已经放弃了这样的项目，另外还有两家公司压缩了在此项目上的投入。在 21 世纪刚刚过去的 10 年里，大型制药公司似乎都对治疗那些你不会得的病更感兴趣。

年龄与体重齐飞

不管是以超级病毒的形式出现，还是以大范围流行性感冒的形式爆发，未知的健康威胁肯定是不祥的。然而，还有两个完全能够预知的趋势是同样可怕的。一是，地球会变得更“灰”——2050 年，年龄超过 60 岁的老人的数量将会达到 20 亿，是新纪元伊始之时老龄人口的三倍。二是，世界人口还会变胖许多。

发达国家在这两个方面都领先于贫穷国家，不过，这可不是什么令人羡慕的领先优势。2000 年，发达地区的中位数年龄是 37 岁，而欠发达地区的中位数年龄是 24 岁。同样的，富裕国家的成年人肥胖的概率是贫穷国家成年人的两倍（见图 2.4）。这两种趋势带来了许多严重的健康问题。肥胖的威胁在于它容易导致糖尿病和心脏病（见图 2.5）。逐渐老龄化的人口必须同癌症以及其他一些身体老弱者容易罹患的疾病作斗争。最具挑战性的是心智方面的疾病。根据阿兹海默病协会的统计，如今有 540 万美国人患有阿兹海默综合症。到 2050 年，这一数字将会激增至1600万。随着人口不断老龄化，另外一些形式的心智紊乱症状也会越来越普遍。而这会给政府的财政带来很大压力，当然对制药行业来说，

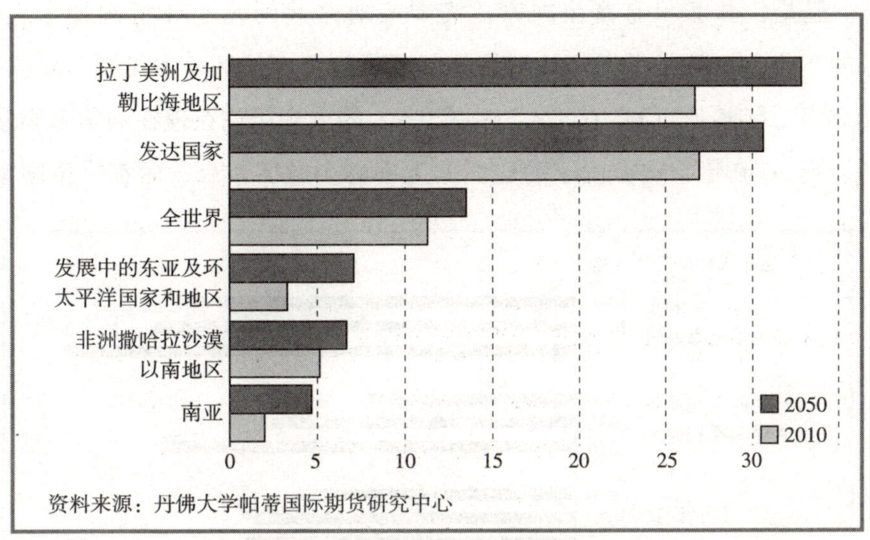

图 2.4　肥胖人口占总人口百分比

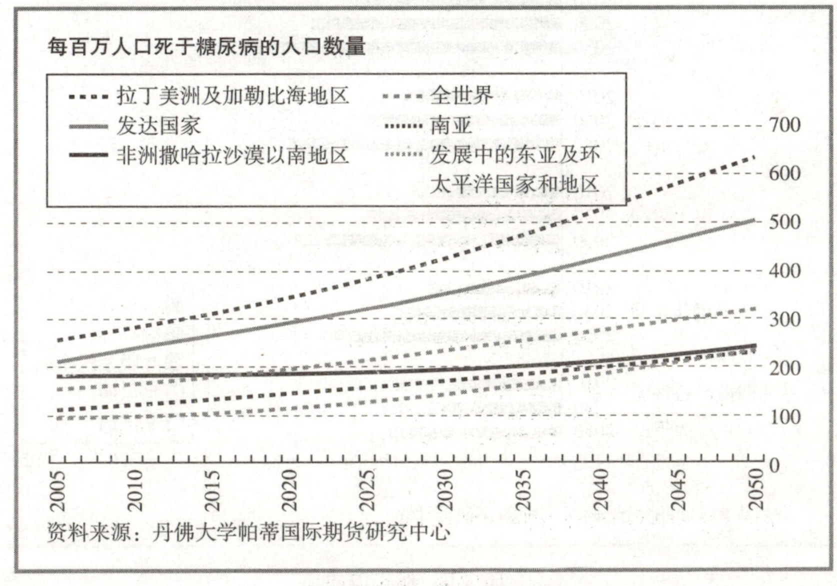

图 2.5　疾病带来的死亡

这也是巨大动力，刺激它们开发出缓解此类疾病，甚至是预防和治愈此类疾病的药品。

但是，并非只有富裕国家才需要应对这些问题。21世纪最令人瞩目的变化之一就是慢性病从富裕地区蔓延到贫穷地区（参见图2.6）。到2050年，年龄超过60岁的人口中有85%的人会居住在现在的贫穷国家。预计到2030年，贫穷国家的癌症发生率将会增加82%，而在富裕国家，

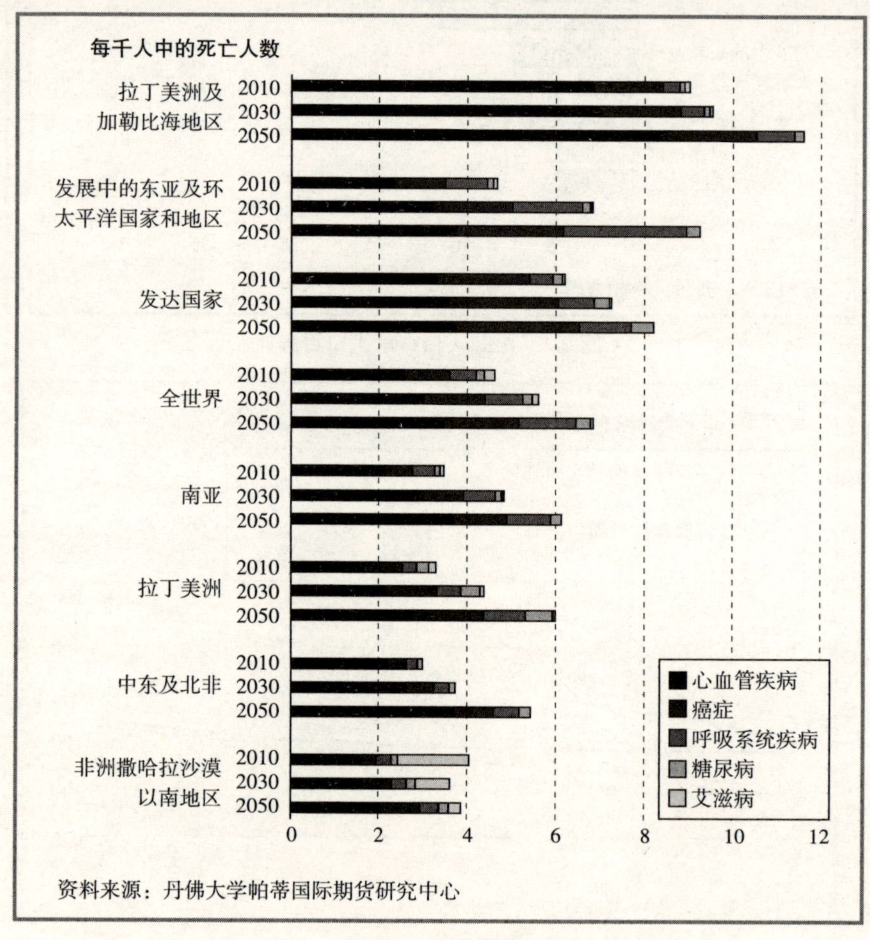

图2.6 死亡因素

这个数字是40%。根据世界卫生组织估计，即使是在非洲，到2030年的时候，非传染性的疾病也将会成为最常见的死亡原因。

在发展中国家，城市化会增加慢性病发生的危险。新的城市居民们活动量比他们生活在乡村地区时要小。他们还更容易受到香烟、污染和垃圾食品的戕害。无可避免地，随之而来的健康威胁在城市平民中会被放大。这种情况在富裕国家已经发生了，在这些国家，贫困的社区中更易滋生慢性病。比如，在西班牙的城市中，贫穷地区居民患糖尿病的概率比富裕地区居民高三倍。而发展中国家巨大的棚户区无疑会重蹈这样的覆辙。

这些发展趋势将会让贫穷国家陷入严峻的困境之中：他们在同传染性疾病进行殊死搏斗的同时还要应付慢性病的问题。有些城市现在已经开始背上这样的双重枷锁了。在印度加尔各答的贫民窟中，儿童死亡的主因就是传染性疾病；而对40岁以上的成年人而言，杀人主凶却是心脏病和癌症。

今天，发展中国家的医疗设备比较简陋和落后，根本无法应对这些挑战。富裕国家的人均医生量是贫穷国家的10倍。在发展中国家，外国捐助常常通过特定的项目来实现，如同漏斗之水，只能惠及少数患者，比如HIV感染者和艾滋病患者，而整个医疗体系还是千疮百孔。缺乏医疗保险，很多患者只能自掏腰包来治病，这对他们家庭经济的打击常常是致命性的。

为了应对这个世纪摆在我们面前的新挑战，无论是富裕国家还是贫穷国家，医疗体系都亟需加强，而且还要进一步推广医疗保险。然而，即使做到了这些，以今天的技术水平而言，应对老龄化、慢性疾病还有传染性疾病问题还是很困难的。所幸的是，到2050年，科学技术的发展将会使医疗保障状况彻底改观。

行进中的医学

医学的发展是一个曲折前进的过程。18 世纪，人们发现了天花疫苗，并在此后的两个世纪中逐渐消除了这种疾病。19 世纪，卫生设施的改进帮助富裕国家的人们缓解了霍乱的威胁。弗莱明偶然发现了盘尼西林，扭转了人们同细菌感染之间斗争的战局。如今，新的威胁，比如超级病毒，会成为医学发展道路上的绊脚石。而有些人则担心恐怖分子会释放天花病毒。不过，我们在本章中已经谈到过，科技能够通过多种方式来帮助我们击败新的敌人：比如说沃尔夫的免疫系统、能够用来预防艾滋病或者疟疾的疫苗。

然而，最翻天覆地的变化会发生在两个领域。一个是医疗保障的实施方式。在 2011 年，患者实施完外科手术之后需要在医院住上几天；护士需要在家中照顾年迈的人；发展中国家的母亲们需要长途跋涉数小时来接受最基本的医疗服务；糖尿病患者们必须接受指尖针刺抽血检查，坚持注射胰岛素，并到诊所中接受透析。而到 2050 年，这样的医疗手段将会因太过笨拙而被摒弃。

在发展中国家，简单易用、价格低廉的便携式医疗设备会被广泛采用以弥补医疗工作人员的不足。一台仪器就能为患者检测多种疾病，比如登革热、疟疾和肺结核。有些设备还能根据症状做出诊断；有些可以让千里之外的医生团队来给患者进行远程诊疗。无论是富裕国家还是贫穷国家都面临医疗水平的差异性问题，而这些差异有望在很大程度上被消除。医疗工作者能够经常性地、很容易地接受医疗培训，这些培训还不断被更新以反映知识的发展进步。

无论是处理急性病还是慢性病都更加简便了。外科手术越来越罕见，比如，我们可以利用很微小的设备自动在我们体内进行拖网式搜索并移除肿瘤或者修复器官。糖尿病患者体内可以植入自动胰岛素给药装置，在身体需要的时候随时补充胰岛素。步入老年的人也可以让自己的晚年生活更有尊严，因为他们的健康状况就像我们房间里的温度一样受到持续监控。感应探头不但能够感应出患者是不是摔倒了，还能够指导他（她）正确药服，监测其睡眠质量。很简单的测试就能够测量老年人的认知能力。还可以用内置装置来测量血糖和血细胞指数，一旦出现异常数值，这个装置就能够发出信号通知护士或者医生。这种系统将会创造出新的医疗范式。越来越多的人会变老，会生病，但是新的医疗设备能够确保他们不觉得自己老、自己病。

另外一个领域进步的影响力则更加显著，因为它们会帮助我们理解疾病本身。虽然医学已经取得了长足的进步，但是许多疾病对人类而言还是解不开的迷，我们无法发现它们的根本成因。基因组科学将会改变这种状况。

2000 年，两组科学家分别宣布他们排列出了人类基因组。这一发现使我们的基因密码大白于天下。记者们在报道中提到，这能够解开疾病的奥秘，并且预示着个性化医疗新时代的到来。今天，这些预言暂时还没有实现。科学家们知道基因组当中蕴藏着大量珍贵的信息。但是，美国布罗德研究所的董事戴维·阿特舒勒解释说：“这（基因组）是一本用未知语言书写的作品。”

然而，随着时间的推移，科学家们能够更好地翻译这本书。阿特舒勒所在的布罗德研究所是哈佛大学和麻省理工学院合作成立的研究机构，是世界顶尖的基因科学实验室，在那里以及其他一些研究中心，科学家们的研究工作突飞猛进。然而，随着人们在基因序列中发现的东西越来越多，一些尴尬的问题也随之出现。身患罕见基因疾病的准父母可以对婴儿胚胎进行检查来确定孩子是不是遗传了这种疾病。未来，父母们还可以通过类似方式来检查一系列的特征：哪个胚胎继续生长会发展出脑部疾病？他们的孩子会不会长个大鼻子？父母们甚至可以通过基因工程来让孩子具备一些他们青睐的特征。

这种做法会引起强烈的争议。但是，相对基因组科学的主要功绩——揭示疾病奥秘，这些不和谐的声音都显得微不足道。新一代的抗癌药品已经能够实现专门打击某种会诱发特定癌症的基因突变的功能。这种技术会继续发展进步，正如我们对其他疾病的理解也会不断加深一样。大部分疾病都很复杂，由一系列错综复杂的因素导致。但是，阿特舒勒预言，未来检测基因组序列将会同验血或者拍 X 光片一样简单。这是一件利器，能够帮助我们发现是什么让我们生病，以及我们怎么样才能好转。

不过，我们很容易就会对基因组科学寄予过高的期望，事实上，对其他任何一种科技进步，人们总是会寄望过高。“总是存在着这样的希望，”阿特舒勒说，“认为下一项新的技术就能够把折磨着大多数人的‘祸害’变成一个很容易解决的问题。”而这恐怕不会成为现实。我们会继续变老，病毒会继续进化，疾病会继续困扰人类和各个国家。但是，面对各种新老疾病，人们会找出比以往更多的办法来对付它们。

新的心脏？没问题！

今后40年间会出现许多今天我们连想都不敢想的新发明。但是，今天的技术进步却给我们提供了一些蛛丝马迹让我们可以对未来的进步来进行合理的预测。

没有什么研究是比干细胞研究更激动人心的，也没有什么是比它更容易引起争议的了。胚胎干细胞拥有复制身体任何组织的惊人能力。诱导干细胞采取行动可以极大提升我们身体的自愈能力。在耽搁了几年之后，2010 年，总部设在加利福尼亚州的杰龙公司成为美国第一家测试干细胞疗法的公司。这家公司希望能够借此修复脊髓损伤。

其他一些技术提供了以不同方式修复病体的前景。过去只能控制真肢的神经现在经过调整也能够控制假肢了。未来，被截肢的患者能够更好地控制新装的假肢，而且这项技术还能得到普及。同样的，截瘫患者也可以利用新技术来重新获得移动自己四肢的能力。而那些需要进行肾脏移植的人以后也能更容易地获得可供移植的肾脏，因为我们能够使用新的制造技术，包括三维打印技术，层层覆盖纤薄的细胞来创造出复杂的器官。最终，我们还有可能实现器官的体内复制。

同时，疫苗技术的突飞猛进也为人们带来了新的希望，帮助他们攻克那些一直让研究人员束手无策的疾病，比如癌症和成瘾症。然而，有些疾病可能还是很顽固。科学家们本来希望能够通过将薄金属板精确定位黏贴在痴呆患者的大脑中来攻克阿兹海默症。尽管他们已经为此项研究投入了数百万美元，但是还是没有找到治愈此病的办法。多家公司还在努力推进该疾病的防治。新的检查手段能够尽早发现阿兹海默症，并找出健康人群中有可能罹患该病的人，这些发展都会对此病的防治发挥积极作用。然而，前景最光明的做法还是人们在 2010 年采取的一项新举措。世界上最大的几家医药公司说他们将会共享过去失败实验的相关数据，以更好地了解这些实验到底哪里出了问题。通过吸取过去失败的教训，也许有一天他们就能够获得成功。

3 女性世界

毛泽东说，妇女能顶半边天，但是，要让妇女们得到与男人同样的回报还需要时间，特别是在发展中国家。

在《旧约 · 利未记》中有这样的记载：上帝指示摩西，如果有人曾发誓为上帝服务而如今又希望能够被免除这种责任，就必须向牧师缴纳救赎税，而征收的标准如下：

要是这个人是20~60岁的男子，他就要缴50谢克尔（以色列货币——译者注）的银币，而如果是女人，则是30谢克尔。

长期以来，妇女一直被认为不如男人有价值，而且在国家事务中只能发挥次要作用。世界历史是男人的历史。当然，神话里有夏娃，还有很多女神，古希腊和古罗马神话中万神殿的半壁江山也为女神们占据，但是，老板是男人。神话里也有亚马逊女战士族，她们是让人敬畏的神秘部族。甚至有人说，在公元9世纪还出过一位女教皇，被称为约翰娜或者约翰。据说她是女扮男装才成功成为教皇的，不过，她很可能也只是传说中的人物。而历史上零零星星的也出现过几位真正的不依附于任何国王的女王，包括克娄巴特拉（即埃及艳后）、布狄卡、伊丽莎白一世和维多利亚女王。但是，女人称王还是很稀罕的，而且她们无一例外都是因为出身王族才得以登上王位。

那么，情况到2050年会有所不同吗？妇女最终能够取得与男人相等的价值和地位吗？假使可以的话，男女平等会成为普遍的现象还是只局限在一定地理范围之内呢？同生活在发达国家的姐妹们相比，发展中国家妇女的价值是否还是被低估呢？考察迄今为止妇女，特别是西方世界的妇女，到底在争取平等的道路上取得了多少进步，能够在一定程度上回答这些问题。

在很多地方，妇女大多被认为是应该待在幕后扮演妻子和母亲的角色的。当然，一直都存在例外的情况，艺术家、演艺人员、作家，还有探索陌生国度的冒险家中不乏女性的身影。但是，这些人之所以能够成功，是因为她们本来就是非比寻常的人，而且这样的人通常是少之又少，隔很久才出现一个。妇女作为一个群体来争取平等权利的斗争是从18世纪的启蒙运动之后才真正开始的。1792年，英国妇女解放运动先驱玛莉·渥斯顿克雷福特发表其名篇《女权辩护》之时，女性还普遍被认为是体力上和智力上较弱的性别，需要父亲、兄弟或者丈夫的保护。有关继承的法律通常对女性不利。一旦结婚，她们就得放弃法律上、财产上的权利（当然，这需要首先她们拥有这些权利）。不结婚也不是办法，因为她们将很难在社会上立足，也没有生活来源。

尽管几乎整个19世纪英国的王位都是由一位女性君主占据的，维多利亚时代严格的道德规范对妇女也没有任何好处。哲学家约翰·斯图亚特·穆勒于1869年发表了《女性的屈从地位》一文，积极呼吁男女平等，他的确是个领先于时代的人。维多利亚女王自己在1870年曾经这样写道：

就让妇女继续扮演上帝赋予她的角色吧：作为男人的助手，但是承担完全不同的工作和责任。

从 19 世纪晚期开始，妇女的法律地位逐渐开始得到改善，但在许多国家，直到一个世纪之后，妇女才取得了在民事权利上的完全平等。

备战吧！准备打吧！

妇女争取政治权利的历程同样艰难而漫长。19 世纪，关于是否要实行普选权的争论，焦点集中在是否要将这项特权的享有权扩大到所有成年男子，而不是将它赋予妇女。不过，19 世纪末，妇女参政权论者终于能够开始成功跨越层层艰难险阻走进人们的视线。大部分西方国家都是在 20 世纪才开始赋予妇女完全投票权的，很多国家是在第一次世界大战之后为了表彰妇女在战争中做出的贡献才这么做的，而还有很多国家要到更晚些时候才赋予妇女参政权。瑞士在 1971 年才赋予妇女完全投票权，而葡萄牙直到 1976 年才这样做（见表 3.1）。而且，至今这项工作还没有完成：许多国家，主要是阿拉伯世界国家，还不允许妇女投票。从全球范围来看，各国议会的席位中只有不到 20% 为妇女占据（美国女性议员的比例只有惊人的 17%，而北欧国家以及荷兰的女性议员数量差不多达到半数了）；内阁职位基本都由男性把持，女性领导人，诸如 20 世纪 80 年代的英国首相玛格丽特 · 撒切尔，如今的德国总理安吉拉 · 默克尔还有巴西的迪尔玛 · 罗塞夫都还只是特例。

当社会生产形式以农耕为主的时候，贫穷的妇女不光在农场里工作，还要承担抚育子女、照顾家人的责任，其中一些人还经营小商店或者小客栈之类的。不过，她们可从事的职业种类相当贫乏。随着工业革命的到来，她们的职业可能得到一定拓展，许多人进入了纺织作坊和工厂。1841 年在英格兰进行的一项人口普查表明，23% 的妇女和女孩受到雇用，其中绝大多数人都从事家政服务、纺织和农耕工作，但是，她们的机会

表 3.1 妇女投票权

国 家	取得年份
芬兰	1906
挪威	1913
丹麦	1915
荷兰	1919
德国	1919
美国	1920
加拿大	1920
瑞典	1921
英国	1928
西班牙	1931
法国	1944
意大利	1945
希腊	1952
瑞士	1971
葡萄牙	1976

资料来源：弗朗索瓦兹·特博主编，《西方女性发展史》，哈佛大学贝尔纳普出版社，1996

逐渐增多。同样还是这份人口普查报告（这也是首次将女性从事的工作分开列表的人口普查），还记录了 469 名女性铁匠，389 名女性木匠及细木工人，还有 125 名女性扫烟囱工。19 世纪末，妇女能够从事文书工作的机会也越来越多了。

不过，还是第一次世界大战赋予了参战国的妇女们前所未有的巨大机遇，使得她们能够进入一些原本由男人垄断的行业。因为男人们都在前线打仗，妇女们就开起了有轨电车，走进了办公室、银行、商店和军需用品工厂，并得到了丰厚的报酬。欧洲妇女加入劳务大军的比例显著增大；而美国因为参战较晚，战争在这方面带来的变化要小一些。不过，妇女完全有能力承担各种各样工作的意识已经确立起来了，这样的经历也让她们对自己的看法产生了很大的变化。然而，战争结束后，幸存的男人们返回家园，又重新要回了自己的工作，大部分的妇女又回到了厨房和婴儿房。通常，家境一般的年轻女性会在结婚前，或者最晚到第一个孩子出生之前坚持工作；而家境富裕的女性一般都不会出去工作。

而仅仅20年后，第二次世界大战又将数百万妇女送回了劳动力大军中来取代那些奔赴战场的男人们。而在战争结束后，她们又一次回到家庭中生育了许多孩子以弥补战争中失去的人口。而结果就是婴儿潮的出现，婴儿潮一代人口数量更多，也比他们的前辈受到更好的教育，对自己更加有信心，而这些人现在正在开始渐渐退出职场。

从20世纪50年代起，各种节省劳动力的高科技产品逐渐普及（比如冰箱、炊具、洗衣机），但这并没有直接导致更多女性走出家庭去做有薪水的工作，反而让她们有机会去把自己的家变成了闪闪发光的圣堂，让人对家庭生活顶礼膜拜。随着人口流动性的增长，几世同堂的家庭越来越少，而被核心家庭所取代。核心家庭的家庭形式，就是指丈夫出去赚钱养家、妻子在家打理家务，再养育几个浑身上下收拾得干干净净的孩子。

更好的教育，更美好的未来

但是，这样的状况并没有持续太长时间。从20世纪70年代起，富裕国家的妇女开始大量涌入劳动力市场。一个重大的原因就是，她们的受教育程度得到极大提高。这当然也耗费了相当长的时间。在美国，直到大约1830年，才开始实施涵盖两性的初等义务教育；一些欧洲国家实行这种制度的时间或稍早，或稍晚。不过，对女孩的教育取得了极大进展，现在，在所有发达国家，从五岁或者六岁开始，至少长达十年的义务教育已经普及。即使是在发展中国家，女孩的小学入学率也高达78%，男孩是82%（不过，全世界现有的7.7亿成年文盲人口中，还有三分之二是女性）。

中等教育，特别是高等教育在女性中的普及则花费了更长时间。哈佛、牛津还有剑桥在19世纪六七十年代设立了女子学院，但是，直到20世纪20年代，牛津才开始向女性学生授予学位。直到第二次世界大战之后，女性才取得了广泛平等的高等教育权。

让人欣喜的是，在过去几十年中，女性不仅把过去的损失都补回来了，还争取到了更多。现在，除了撒哈拉沙漠以南地区以及西亚和南亚，接受高等教育的女性已经比男性多了。在所有经济合作与发展组织国家中，平均33%的年龄在25~34岁的女性接受过各种形式的高等教育，而同样年龄段的人口中，接受过高等教育的男性只有28%。女性接受高等教育数量增长最多的国家是日本、韩国和西班牙，这证明在这些国家一些传统的观念已经得到了扭转。

现在，在富裕国家中，女孩子在学校里的表现普遍比男孩子强（不过在发展中国家，情况恰恰相反）。经济合作与发展组织的国际学生评价项目（PISA）表明，所有成员国家中，15岁女孩在阅读方面的能力都比同龄男孩子强，不过，大部分国家男孩子在数学和科学方面的得分要比女孩子高一些。然而，男人和女人选择的专业却显著不同。75%的数学及工程学的学位都被授予男性，而71%的人文及卫生方面的学位被授予了女性。研究生阶段这种不平衡更加显著，这也反映出男女在职业选择上的不同取向。拥有人文学科学位的女性绝大多数都从事教育工作，而大部分理科男性毕业后都进入了物理学、数学和工程学领域工作。

第二次世界大战之后，将教育权、民事权利和政治权利都纳入囊中的女性渐渐开始不安于室，料理家务、照顾孩子已经无法让她们得到满足。20世纪60年代开始的女性主义运动表达了她们的心声。贝蒂·弗里丹在其1963年的作品《女性的奥秘》一书中呼吁重新定位女性在工业社会中的角色。现在，女性希望不仅是在公民权方面，也在工作权方面得到与男人平等的待遇。发达国家的法律体系开始在这个方向上缓慢而又坚定地与时俱进。在美国，1963 年颁布了《平等工资法案》，规定对男性和女性实行同工同酬；1964 年获得颁布的《民权法案》第七章严禁雇佣行为中的性别歧视；而 1978 年颁布的《怀孕歧视法案》规定因为女性即将生育而解雇她是不合法的。在英国，1970 年颁布了《平等工资法案》，随后又在 1975 年颁布了《性别歧视法案》和《雇佣保护法案》。在大部分发达国家，都通过了类似的法案。

法律上平等了，经济上还没有

没有人会天真地认为这些措施就能够立刻带来职场上的男女平等。不过，它们表明一种重要的社会趋势正在形成。丈夫外出工作赚钱养家、妻子照顾家庭和子女的传统家庭的数量越来越少。在美国，20 世纪 70 年代初，52% 有子女的家庭都是传统家庭的形式。而到 1975 年，这一比例已经下降到了 45%；至于现在，则只有 21%。比起其他富裕国家，美国妇女外出工作的比例要高一些。不过，无论在哪里，同样的趋势都很明显。在经济合作与发展组织成员国中，适龄女性外出工作的比例整体上从 1970 年的 45% 增加到了 2008 年的 58%（见图 3.1）。北欧国家这一比例最高，大部分都超过 70%，只比适龄男性的比例低几个百分点。而在这一比例较低的意大利和希腊，只有一半多一点儿的女性从事有薪酬的工作。

尽管大量女性涌入职场，尽管颁布了那么多同工同酬的法律，平均来看，女性还是比男性挣钱少。两性全职员工薪酬中位数的差距鸿沟从 20 世纪六七十年代起已经开始缩小了。不过，如今在经济合作与发展组织国家中，这个差距似乎止步于平均 18%，不再继续缩小了。同样，在大多数北欧国家，两性薪酬差距要小一些，而在韩国和日本这样的国

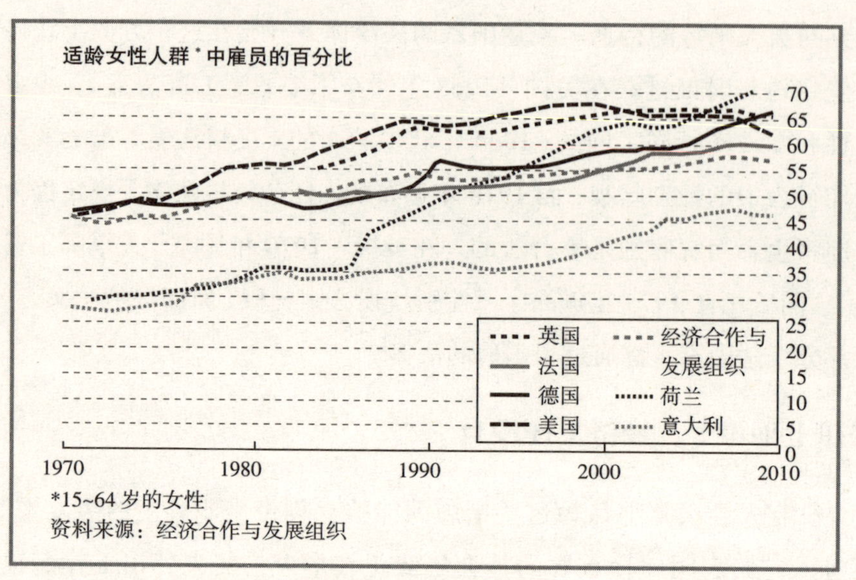

图 3.1 女性工作状况

家差距则要大许多。这些数字不考虑兼职工作者的收入，而女性从业者中，有四分之一都是兼职的，而且兼职工作的薪酬一般低于全职工作，因此，实际的情况要比这更糟糕。在薪酬最高的人群中，两性薪酬差距最大，这说明，许多女性在向上级阶层前进的时候，还是会撞上“透明天花板”。

女性所从事职业的集中度远远高于男性，她们多从事教育、护理、美容美体以及文秘工作，而这些工作通常都不是能够让人发财的职业。不过，随着白领工作不断增加（这些工作的工时和工作环境通常都比较合适和优越），女性的机会也越来越多。而随着体力劳动岗位的减少，许多男性体力劳动者正在进入失业大军。比起男性，女性从事个体经营的概率也更高，这也说明她们很难找到工作时间和环境适合自己的工作。即使真正从事全职工作，她们的平均工作时间也比男性要短。

这不是因为她们比较懒，而是因为她们还有别的工作要做。在几乎所有的富裕国家，妇女花费在无薪酬工作上的时间至少是男人的两倍，在某些国家，这个数字还要大得多。这些工作主要包括：照看孩子、照顾老人以及其他一些事情。所有地方的男人都说他们的休闲时间比女人多。不过，哪里的男人都没有意大利男人悠闲，他们每天的休闲时间要比自己的妻子长 80 分钟，而挪威男人干家务活的时间几乎和他们的妻子一样长。

不过，至少是在富裕国家，照顾孩子已经不再像以前那样是个永无休止的任务了，其中一个最重要的原因就是在所有经济合作与发展组织成员国家中，女性的平均生育个数有 1.6，比 40 年前少 1 个，也低于 2.1 的人口替换率。对此，20 世纪 60 年代出现的避孕药发挥了部分作用。至此，女性才第一次拥有了控制生育的能力，能够决定自己到底要生几个孩子，还有什么时候生。现在，女性生育的年龄推迟了，通常都在她们有了一定事业基础后才生孩子，而且通常也不会要很多孩子。美国、法国还有北欧国家的人口出生率比起地中海国家和东欧国家来要略高一些，后者的人口出生率曾经一度接近每位妇女只生一个孩子。近几年，包括英国在内的一些国家的人口出生率有所回升，不过，回到过去那种管风琴式家庭（也就是一个家庭有几个年龄由大到小依次排开的孩子）的可能性微乎其微。当然，即使是独生子女也需要人花时间去照顾，不过比起以前那种大家庭来说，照顾一个孩子要容易多了，而且，照顾孩子的时间也短了许多，因此，总的说来，妇女同时保有家庭和事业的概率是越来越高了。

在过去两三百年里，特别是过去五十年里，富裕国家的妇女在妇女解放的道路上取得了巨大进展。她们在法律上取得了同男人完全平等的地位，也争取到了选举权，尽管女性立法者的数量还是很少。女性也可以享受平等的教育权，而且作为一个群体，她们的受教育程度已经开始高于男性。她们也可以控制自己家庭的规模。而现代家庭中孩子少了，也更好掌控了。女性得以大量涌入劳动力市场。在许多国家，妇女的就业率几乎与男人持平。在美国，她们其实已经掌握了一半的工作岗位。男女之间的薪酬差距也在减小，尽管还远远谈不上消失。女性从事高级管理工作、高级专业技术工作或者高级行政工作已经不再是稀罕事，尽管掌握决策权的妇女数量还是很少。有些国家还颁布了正式或者非正式的配额制度，要求董事会成员中拥有一定比例的女性，这可以在一定程度上加快妇女进入决策层的步伐。

最高管理层中的巾帼英雄

我们几乎可以肯定，在2050年，富裕国家的公司董事会成员中差不多一半的人是妇女。而我们不太清楚的是要通过什么办法来实现这个结果：是需要立法规定配额呢，还是不需要？

目前，跻身于商界最高层的女性的数量还是少得可怜（参见图3.2）：美国大公司中女董事的比例为15%，而欧洲只有10%。有些欧洲国家的政府效法挪威的做法，立法规定上市公司董事会中40%的席位要给女性。而在美国，这样的措施可能不会被接受，因为这被认为是对男性的歧视。而反对配额制的人说，这样做会迫使公司在董事会里设置一些没有决策权的虚职来应付配额制，或者迫于配额压力，根据性别而不是能力来分配权力。无论有无配额，在今后几十年来，为了满足竞争的需要，公司也需要吸引最优秀的人才，也势必会让董事会中女性的数量接近男性。

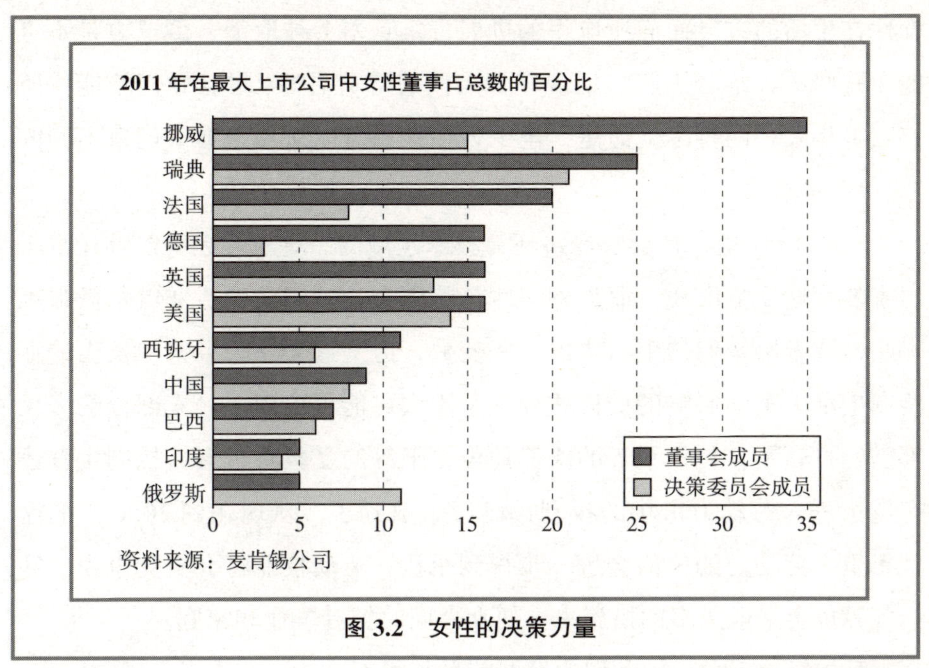

图 3.2 女性的决策力量

未来的美好与不完美

那么，女性前进的方向到底是哪里呢？在发达国家，女性拥有很大的选择余地。假如她们能够找到一位足够富有的丈夫，她们就可以结婚，然后成为全职太太，想生几个孩子就生几个孩子；或者，她们可以找一份前途无量的工作，根本就不想孩子的事，甚至连老公都不要。但是，绝大多数人会选择一条中间道路，建立一个家庭并同时在力所能及的范围内保有一份工作。而实现这个目标的难易程度取决于她们到底生活在哪里。有些国家的政府实施了家庭友好型政策，慷慨地提供育儿假、税务减免和幼儿照管服务，而有些国家则不然。许多国家的劳动人口数量都在缩小，而称职的劳动力变成了稀缺资源，鉴于这种情况，政府和雇主都会更努力地吸引女性进入劳动大军，并尽力让她们留在工作岗位上。

女性在生活的方方面面所取得的进展肯定是不会被取消，倒退更是不可能。有些男人牢骚满腹，说现在女人们的待遇更好：尽管她们不能将所有“美味”一网打尽，但是，至少现在她们可以从一张男人们拿不到的“菜单”上点菜了。

未来40年里，社会、经济还有技术领域的一些发展趋势能够让富裕国家的女性受益匪浅，而另外一些趋势则会让她们的生活变得稍微艰难一些，或者给她们的生活增加一些变数，但是过去一个世纪中发生的那些产生翻天覆地影响的史诗式变化是不太可能再出现了。大部分的大仗都已经打赢了，包括平等的法律地位，平等的受教育机会，控制生育还有自由进入劳动力市场的权利都已经争取到了。从现在到2050年的这些年里，劳动力的价值会进一步得到承认，劳动技能将会更受重视，社会各界也会采取更多的措施来方便女性同时拥有事业和家庭。

而在新兴市场，妇女们的发展前景却很不一样。在许多发展中国家，妇女还是缺乏平等的法律地位和政治权利，在很多国家，她们还没有选举权。尽管已经有186个国家签署了联合国《消除对妇女一切形式歧视公约》，但是，其中有42个国家还对该公约的至少一个方面持有异议，这阻碍了该公约在现实中的推广和实施。争议主要集中在婚姻和家庭内部的平等权利，国民待遇和与宗教教义的兼容性等方面。在许多国家里，女性在家庭中没有自主权，经常要遭受家庭暴力而且无法通过法律手段伸张自己的权益。

根据联合国颁布的数据，在北非和西亚，2010年，女性从事有薪酬工作的比例不超过30%；南亚，这一比例低于40%；加勒比海地区和中美洲，不足50%。尽管在过去20年间，男女参加工作比例之间的差距有所减小，但还是很大。而即使是那些有工作的女性，从事的也常常是不稳定的工作，比如临时性农业帮工、家政服务、工厂和作坊里的临时工，或者是自己经营点儿小生意。如果幸运的话，她们能够找到文员或者服务行业的工作。很少有人能够进入经理级或者高级官员的阶层，而且，几乎所有女性在从事与男性同样工作的时候，薪水要比男性低。

在发达一些的新兴市场，女性的前景看起来要乐观些。很可能，从现在开始到2050年，全球的经济增长都主要集中在这些国家和地区。中国和印度将分别成长为全球最大和第三大经济体，而墨西哥、土耳其、印度尼西亚、埃及、马来西亚、泰国、哥伦比亚和委内瑞拉等国的经济也会飞速发展。这样迅速的增长对女性实际上是有好处的。西方发展的经验表明，女性发展进步的一个前提是教育。随着这些国家变得越来越富有，他们花在教育上的钱也越来越多。世界银行发布的数据表明，在巴西、俄罗斯和中国，年轻的成年公民无论男女都已经全面脱盲，而高等教育在校生当中女性占了一半左右。

经济高速发展还会加剧用人单位对技术工人和人才的争夺，这也为女性提供了更多机遇。在金砖四国（巴西、俄罗斯、印度和中国）当中，已经有30%~50%的女性加入了劳动大军，她们中的许多人还斗志昂扬地下定决心要努力工作，争取爬到最高处。尽管针对女性的传统观念很难消除，但是，这世界已经改变了很多，那些最根深蒂固的歧视可能也比以前更容易对抗了。国际劳工组织进行的一项研究表明，职业的性别壁垒现象（也就是说，男人和女人从事不同的工作）在中国和印度甚至比以平等主义著称的北欧国家都更少。特别是在中国，有越来越多的女企业家建立了非常成功的企业。

同西方国家的职业女性相比，金砖四国的职业女性们享有的另外一个优势就是，在这些国家，照顾孩子的矛盾没有那么突出。几世同堂的大家族里有更多人可以搭把手，家政服务随处可得又便宜，而且在这些国家的文化中，人们并不忌讳让别人给自己带孩子。然而，在今后几十年里，这样的优势会逐渐减少，因为人们也期待这些女性会在她们的父母和公婆衰老的时候反过来赡养和照顾她们，这样，在她们事业发展的中后期就会被更重的家庭负担所拖累。

影响妇女生活的因素

只要不发生意料之外的剧变，我们可以确定，在未来40年间，影响女性生活状况的主要因素有下面这些：

■ 人口变化。由于过去几十年里人口出生率的显著下降以及平均寿命的稳步增长，在大多数富裕国家和一些新兴国家中，人口老龄化问题会愈加严重。在很多地方，劳动年龄人口数量正在逐渐减少。假以时日，这很可能会导致劳动力匮乏，特别是技术和专业岗位人才的缺乏，而这却给了女性获得更多、更优工作的契机。但是，随着女性退休年龄比男性低的历史结束，领取退休金人口的年龄普遍提高，女性也不得不工作更长的时间。而耄耋老人越来越多，这意味着需要劳动人口照顾的人越来越多。通常，女性承担的类似责任要比男性多得多，而如果她们同时还想要保留自己的工作的话，就会非常繁忙。与此同时，发达国家的人口出生率可能不会像现在这样低，会有所回升，这也意味着照顾孩子的任务将会像照顾老人的任务一样变得繁重。

■ 社会趋势。与20世纪70年代相比，经济合作与发展组织成员国人口的结婚率下降了一半，而离婚率则翻了差不多一番。越来越多的人现在会同居一段时间然后分开。在大部分经济合作与发展组织国家中，非婚生婴儿的比例已经达到了30%~50%。将来，结婚的人会更少，非婚伴侣会更多，无论是夫妻还是同居伙伴，都有可能会选择分手。这会造就更多的单亲家庭，单亲妈妈既要工作又要养育子女，将会面临更大的压力。

■ 教育。大部分富裕国家还在筹划让更多的年轻人接受高等教育，有的国家还设定了让一半适龄人口接受高等教育的目标。接受高等教育的女性的数量已经超过了男性，而在未来劳动力市场的“人才争夺战”当中，教育程度高的女性会很抢手。

■ 经济的结构性和技术性调整、变化。随着制造业萎缩，现代经济体系中的大部分工作都在服务行业。这些工作一般都很适合女性，但是，很多工作都是临时性工作，或者兼职工作，同时间固定的工作相比，这样的工作提供的保障没有那么可靠。不过，随着技术进步，越来越多的工作可以远程完成，这给了在职的母亲更多机动性。

已经出现的和即将出现的

因此，未来40年里女性发展的前景很难用一个简单的公式化的东西来总结。在富裕国家，她们已经在理论上取得了平等权利，尽管在实践中还不尽然，在边边角角的地方还有改进的余地，如帮助女性更好平衡家庭和事业的更合理的制度安排，公司付出更多的努力来提供更加有弹性的工作形态。或许，大众的观念也会有所转变，男性同样拥有家庭，也应该为照顾家庭尽一份力的观点会开始为普通大众所接受。但是，出现更大程度改变的可能性不大。

在世界上最贫穷的国家中，女性在很多方面都处于劣势，只有在男孩子和女孩子的受教育状况都得到改善，继而经济文化都快速发展之后，这种情况才可能有所改善。教育女孩子对于一个国家社会和经济的繁荣发展大有裨益。一个国家之所以落后同该国女性文盲数量众多还有妇女地位低下有很大关系。受过良好教育的女性更有机会找到薪酬不错的工作，能够选择控制孩子的数量，为孩子的教养做出正确的决定并改善他们的生活。但是，在许多国家，妇女受歧视有着深刻的宗教或者文化根源，妇女解放的进展注定会非常缓慢。

而在相对比较发达的新兴市场国家，不光是金砖四国，还包括许多其他国家，在今后几十年里，女性会拥有非比寻常的机遇。许多这样的国家里，女性受教育的程度已经赶上了男性。高速的发展带来了迅速的变化，她们可以借此克服偏见，并开创自己的事业，而对上一代而言，这样的事情是做梦都想不到的。这不但对女性有好处，经济也会因为她们做出的贡献而受益。

但是，女性也要付出代价。发展中国家的女性拥有了更多选择，但是也面临了更大的压力。西方世界的经验证明，一旦女性走出家庭进入职场，社会也会发生不可逆转的变化，而这些变化不但会影响女人，也会影响男人和孩子。不过，总的说来，大部分人，特别是女性，都会同意这是个值得付出的代价。

4 社交网络

保持连接、一直在线：欢迎来到社交超云时代。

如今，全世界正在集体进行着一项前所未有的实验。在你读到这本书的时候，也许 Facebook 网站已经成为第一个可以夸耀自己的用户数量已经突破 10 亿的社交网站了（现在实际已远超此数，作者的预测已成为现实——编者注）。假如这是一个国家的话，它将会成为地球上继中国和印度之后的人口第三大国。在我写作这篇文章的时候，Facebook 的活跃用户数量是 8 亿。当然，谁也不敢保证其用户数量一定能够突破 10 亿（见图 4.1）；不过，它的成功已经说明了现实世界中友谊的概念会如何被成功地移植到虚拟世界中。而网络世界中的这场社会革命还方兴未艾，在从现在到 2050 年的几十年间，这场变革将会在多个不同领域显山露水。

跟在线社交网络一样，其他一些如雨后春笋般争相冒出头来的“社交媒体”服务正在把人们在网上和网下的联系变得更加紧密。许多在互联网上建立友谊的人们会转入面对面的交往。这些媒体林林总总，从博

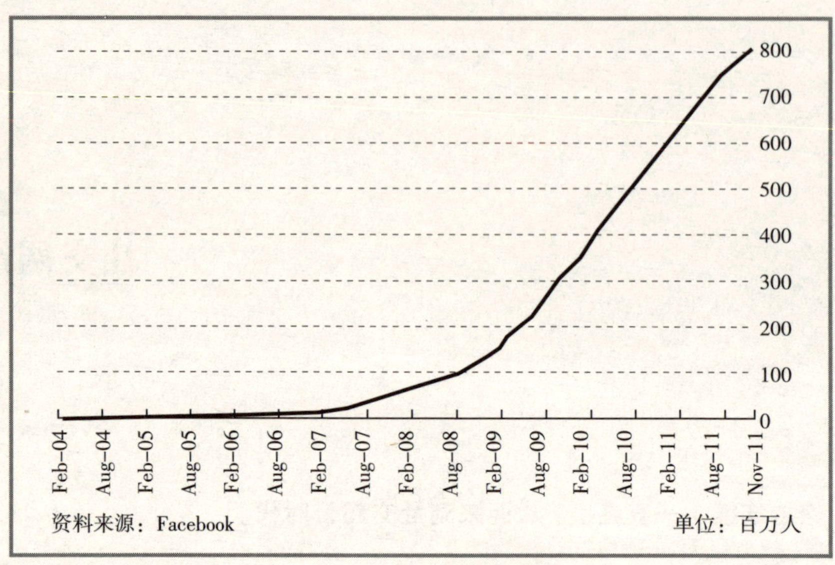

图 4.1 Facebook 的崛起

客到“维客”[①]（任何人都能够编辑的一系列网页），到网络交友网站，再到像 Foursquare[②] 这样帮助人们与友人分享自己位置信息的社交定位网站，无所不包。

同 Facebook 及其同类网站一样，还有一些新兴的服务引发了一场激烈的争论，争论的焦点是在这个越来越网络化的世界上，个人隐私将会何去何从。不过，已经有证据表明人们在网络上的态度正在变得越来越开放，简单考察一下社交网络相对而言并不悠久的历史就很容易看出这样的趋势。我们可以把 BFF 阶段看作是社交网络发展的初期阶段，

① 维客是一种在网络上开放，可供多人协同创作的超文本系统，由沃德·坎宁安于 1995 年所创。这种超文本系统支持面向社群的协作式写作，同时也包括一组支持这种写作的辅助工具。也就是说，这是多人协作的写作工具。而参与创作的人，也被称为维客。——编者注

② Foursquare 是一家基于用户地理位置信息的手机服务网站，并鼓励手机用户同他人分享自己当前所在地理位置等信息。与其他老式网站不同，Foursquare 用户界面主要针对手机而设计，以方便手机用户使用。——编者注

这个阶段一直持续到2003年年底。而BFF这个缩写原本是青少年用来称呼自己最喜爱的伙伴的，也就是“永远最好的朋友”（Best Friends Forever），而在本文中，这个缩写的意思是“Facebook创建之前”（Before Facebook's Founding）。

起源与进化

在这个社交网络的“前寒武纪[1]”时代里，网络友谊和信息分享差不多是那些技术行家们专属的特权。他们成天挂在类似BBS论坛这样的在线交流平台上的，通过发帖来交换信息，也可以在上面玩在线游戏。尽管也有人会在论坛上或者聊天室里（聊天室曾经在20世纪80年代盛极一时）使用自己的真实姓名，但是很多人都隐藏在一个网名后面，以嘲笑谩骂试图加入他们那个群体的菜鸟为乐。

在线社交网络发展进化的第二个阶段里，人们赖以实施在线交流的工具渐渐实现平民化。CompuServe和美国在线等公司将电子邮件、聊天网站和论坛介绍给了更多的人，不过，他们的用户数量从来也没有哪怕接近过Facebook网站那样惊人的水平。这些商业服务提供了相对安全的“带围墙的电子花园”，用户们可以在其中交流信息。多亏了它们，人们才能够越来越放心地在网络世界使用自己的真实身份。

然后，在20世纪90年代中叶，万维网上迸发出一股创新的洪流，最终将社交网络推向了大众。博客数量激增。根据尼尔森调查公司的报告，截至2011年7月，网络上开放式博客数量超过1.66亿（见表4.1）。维客数量也成倍增加。而维基百科可能是知名度最高的维客网站了。维基百科创办于2001年，如今已经成长为互联网上最受欢迎的网站之一，

---

① 寒武纪（Cambrian）一般被认为是现代生物的开始阶段。——译者注

号称拥有2000万篇文章，涉及的话题从罕见的疾病到名不见经传的演员，无所不包。作为在线合作的成功范例，维基百科的优势就在于每天都有数百人在编辑现有的词条并增加新的词条。

表4.1 博客生态圈

尼尔森追踪的博客数量*，单位：百万

2006	2007	2008	2009	2010	2011
29.4	49.2	78.7	110.3	126.9	162.7

*数据来自自动博客趋势追踪系统BlogPulse（博客脉冲）的统计
资料来源：尼尔森调查公司

然而，也许20世纪90年代最重要的发展还是社交网络服务的崛起。这样的服务集合了个人基本信息以及搜索其他用户并与其进行交流的功能，其代表为SixDegree.com网站。这些网站为后来在21世纪初大红大紫的两个网站Friendster和MySpace的发展铺平了道路。这些网站，再加上其他一些，比如韩国的CyWorld，法国的Skyrock，以及俄罗斯的VKONTAKTE，与之前的网站有着两大显著的不同之处。首先，其网站结构不是围绕话题或者主题而建立的，而是当仁不让，建立了一个“自我中心”的体系，将“人”放到了在线交流的核心位置。其次，这些网站的界面都很简单，对网络技术一窍不通的人也可以很容易地加入其中，使用它们。

然而，随着Facebook网站的大放异彩，这两个网站的好日子最终渐渐走到了尽头。Facebook网站是马克·扎克伯格于2004年在自己哈佛大学的宿舍中创办的。社交网络的Facebook时代里，原本市场相当有限的在网络上交友并培育友谊的观念已经开始在世界范围内被大多数人所接受。而这一变化正在许多方面改变友谊以及协作的观念。

社交图形

最大的变化之一就是，人们开始在网络中使用自己的真实身份并且开始公开地同其他人建立链接。比如说，Facebook 就鼓励用户公开自己的婚姻状况，是否单身，是否有固定的交往对象，并标注出哪位好友同时也是其家庭成员。维护社交网络的计算机专业人士喜欢把这样结成的电子关系网成为“社交图形”，通过对它进行数据挖掘，可以更好地理解一个人的关系网以及兴趣网络。

在 Facebook 时代，人们愿意同网友分享的信息量也显著增加。在一定程度上，这是对如今越来越开放的社交行为规范的反映。这种变化直接导致了真人秀节目的流行。但是，这也表明如今在线社交网络已经创造出来了更严密也更圆滑的隐私控制措施，增强了用户的安全感，使得他们可以更放心地分享一些敏感信息，比如最近购物的细节或者他们的健康状况。当然，对很多人来说，网络安全还是一个很值得担忧的问题。用户可以通过 Foursquare 还有 Gowalla① 为好友们标示自己目前的位置，这两个网站的蓬勃发展也是人们隐私观有所松动的明证。

另一个变化就是社交网络似乎已经开始跨越年龄的鸿沟。尽管还是年轻人更倾向于在互联网上“捅”彼此一下、互加好友或者上传一张好朋友在派对上衣衫不整的快照，但是，他们的祖父母们也开始注册社交网络账号了。2010 年，非营利性机构“皮尤网络与美国生活项目”对超过 2000 名成年人进行的一项调查表明，自 2009 年 4 月到 2010 年 5 月，美国 65 岁以上的社交网络用户数量翻了一番，从该年龄群体总数的

① Gowalla 是一个类似于 FourSquare 的地理位置服务，可以在朋友间分享地点、活动、旅行线路等信息。——编者注

13% 增长到 26%。而 18~29 岁的年轻人中有 80% 在使用这样的社交网络，虽然 26% 的比例相形见绌，但是在今后几十年里，随着越来越多的“银发网络冲浪人”发现在线分享的乐趣，这个差距会逐渐缩小。

Facebook 以及其他一些社交网络是怎么吸引到那么多用户来注册的呢？部分原因是计算机技术人员们所谓的“网络效应”：如果你的朋友中有很多人都在某个网站注册了，你就会也想成为其中的一员。而另外一个原因就是许多网站都学习 Facebook 建立了一个平台，允许其他软件开发者在上面安装各种软件应用功能，从游戏到慈善捐款软件，无所不包。这使得这些网站不但对现有用户而言更具价值，而且也帮助它们吸引了更多新用户。

同之前那些社交网络不同，当代的社交网络还受惠于消费类电子产品的发展，比如数码相机和智能手机。有了这些东西，人们可以轻而易举地以极低廉的成本制作出海量数字媒体文件。Facebook 惊人成功的另外一个秘诀就是，它开发了一个简便的照片分享功能，用户可以用它来和好友们分享照片。每个月，在这个网站上用户们分享的内容多达 300 亿条，包括照片、博客帖子等。为了迎合这种趋势，很多内容分享网站，比如相片分享网站 Flickr，还有视频分享网站 YouTube 都拓展了网络社交功能。

今天社交媒体图景中的另外一个与众不同的特点就是，现在的分享都是实时进行的，而且不只是定位服务网站才能够提供实时服务。微博客服务网站 Twitter 是这方面的领跑者，经常在传统新闻发布媒体发布新闻之前，它就已经将消息传播开来了。2011 年 7 月，庆祝公司创办 5 周年的时候，Twitter 宣布，每天其用户发布的推讯（Tweet）数量已经高达 2 亿条（2009 年 1 月只有每天 200 万条）；虽然推讯的内容每条不能超过 140 个字符，但是每天的推讯加起来，篇幅还是相当于 8163 部托尔斯泰的《战争与和平》。

协作及其结果

这些变化引发了几个在今后几十年间会更加显著的趋势。一个趋势是，好友对一个人决策过程的影响越来越大。人们一直以来都会向朋友们征求意见和建议，但是，利用群发电子邮件或者打电话来进行咨询耗时耗力。

社交网络把意见征求变得轻而易举。一方面，用户们只要把问题发布上去，所有的好友都能够看到并对此做出回应。另一方面，这些网站在其他网站上创建了“社交插件”，用户们还能够在这些网站上同好友进行交流。仅Facebook一家网站就号称在250万家网站建立了自己的链接。因此，随着社交网络在互联网上的“殖民”范围越来越广，好友也就逐渐成为越来越重要的社交内容过滤者。

另外一个趋势就是智力的“众包化”。维基百科是智力众包化的一个典范；另外一个典范就是带有社交网络印记的在线问答网站 Quora。这项服务的创办者是几位前 Facebook 高管，他们让用户们给其他用户发布的问题提供答案，并票选出最佳答案，而最佳答案可以在网页上置顶。最佳回答的提供者的网络威望值会增加，其他人对他们所提供的答案也会更加重视。在今后几年里，许多这样汇聚集体智慧的网站还会继续推进人类知识的传播和进步。

博客和社交网络还对另外一种现象的出现发挥了很大作用——大众传播和信息分享都变得非常简单，人们为了某个他们感兴趣的事业或者事情组织起来的速度比以往更快。不需要依赖像报社或者电视台这样的传统媒体，用户们也可以广泛传播自己的不幸。2011 年北非和中东的抗议者们利用 Facebook 和 Twitter 这样的网站来发动政治运动的事情就很能说明问题。也许我们夸大了社交网络所扮演的角色，但是毫无疑问，草根阶层的不满情绪席卷了阿拉伯世界，而博客和社交网络则放大了这种情绪。

社交网络这种引起社会海啸的作用也已经开始重塑西方世界的政治形态了。在 2008 年的美国总统大选中，社交网络鼓励人们参与政治活动的潜力初现端倪，而在那之后社交网络的作用越来越大。皮尤研究所的另外一项研究表明，在 2010 年中期选举期间，美国超过五分之一的成年互联网用户都是用 Twitter 或者 Facebook 这样的社交网络来了解选战的最新进展。与此同时，其中 7% 的人创办或者加入了政治团体。

很多利用社交网络来了解选情的人都是之前不参与政治活动的年轻人。而且看起来，使用博客和社交网络来进行的政治活动受到人们社会经济地位、收入以及受教育程度的影响远低于其他形式的政治活动。这两点都说明，人们参与政治活动的方式已经发生了深刻的改变，也说明在未来的几十年间，长期以来形成的人民参政形式将会因为社会媒体的作用而发生显著改变。

博客、社交网络以及其他社会媒体已经在影响其他形式的民间行为了，比如说慈善事业。它们在帮助人们认识到海啸以及其他一些自然灾害的影响，在鼓励大众开展捐助行动方面发挥了积极作用。比如说，有一家慈善网站就致力于帮助人们为了某些慈善活动建立专门平台，并把这些平台网络分流到他们的好友网络中来推广这项活动。

社交网络中的工作者和玩家们

不仅在个人生活方面，也在专业领域，社交网络发挥着越来越巨大的影响作用。许多公司都建立了内部博客、维客以及其他工具，以促进内部协作和加快新创意的传播速度。许多软件公司都在卖力兜售 Facebook 式的公司社交网络解决方案，这些方案都被冠以“废话（Yammer）”、“喋喋不休”（chatter）这样的名称。——以后会不会用“胡言乱语”（Blather）这个词呢？这些软件可以在公司的防火墙内部使用。这种趋势蔓延的速度会越来越快，因为越来越多的公司都认识到利用技术手段来促进内部合作是一种潜在的竞争优势。

另外一个作用越来越突出的趋势就是专业社交网络的流行。许多社交网络是用来巩固密友之间的友情的，Facebook 的用户平均拥有 130 个左右的联系人。但是研究表明，事实上专业领域的联系人，以及这些人的关系给使用者带来了更多的工作机会。这解释了为什么 Linkedin[①] 还有 Viadeo[②] 这些服务提供商能够迅速崛起，因为这些网站是专门帮助人们同商业合作伙伴、供应商和全然陌生的人建立社交网络的。培育这些社会关系对与求职者而言越来越重要，因为有很多招聘者在利用这种网络来发现潜在的候选人。

不光是找工作越来越依赖于社交网络了，游戏也是如此。黑手党战争以及开心农场这些建立在社交网络平台上的游戏取得了惊人的成功，这说明人们在照料自己的虚拟蔬菜的时候多么急切地想与人分享（见表 4.2）。这种情况迫使很多游戏公司必须采用一些小机器，比如微软开发的 Xbox360 游戏主机，这样人们就能够跟朋友比赛谁的游戏打得好或者跟朋友们协同作战把坏人炸成碎片。未来，大部分的游戏都内置了社交功能。使用互联网电视还有其他用来娱乐的工具，人们也能够很容易地跟朋友们交流。

---

① Linkedin 是一家面向商业客户的社交网络服务网站，目的是让注册用户维护他们在商业交往中认识并信任的联系人，俗称“人脉”。——编者注

② Viadeo 是仅次于 Linkedin 的全球第二大商务社交网站。——编者注

表 4.2　2011 年 7 月 Facebook 最受欢迎十大游戏

游戏名称	活跃用户数量（单位：百万人）
城市小镇（CityVille）	80
帝国与盟军（Empires & Allies）	45
开心农场（FarmVille）	36
德克萨斯纸牌（Texas HoldEm Poker）	34
时光花园（Gardens of Time）	16
拓荒者小镇（FrontierVille）	12
咖啡世界（Café World）	11
银河怪兽（Monster Galaxy）	11
宝石迷阵 4：闪电战（Bejeweled Blitz）	11
钻石爆爆乐（Diamond Dash）	10

资料来源：AppData.com

所有这些让世界更联通的做法都会带来益处。但是，Facebook 时代也带来一个争议性的问题——在线隐私被逐渐侵蚀。在 Facebook 网站以及其他一些互联网络上，默认的设置就是网络上的任何人都能够获取用户的基本信息，许多害怕自己个人数据失控的人对此大加诟病。许多公司对社交网络创造出来的这些数据进行数据挖掘来达到商业目的，对它们的这些做法很多人都提出强烈的抗议。

因为新技术的不断涌现（比如以定位信息为基础的社交网络），在今后几十年里将会涌现出更多这类关于隐私的问题。很可能各国政府会颁布“数码权利法案”，更清晰地定义到底用户的数据属于谁，以及在何种情况下第三方可以使用这些数据，进而对隐私权进行保护。清晰定义并不容易，而且不同文化对隐私权的看法也不同，想要找到一条在全球范围内都被认为是最佳方案的道路非常困难。

迈向社交化国家

尽管如此，由隐私问题而引发的持续的紧张局势不太可能终止人类社会联系越来越紧密的步伐。社交网络以及其他一些社交媒体将会步紧随互联网，进入我们生活的各个不同领域。到2050年，我们将会生活在所谓的“社交化国家”当中——无论我们身处何地，我们的在线好友网络都触手可及；而智慧众包化这样的观念将不再新奇，而变得再普通不过。

现在，已经有些迹象表明，社会联系紧密化的趋势已经渐渐普及。一个标志就是，很多人现在通过手机而不是电脑来使用Facebook以及其他一些社交网络。这一现象有两个重大的意义。首先，手机用户比通过个人电脑参与社交网络的人更活跃，因此，被分享的信息将会因此大幅增长。其次，今后几十年里，新兴市场宽带无线网络会得到极大普及，而手机正在成为发展中国家的首选计算设备。因此，数十亿用户可以凭借这样的网络用手机建立新的朋友网和关系网。社交媒体革命也将因此而变成更具全球性的现象。

另外一个社交网络更普及的标志就是几乎各种不同的设备中都集成了社会联系功能。比如，丰田在2012年推出一个叫作“丰田朋友”的社交网络服务。丰田车的驾驶者可以通过这个服务来同其他丰田车驾驶者实时分享资讯，并同丰田销售商联系。另外一些汽车制造商也致力于研究如何让驾驶者在行驶过程中接入社交网络。到2050年的时候，所有的汽车上都会安装声控联网装置，方便驾驶者在行驶过程中同自己社交网络里的好友建立连接。未来，这种在线联网功能会出现在其他各种设备上——从炊具到商店里的收银机，凡此种种，不胜枚举。

一个让社交网络无处不在的驱动力是计算机云技术的发展。所谓云技术，就是在服务器中存储大量信息，而人们可以在任何地方使用多种不同的设备来获取这些信息。随着技术进一步发展，这种计算机处理技术的成本将会大幅下降，在移动中接入社交媒体将会变得更廉价更便捷。

再加上人工智能等领域技术的进步，到 2050 年的时候，人们将能够建立起一个社交超云系统，这个系统可以从一个人的社交网络中自动搜索并提供相关的信息和联系。

然而，也很可能 2050 年的社交媒体行业将会呈现完全不同的面貌。隐私问题带来的压力会迫使人们放弃那些商业大鳄，转而将自己的电子信息托付给那些非营利性存储机构，这些机构只为将信息存储在本机构的顾客提供服务。这些机构将会严密守护个人数据，而且只根据这个人的指令来将这些信息赋予第三方网站。

除了 Facebook 或者 Google+ 之外，未来，人们还能够自由地注册成为任何自己感兴趣的网站的成员，并自由选择任何自己想要与之交往的人做朋友。技术也会继续进步，直至能够为人们提供目标性更强的信息，那时人们就再也不会被湮没在一个超大网络强加于他们身上的无关信息和新闻当中了。甚至不用真正发出请求，这些信息就被呈现给你了，因为，到那个时候无所不在的网络连接和实时分享就变成再普通也不过的事情了。

当然，几乎不可避免地，一些新的、破坏性的社交技术会被开发出来，并在其后的几十年里完全改变在线社交的模式。这项技术可能在硅谷的一间车库里，甚至是在肯尼亚的一间简陋的小屋里被开发出来。但是，不管这种分享的底层技术基础到底发生了什么变化，我们可以确切知道，世界变得更联通的趋势只能是变得更快。

有些人甚至预言说，随着技术的进步，我们每个人都能够经营更庞大的社交网络，与许多人建立紧密的联系。如今，Facebook 网站用户的平均好友数量大约为 130 人，距人类学家罗宾·邓巴所宣称的一个人能够保持稳定关系的友人数量上限 148 人（经常被近似为 150 人）相去已不太远。而开发出了黑手党战争和开心农场游戏的网络游戏公司 Zynga

的老板马克·平卡斯却预言，几十年后，社交网络用户的人均好友数量将会达到500人。

即使社交网络用户的人均好友数量最终并未达到如此多的程度，有一点也是毫无疑问的，那就是，在本章中所罗列出来的这些变化正在将互联网变得更像它的创造者蒂姆·伯纳斯–李预想中它该呈现的样子。他在其作品《编织万维网》一书中解释说，发明互联网的初衷就是把它当作一项社交工具而不是技术发明来做的。而到2050年，它就会是这个样子的。

行业主导者?

这个被社会化了的世界会不会被一家公司所主导呢？公认的社交网络时代历史还不长。根据历史经验来判断，在不同的时期都会有一家公司因为其网络影响力巨大而成为让人无法抵挡的主导者。然而，曾经盛极一时的MySpace网站如今已经风华不再。它的命运也说明，一旦竞争对手提供了看起来更有用的服务，“薄情”的用户就会毫不犹豫地放弃现在自己使用的服务而改用新的服务。

Facebook网站似乎已经意识到了这个问题，并一直致力于把自己变成一项公共社交工具，也就是互联网上的人员身份数码仓库。它还通过在网站上集成第三方应用功能来吸引用户，为自己营造了一个“社交生态体系”。然而，它也不是无懈可击的。谷歌公司在吸引用户使用自己的Google+社交网络上就取得了初步的成功，因为用户可以使用Google+便捷地创立不同的次网络系统，把自己的好友按照朋友、同事和家人这样不同的关系来分类。这说明，人们还是愿意实验一些社交网络中好处并不确定的新功能。

如果将来还会存在行业主导者，那么我们几乎可以确定，各国政府将会对这家公司施以严格的限制，因为它们对其影响力深感焦虑。现在已经有人把 Facebook 网站比作一个国家了，因为 Facebook 拥有自己的货币和繁荣的网络经济，当然，它的货币是以信用级别形式表示的。如果它的规模继续扩大，就势必会吸引政策制定者的目光，因为它的影响力巨大，从草根阶层的政治活动到网络隐私安全问题领域都是如此。任何一个超越它的竞争对手都同样会受到各国政府的密切关注。

5 文化的革命

全球化和技术进步都会对文化产生影响，不过，这个世界的品位还是一如既往地带有地域性。

比起预测那些用数字来说话的领域，比如经济、人口或者气候变化，预言今后 40 年中文化领域将会呈现何种面貌是一项蕴含更大风险的任务。在如此漫长的时间跨度中，今天的种种风潮差不多不具任何参考价值。一位亲眼见证了 1962 年的作家，要是不够谨慎的话，很可能会认为头发乱得像拖把一样、身穿与发型风格匹配的服装、擅长演唱和声的四人歌唱组合会在 2012 年占领音乐世界。[①] 四年之后，他发现自己的预言非常神准，可是 50 年之后，他却发现自己的预言简直错得离谱。

而且，对于“文化到底意味着什么”这个问题，人们莫衷一是。那些被这个词吓住的人会认为文化就是有钱人专享的东西，比如油画、歌剧。而对人类学家和社会学家而言，文化是从语言到烹饪，再到社会风

① 20 世纪 60 年代英国利物浦摇滚乐队 The Beatles 传进美国，其艺术趣味、服饰发型等影响了一代美国人。——编者注

俗的一切东西，即使是在最不开化的社会中也存在文化。它还可以指人们在业余时间做什么（见图 5.1）。但是，无论文化的概念如何难以界定，还是有一些显而易见的文化话题。

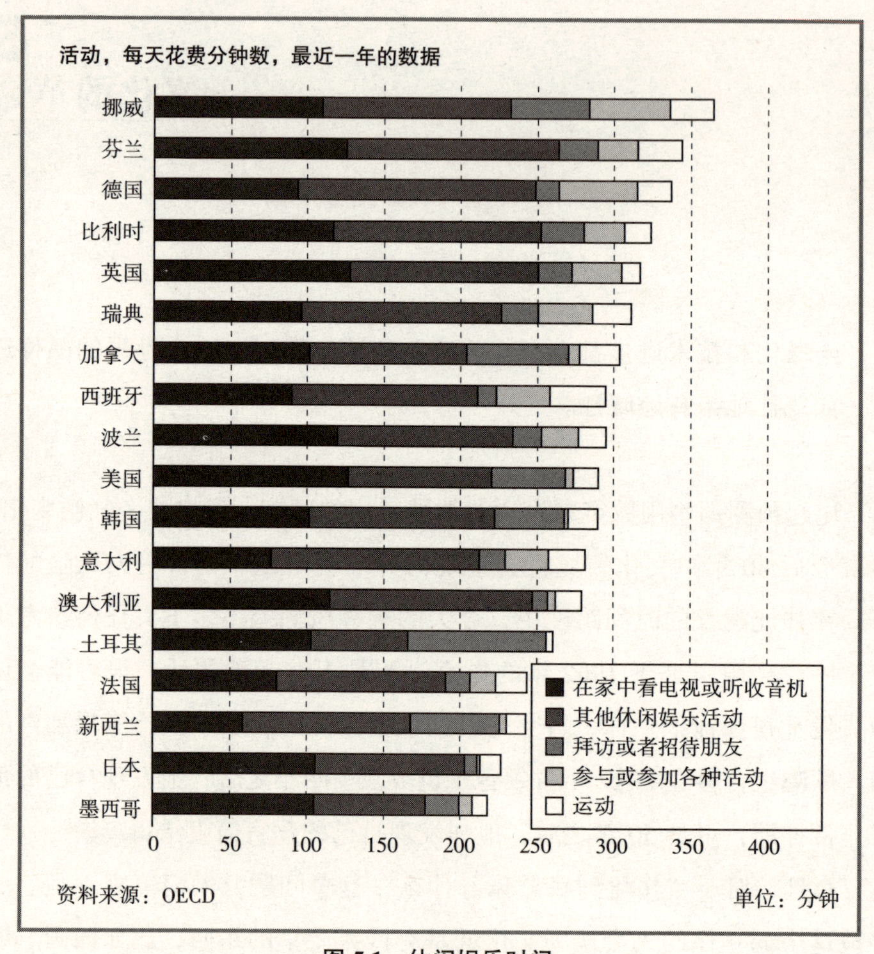

图 5.1　休闲娱乐时间

文化相似性问题仍然是世界范围内的普遍现象。人们常常说全球化和技术进步意味着“距离的消亡”。从物理意义上来讲这也许是对的；一位住在加利福尼亚州的人可以跟一名身处纽约的人进行实时的交流，谈论他们最喜爱的乐队。而可供选择的媒介也非常多（Twitter、Facebook 还有互联网电话服务 Skype 只是目前的几种可能的选择），而人们的选择一定会越来越丰富。但是，有件事并没有发生——这就是文化距离的消失。中国和阿拉伯艺术品买家们的新财富带来了艺术品销售额的激增，但是，在很大程度上，销量增加的只是中国的艺术品和伊斯兰艺术品。信息交流技术使得人们可以更容易地获取来自全世界的看法，特别是那些同他们自己的看法一致的观点；而看起来，大多数人想要看到的也只是同自己不谋而合的观点。

金钱可以改变风潮，但是不能移动所有东西。中国经济的发展是任何一个“今后 40 年”故事都无法回避的立足点。而中国的经济发展意味着艺术品也会朝着中国流动。但是，这并不意味着汉语一定会取代英语成为世界通用语，也不意味着中国电影一定能够盖过好莱坞电影的锋芒。尽管金融资本的流动非常迅速，但是人力资本流动不了那么快。语言要通过多年的学习才能掌握，而且要用一辈子，中国的迅速发展并不意味着汉语的迅速扩张。而一旦技术优势在某地形成气候，它们就不会很快在另外一个地方汇聚起来。好莱坞创作流行佳作需要的就是这种技术优势。

最后，门户之见仍然存在。技术进步使得人们可以更容易地听到各种各样的音乐，但是数码音乐普及却让人们更加追捧大热的歌曲，而不是那些面向小众的作品。博客、博客写手和推客们打破了传统新闻机构对新闻发布的垄断，但是却无法取代它们。书籍出版商、艺术品掮客还有电影制片人还是会发挥主要作用，左右人们买什么、读什么、想什么和听什么。

龙的一杯羹

如今有一种趋势正在持续改变文化世界，而也许视觉艺术是证明这种趋势影响力的一个最好的证据。视觉艺术的中心正在逐渐东移。中国经济的崛起以及中东靠石油聚敛的财富已经逆转了文化珍宝流动的方向，让它们开始自西向东流了。

2010 年，中国超过英国，成为仅次于美国的世界第二大艺术品市场，占据全球艺术品市场份额的 23%。这是短期和长期趋势共同作用的结果。开始于 2008 年的金融危机沉重打击了西方的艺术品市场，还有这些市场中过去花钱买艺术品的那些人。这导致 2008~2009 年度全球艺术品和古玩的销售缩水 33%。而中国受这场危机的影响则相对小得多。

艺术品市场从来都是跌宕起伏的市场，交易量有可能在人们手头宽裕时一年激增 50% 还多，也会在不好的年份缩水三分之一。真正关键的问题是中国一年又一年的发展，其艺术品市场成交额在 2002~2010 年期间的增幅是令人瞠目结舌的 530%。在 2010 年之前的 6 年间，中国艺术品拍卖销售额增长了近 9 倍。高价成交的艺术品大部分都是中国古典绘画、书法、瓷器以及装饰品。在美国，艺术品的成交均价会随着经济状况的起伏而出现剧烈震荡，但是在中国，艺术品的价格持续走高（见图 5.2）。

中国艺术品成交均价的大幅增长能够反映出中国的发展，不过，成交品的分布情况也很能说明问题。在成熟的西方艺术品市场，会发生很多价格中等的交易，而通常高价成交的艺术品的价格会拉高成交均价水平。2010 年，英国艺术品成交均价为 48512 欧元，而中位数成交价却只有 3202 欧元。

新兴艺术品市场的情况则与之大不相同。中国的艺术品成交均价为

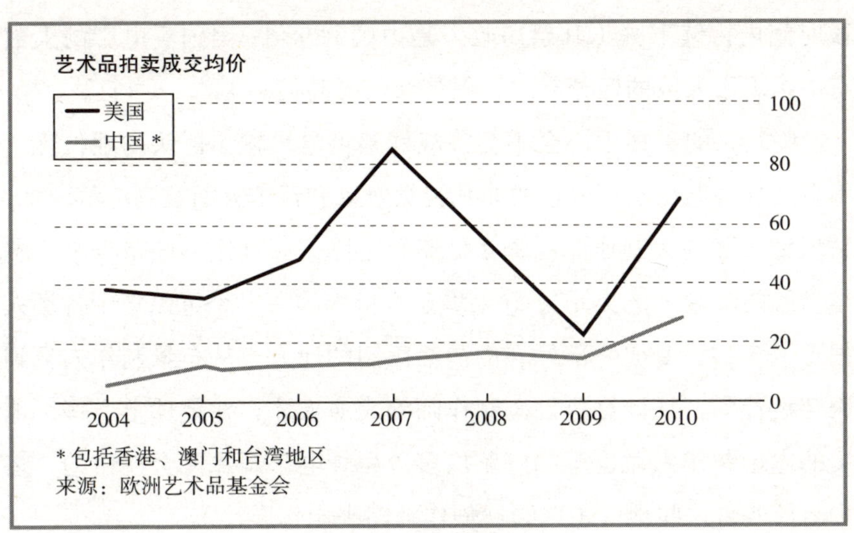

图 5.2 龟兔赛跑

27820 欧元，而中位数成交价却达到了惊人的 23091 欧元。阿拉伯联合酋长国的情况同中国类似，该国艺术品成交均价为 56309 欧元，而中位数成交价是同样惊人的 20546 欧元。巨富们在引领市场，那些比他们钞票稍微少一些的人会紧随其后吗？

有些人喜欢本土艺术

同艺术品市场不同，电影市场是靠看电影的普通人的数量而不是富人的数量来制胜的。几十年来，世界各地的影视工作者孜孜不倦地拍摄制作出大量制作精良、用心良苦的作品来反映和探索人类的生存状况。世界上最优秀的电影作品总是能够跨越国界征服全球。但是，同等条件下，人们更喜爱那些在自己身边拍摄的，用自己能听懂的语言来叙事交流的影片。因此，在人口众多的地方，电影工业都发展迅猛：以产量计，印度的宝莱坞是全世界最大的电影制作中心。俄罗斯也在经历电影产业热。美国在票房收入上依然遥遥领先，而且这样的现象还会在将来很长一段时间内持续下去（其票房收入是中国的 9 倍；美国看电影的人数量只有中国观影人数的四分之一，但是票价要高得多）。

这些新兴的影视中心会不会挑战好莱坞电影输出巨头的地位呢？也许不会。好莱坞在制作电影的非凡视觉效果和营销方面技高一筹。如今，一部风靡全球的大制作要耗资 2 亿美元之巨（而且额外的市场推广费用很容易就能超过 1 亿美元）；好莱坞是全世界唯一一个可以集中各类人才来把这么多的钱变成一部好看的鸿篇巨制的地方。从布景制作人员到演出服装设计师，从计算机动画制作师到表演人才，在地球上，哪个地方聚集的电影制作人才也不如好莱坞多（尽管电影制片人会在纽约、多伦多和新墨西哥这些地方争取影视创作补贴来制作影片）。

这并不是说其他地方的影视制作就不会发展。太平洋泛亚地区电影市场的规模已经高达每年 30 亿美元，而且比起全球最大的北美市场（年均 50 亿美元），这个市场更加健康。亚洲的电影票价更低廉，因此，数百万计亚洲观众会涌入影院（见图 5.3）。亚洲人也喜欢自己的电影。以最近的一个比较有代表性的电影季为例，在中国最卖座的 20 部影片中，近 60% 的票房收入来自国产电影，而且总票房最高的三部影片都是国产的，不过香港（中国电影制作中心）的电影工作室规模没有印度的大。在印度，人们的观影体验会与美国人越来越接近，因为印度中产阶级的规模越来越庞大。在印度，出现了一股越演越烈的风潮，那就是建立面向城市精英的美国式复合影院，并播放反映中产阶级生活的电影。

在其他条件相当的情况下，最根本的趋势就是人们喜欢本土文化孕育的影片，或者那些铺张奢华的大片。在非洲情况也是如此。尼日利亚的电影中心“瑙莱坞”的电影产量仅次于宝莱坞，达到每周 50 部。这些作品在全非洲都很受欢迎，因为它们通常都选择非洲当地的主题。而同时，那些来自其他国家的非洲精英人士却轻蔑地把瑙莱坞称为文化病毒，

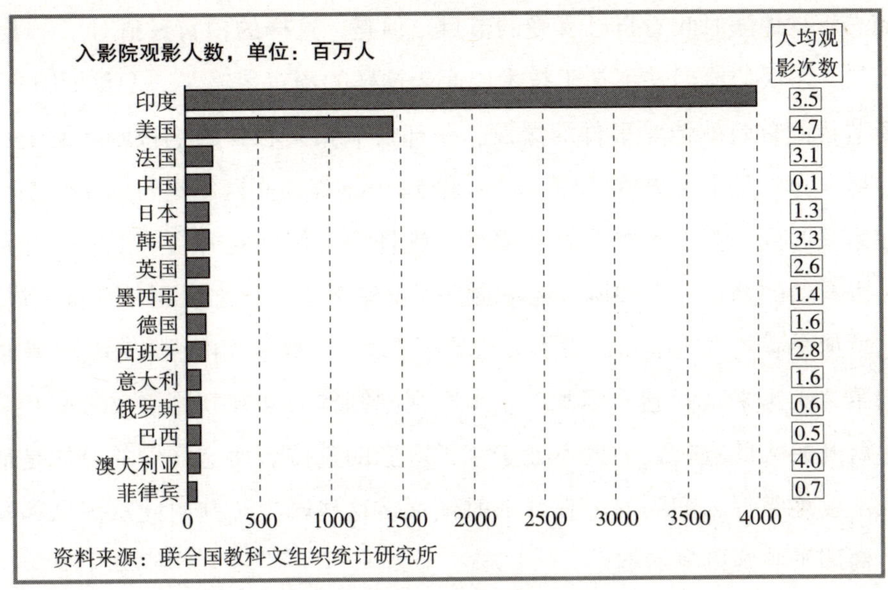

图 5.3 电影疯狂

就好像法国的知识分子鄙视好莱坞的情况一样。在那里，也许电影制作观很堕落，但是数字电影加快了尼日利亚和抄袭它的其他非洲国家学习的步伐。而其他一些电影中心——从戛纳的“加莱坞”到利比里亚的“老莱坞”都雄心勃勃、来势汹汹。

假如目前的趋势延续下去的话，在今后几十年里，传统的“大银幕”和“小银幕”在许多方面都出现趋同化发展。随着电影票价的提高，以及订购式观影服务的改进，越来越多的人将会在自家的起居室里观赏电影而不是到电影院去观赏。最近几十年里，电影工作室多依靠销售发行DVD来增加盈利，而将来它们会精明地利用付费电视频道，以及有线电视公司、在线影片租赁这样的数据流服务公司或者这类服务商的后继者来将其利润最大化。

看到这样的变化，人们不禁想要预言，电视节目时间表很快就要退出历史舞台了。现在，几乎什么东西都可以随传随到了，人们完全可以随心所欲地随时收看自己喜爱的节目。但是，这样的预言只猜对了一半，当然，谬误的原因并不在于技术层面。这样的预言忽略了一个重要因素：新节目的首映就像是事件的爆发。一部情节扣人心弦的电视剧新剧集的首播本身就是个大事件，Facebook 和 Twitter 等社交网络平台的用户都会在第一时间同好友们分享这一事件。铁杆粉丝们绝对不会等上一个礼拜再去看新的剧集，正如体育迷不会把比赛录下来一周之后再来观赏一样。这就像是看真人秀节目，没有人会愿意在《X 音素》[①] 电视歌唱比赛首播的第二天再来观赏它。因此，未来电视剧制作人会在新剧播出之前几个月就开始大肆宣传，力度不亚于今天电影的宣传。而这样做的目的是最大限度地掌握人们到底要在什么时候观赏这些剧集（并由此从观众和发行商那里赚到更多的钱）。

同时，电视也变得更加影院化。长篇电视连续剧的表演和编剧水准丝毫不亚于电影，这种潮流开始于有线电视公司的获奖电视剧集，现在很多付费电视公司都成功地模仿了有线电视公司的精致化路线。现在，长达一小时的电视节目里充斥着性和脏话，跟美国电视台传统上播放的那些平淡无奇的节目一点儿也不像，反而更像是短小的影片。而且这些节目都取得了极大的成功，许多外国的付费电视公司正跃跃欲试想要模仿这种商业模式，当然，他们会根据本地观众的口味来对节目内容进行调整。

音乐也跟电影一样更青睐本土作品吗？全世界都在听美国最具影响的音乐作品，我们也没有理由怀疑这样的现象会持续下去。新千年的第一个十年里出现了两股改变世界的风潮：宽带（包括移动宽带）的崛起以及通过宽带网络分享音乐的做法。从理论上来讲，几乎世界上的任何

---

①《X 音素》是一个在英国开始举办的真人选秀节目。

一个人都能够收听在世界的任何一个角落里录制的音乐。正如歌手史蒂夫·旺达在歌中唱的那样:“音乐自成一个世界,它使用的语言人人都能够听懂。”

但是,他错了。人们还是更喜欢用本族语言演唱的本土风格的音乐,不管这个国家的音乐是不是在国际上受到推崇,也不管这个国家的人从互联网上下载音乐方不方便。巴西不是个互联网非常发达的国家,但是它生产的音乐在全世界都很受欢迎。毫不奇怪地,在巴西售出的音乐作品中巴西本土音乐占大多数,达到59%。与此相反,韩国是世界上互联网最发达的国家之一,而韩国音乐在地球上的影响力并不大。不过,韩国人对本土音乐的热爱同巴西人一样强烈,该国售出的音乐中有72%都是韩国音乐。无论是全球化还是科技进步都无法帮助Lady Gaga和她的后继者们征服全地球。

数码革命

数码科技改变音乐产业已经是既成事实(见图5.4)。美国在这方面遥遥领先,那里售出的音乐中有一半是以数码形式出售的。然而,点亮了灯塔,指明了数字化音乐盈利模式未来方向的也许是欧洲。一个瑞典人创办了Spotify服务,其基本业务是免费的(偶尔有广告),用户可以即时获取数百万首歌曲。他的根本理念就是:合法收听不但应该便宜还应该比盗版更便捷。跟它最相像的是有线付费电视:如果你提供的服务质量好而且方便,包含有简便的即时点播功能,那么人们,至少是在中等收入以及高收入国家中的人们,是会愿意支付适量的费用或者忍受少量的广告来使用这样的服务的,因为,它省却了人们自己动手搜索湮没在互联网中难觅身影的文件的麻烦。

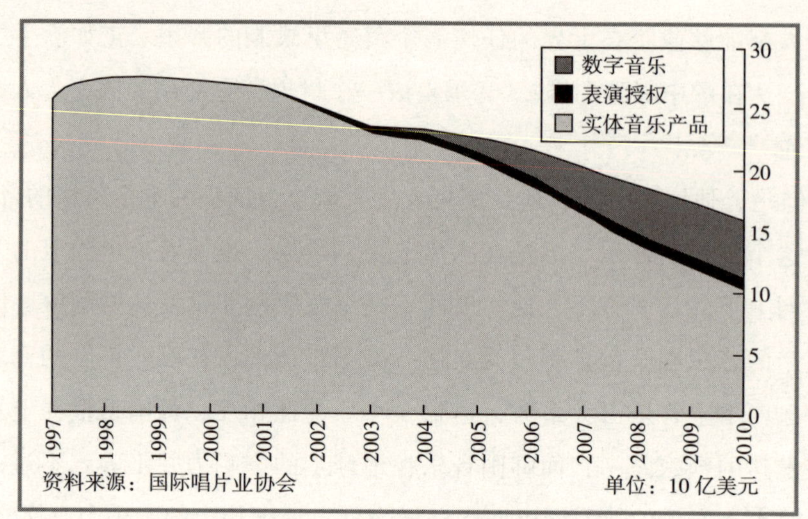

图 5.4 数字时代音乐变迁

数字革命对文化的创造和组织管理形式的影响比有些人想象得要小。诚然，数字化的声音和影像制作大大简化了生产环节。每一台苹果电脑上都安装有免费的 GarageBand 程序，这是一个声音录制套件，在 1960 年，世界上最好的工作室都用不上这么好的工具。数码照片已经如此发达、如此便捷，以至于今天品质尚可的智能手机拍摄出来的照片在很多方面比十年前最昂贵的数码相机拍摄出来的照片都要好。

搞艺术的人也因此多了起来。因为数码影像即时可得，所以学习专业摄影技术的时间大大缩短。而且，通过以 Flickr 为代表的相片分享网站，摄影师们可以很快了解到人们的喜好，能够分享技术上的建议和窍门，还能为自己进行市场推广。一开始将摄影作为业余爱好的人也可以在二三十岁的时候转行来做人物摄影、婚礼摄影甚至是艺术摄影的工作。那些摄影技术高超但是缺乏创作灵感的摄影师原先因为垄断了冲洗底片的技术而能够高枕无忧，但是如今，摄影行业因数码成像技术的发展而焕发活力，竞争也更加激烈竞争，这样的人必将被淘汰出局。

但是，摄影还会是一个行业。虽然高像素的相机人人都能买到，但是，我们还是需要有专业人士在恰当的地方、恰当的时间以恰当的方式拍摄下恰当的影像。必须要天赋与努力并举才能获得这样的才能。要是不相信，你就可以想象这样一种情况：你的叔叔刚刚很奢侈地用他的奖金买了一部非常酷的新相机，所以他自告奋勇充当你的婚礼摄影师，或者说他给你的孩子拍了很多照片，他的作品同专业摄影师的作品相比如何呢？而拍电影就更是如此，因为要拍出一部好电影需要诸多因素配合得恰到好处才行。

摄影行业人才辈出，新生代成功突破了传统销售渠道的垄断。才能、作品集（几乎总是以网站形式出现的）还有顾客网络就是从事这个行业所需的一切。但是，数字革命并没有赶走其他文化领域的“守门人”，而只是改变了他们的工作性质。

守门人围堵传媒乱象

以新闻界为例。在2000~2010年间，博客已经颠覆了这个一直以来趾高气扬的行业。但是，人们却常常忽视另外一个趋势：传媒巨头们正在进行自我调整以适应这个博客化的世界。在美国，引领博客潮流的常常是一些知名的政治博客写手，而他们差不多都受雇于传统的传媒巨头：安德鲁·沙利文、埃兹拉·克莱因、纳特·希尔弗[①]都是最早开博客的人；他们都受雇于传统传媒公司（分别是Daily Beast、《新闻周刊》、《华盛顿邮报》以及《纽约时报》），而他们绝不是特例。

因为谁也不能在干别的事情时顺便就能写出高质量的内容来，因此，在能够出售自己创造的内容时，内容创造者写得会最卖力。数字化交流

① 这三人都是美国较知名的政治、经济评论人物。——编者注

方式为消费者们打开大门，让他们能够听到如此众多的声音，因此他们需要通过一条捷径来找到那些值得听取的声音。而信任那些久负盛名的传媒公司就是最简单的解决方案。

传媒公司还拥有另外一个想要成为独立艺术家（无论是撰稿人、音乐家还是作家）的人们望尘莫及的工具——它们的市场推广机器。许多艺术大腕儿都是从网络上起步的。蓝调音乐（R&B）巨星亚瑟小子在YouTube上发现了贾斯丁·比伯。而另外一位蓝调歌手蓝尼·克罗维兹在MySpace上发现了另类乡村音乐歌手丽西。但是，这两位新星如今都贴上了传媒大鳄的标签，比伯签约小岛唱片公司，而丽西签约哥伦比亚公司。深知网络蹿红无法长久，艺术家们还是会继续接受大公司推手们提供的金钱和可持续的市场推广力。

在出版行业，电子书也改变了出版行业的面目，但是并没有将出版商淘汰出局。亚马逊网2010年电子书销售量已经超过了精装书销售量，而且电子书阅读将会成为图书销售的主流。纸质图书还是会继续存在，就像是人们还是会把发表在网络上的长文章打印出来以便以后阅读一样。但是，它们将逐渐变成一种副产品——只有在读者要求的时候才提供的产品，而不再是出版商们的主流产品。

与此同时，纯自我出版的作品还只是非主流的少数现象。阿曼达·霍金是个罕见的成功者，她通过亚马逊以及巴诺书店这样的网上书店独立出版并出售了了超过一百万册电子书籍（多为吸血鬼小说之类的作品）。但是她也很快被传统出版商圣马丁出版社揽入麾下。为此她解释说，自己不想要回复电子邮件、设计封面还有做其他一些独立出版所必不可免的杂务。

因此，守门人还要继续存在。选择多得让人眼花缭乱，读者、音乐听众还有电影观众都希望有人能够帮助他们找出好的东西，而且他们还常常想要消费那些别人都在消费的东西。这是人的本性，在未来几十年里不太可能有太大的变化。

巴别塔的没落

那么从更广阔的视野来看，人类的文化到2050年会变成什么样子呢？随着距离的消逝，各种文化是否在所难免要出现趋同化发展？又或者非主流的小众文化会继续在“长尾”上顽强生存吗？而答案则必然是两者兼而有之。

以语言这个最好的人类文明代表物为例吧。在今后几个世纪里，英语在20世纪如流星般的急速崛起还是会同在这100年里发生的许多大事件一起被人们所津津乐道。还没有哪种语言曾经像英语现在那样把触角伸到世界的每一个角落。在每个大洲都有人以它为母语，都有国家以它为官方语言；有20亿人口居住在英语享有官方语言地位的国家和地区（尽管这些国家和地区有一部分人不说英语，这样的人中有一半居住在印度）。英语是不容争议的学术成果发表通用语。2001年90%的科学论文是用英语发表的，而其他语言中没有任何一种所占的份额超过2%。

这样的成功同英语的内在特性毫无关系，主要是因为在过去几个世纪里，英国和美国对全球产生的影响非常大，而工业革命和信息革命就在此期间发生和完成。也就是说，难以结束的是多年形成的根深蒂固的习惯。就好像传统的QWERTY式键盘一样，它存在缺陷（要是今天再设计一个键盘的话，没有人会把A放在左手小拇指的位置了），但是，全世界都会说英语，一下子停止使用它几乎是不可能的。

那么汉语呢？在政府倡导下，普通话在中国越来越得到普及，虽然它只是中国诸多相互之间不便沟通的方言中的一种。有些人更倾向于推广粤语，这是其他中国方言中使用最广泛的一种，不过，反对的声音零星而微弱。中国的汉族人大都说普通话，而他们正不断地迁入中国西部的少数民族聚居地。

但是，汉语并非当今世界交流的常用语，而且，尽管中国在崛起，普通话在未来几十年里取得这种地位的可能性也不大。除了极少数直接同中国做生意的外国人之外，来自不同国家和地区的两个群体很少用汉语来交流的。这在很大程度上是因为汉语是一种以汉字为基础的书写体系，要达到一般性读写的目的就必须要辛辛苦苦记忆 5000~6000 个汉字，要想进行高级读写则要掌握更多汉字。即使是土生土长的中国人也要花上很多年来学习汉语，而且没有多少来自其他国家的汉语学习者能够把汉语学习到能够用汉语来发表学术论文的水平。

另外，中国因为文化和历史的原因而选择了汉字体系，将来也不太可能采用罗马字母体系。这些都是汉语发展壮大的天然障碍。这种语言势必会变得越来越受欢迎，但是，它却完全没有办法同英语匹敌，更不用说是取代英语了。更有意义的一个问题是，中国人说英语的能力能否尽快改善以推动中国的崛起？虽然中国的英语学习者数量庞大得惊人（差不多 3 亿），但是其英语教育水平还很低，没有太多人真正掌握英语。

世界上说各种语言的人口的数量几乎要达到峰值了，英语还是遥遥领先，而汉语、西班牙语、葡萄牙语等语言稳居第二梯队。随着印度人口的增加，印地语人口也会增加，但是，它甚至在印度都不是通用语；印度南方说达罗毗荼语的人不喜欢印地语，而印度的精英人士则更愿意说英语。随着苏联的解体，俄语的影响力减退了；中亚和高加索地区的国家都开始将英语设为外语，并且把本族语言书写体系罗马化。阿拉伯语还是支离破碎，居住在阿拉伯国家的数百万说阿拉伯语的人通用一套书写标准，却操着不同的方言，彼此无法听懂对方说的话。而且，在这一地区也没有哪个团体或者国家有能力来实现阿拉伯语的标准化。一些地区性的语言，比如加泰罗尼亚语和威尔士语将会继续不尴不尬地存在着——民族主义者会继续使用它们，当地政策也会保护它们，但是却一直生存在更强大的邻居的阴影之下。

从这个角度而言，语言与艺术类似。尽管全球化和科学技术的发展在理论上可以让任何人拥有听众，而实际上，并非每个人都会有听众。行动迟缓的人、不知变通的人将不得不鞠躬下台。但是那些财大气粗的，无论是公司还是国家，总能够找到办法来利用这些新的技术工具来延续自己的影响力。爬上顶端实属不易，它们不会轻易被驱逐的。

你会说计算机语言吗?

有个东西在威胁着英语的统治地位，而它不是汉语。计算机科学家早在 20 世纪 50 年代就在积极尝试着让计算机来翻译自然语言了，而直到 21 世纪的最初几年，研究的结果还是令人沮丧。然而，现在这些技术怪杰们开始尝试不同的办法了。他们不再尝试让计算机分析和“理解”语言然后再翻译它们了，而是集合了大量由人类翻译过的文本，然后让计算机凭借它们了不起的运算能力来运算什么话可能被翻译成什么话。谷歌翻译工具就是用这个办法，它翻译出来的东西比十年前最棒的“智能”翻译软件翻译出来的质量都要高。

研究语言兴衰的一位学者尼古拉斯·奥斯勒宣称，英语将成为最后的“通用语”。随着翻译技术的改善，学习外语将会同书法一样成为一门过时的技艺。然而，翻译书面文章同翻译口头语言是完全不同的。因此，奥斯勒的断言有些为时过早，人们在自然的状态下说话时，总是会停顿，还使用各种乱七八糟的不规范习惯用语，让计算机理解这些已经很强人所难了，更不用说还要快速准确地翻译它们了。要解决这些问题恐怕40年是不够用的，至少根据过去40年里的进展情况来判断是这样的。

缺少通用的翻译工具，世界上现存的7000种语言未来将何去何从呢？令人难过的是，大部分语言学家都认为，其中近一半语种将会在未来100年间随着最后一批能说这些语言的人的辞世而消亡。不过大部分语言都不是死在“英语剑”下（尽管在澳大利亚北部，英语是导致当地语种消亡的罪魁祸首）。语言消亡的热点地区集中在亚马孙河流域和印度尼西亚，杀死它们的语言是葡萄牙语、西班牙语和印度尼西亚语。所有这些“杀手语言”都会更加发展壮大，因为相关国家会利用语言来作为全面统一的工具。

PART **2** 第二部分

地　球

地球和政府的未来

6
感受热浪

在气候变化的风险面前人类无所遁形。而要应对这些危机，我们必须要应对技术、伦理和政治上的种种挑战。

100 年前，反映未来景象的画卷里总是画着摩天大楼和飞机；50 年前，画上画的是太空船，悲观一些的人则会画上“蘑菇云[①]”。而现在，人们的注意力已经从这地球之中或者之外的东西转移到了地球本身。如今，从报纸杂志到电脑屏幕再到学术期刊，我们最常见到的反映未来景象的画卷是一张标示不同警戒程度的地图，黄色、橘色和棕色的大背景之上，能够醒目地看到涂着不祥的深红色的北极板块。

对许多人而言，这些地图就像往昔的蘑菇云图片一样，既是对未来的预测，也是一种警告。在世界大多数地方，考察气候变化问题的人们基本上都得出了同样的科学结论：如果不对人类活动加以控制的话，正如这些可怕的地图所昭示的那样，人类活动将会继续加剧气候变暖。关于这一点，他们的看法是正确的，然而，情况到底危急到什么程度，我

① “蘑菇云”暗指核战争。——编者注

们还很不确定。

然而，将这些地图看作警告会带来一个问题——很多人会因此而夸大这些警告对人们的警示作用。他们认为，可以通过采取一些政治措施来扭转令人恐惧的气候变暖的趋势。毕竟，几十年来，我们成功地避免了蘑菇云在城市上空升起。凭借智慧、努力和一点点好运气，我们还可以一直保持这个胜利的势头。但是，气候变暖是个不一样的问题。跟战争不一样，它的发展势不可当，是不可避免的。不管人们采取什么样的措施，到2050年，地球多多少少都会比现在更温暖一些。

很难说未来到底会变暖多少。气候发生质变的科学道理我们已经很清楚了——大气中增加了二氧化碳或者其他东西，地球就会变暖或者变冷，我们能够从科学上解释清楚。但是，要从量化的角度来预测大气的某种变化对气候到底会产生多大量的影响，我们就有点儿束手无策了。这使得我们的预测具有一定的不确定性。而未来几十年里，这个世界在能源使用、燃料混合、农林业生产模式以及整体经济增长方面的种种不确定性又为我们的预测添加了另一个不确定因素。让预测变得更复杂的是，气候的变化还会影响人们的行为。假如气候急剧恶化，人们就一定会采取一些目前条件下他们不愿意采取的激进措施来控制气候变化。与此同时，剧烈的变暖也可能会意味着我们将无法调动足够的资源来控制气候变化。

所有这些因素都使得我们很难精确预测2050年地球气候的大致状况。但是，鉴于气候系统自身，还有人类干预气候的基础设施都有其内在的发展轨迹和动力，2050年还不是见分晓的时候。尽管我们无法确知2050年时全球气候的具体情况，但是，基本上，到那个时候气候要发生太剧烈的变化也不太容易。如今，我们更能够控制的是到那个时候气候的走势。假如推动气候变化的主要力量都无消减的趋势，到2050年的时候，我们一定会在全球范围内面临严峻的气候考验。而假如我们能够采取更加审慎的措施，那么最坏的后果就有可能被避免，而且人类应对气候变化的态度也可能会发生深刻的变化：人类会开始为其已经统治了很久的这个星球的未来负起责任。

雷声大雨点小

人们还是很难接受气候变化的惯性。人们想当然地认为，既然这些变化是由人类的行为导致的（我们在使用化石燃料还有焚毁森林的过程中释放出大量二氧化碳，工农业生产过程中排放了大量其他各种温室气体，还有各种影响气候的行为所带来的更多污染物都直接导致了气候变暖），那么，这个问题也一定能够通过人类的努力来解决，并且一旦采取行动，效果会立竿见影。因此，很自然，今天关于这个问题的讨论大多都围绕着一个非常不切实际的行动宣言来展开，比如说从现在开始大幅削减温室气体排放，只要十年就可以拯救地球，等等。这些宣言都忽视了许多关键性的因素，而这些因素会使得这些行动很难付诸实施或者取得成效。所有带来气候变化的推动力量都已经深深根植于这个社会的基本运行模式和设施当中，因此，很难从根本上撼动它们。要对这个社会的底层设计进行有意义的改造不但会花费大量的金钱，还会伤害各种既得利益群体的利益，因此害处显而易见，而其好处却并不明确。所谓的好处要在很远的未来才能够显现，而享受这些好处的人并非如今为这些变化付出代价的人。考虑到这些局限因素，我们丝毫不会惊讶，遏制气候变化的种种行动绝不像人们凭空想出来的那些解决办法那么简单。

而种种政治空谈在 2009 年哥本哈根会议之前的几个月里更是甚嚣尘上，空前热烈。而那次会议的结果远没有人们事前预计的那样富有建设性，而且也注定不会起到多大的作用。造成这一结果的原因是多方面的，而且这些因素至今还在发挥作用。这次会议的失败证明了，在中短期内人类是不会采取激进措施来应对气候变化的。

哥本哈根会议之前，全球应对气候变化的行动一共取得了两次进展，而这两大步在当时都被鼓吹成巨大的成功。第一步是 1992 年巴西里约峰会上达成的《联合国气候变化框架公约》，规定签约国有义务停止危险的导致气候变化的行为。第二个进展则是 1997 年《京都议定书》的签署。《京都议定书》为发达国家设定了 2012 年的二氧化碳排放目标。总的说来，设定的目标并不会迫使这些国家承担过重的义务，而美国虽然参与了该协定的制定却并未签署它，因此也就游离于此框架之外。不过，那些催生了该议定书的人还是把这项协议的签署看作是一个进步。而哥本哈根会议的目的是为未来设定更高远的目标，而且这一次，目标是把所有国家都拉进这个框架之下。两次会议之间的十几年间，人们对气候变化的科学认识达成了更高度的共识，而公众对这个问题的认识也越来越深刻，所以很多发达国家的政客们认为，拯救地球的时刻到了。

发达国家在哥本哈根会议上设定的核心目标就是，到 2050 年全球温室气体排放的水平降低到目前水平的一半。而为了达到这个目的，发达国家承诺将会减少 80% 的排放。这样做是为了给发展中国家留下机动的操作空间。发达国家温室气体排放立刻开始减少，而温室气体排放水平同它们差不多的发展中国家则可以继续增加温室气体排放至 21 世纪 20 年代甚至是 21 世纪 30 年代初，然后再开始减少。

最终这个协议未能达成。为此，人们给出了五花八门的解释：丹麦人会议组织和招待工作做得不够好；会议期间的天气太寒冷；美国没有发挥积极的领导作用；英国东英格兰大学的研究人员们发送了大量的

“气候门[①]”电子邮件，引发了气候怀疑论的重新抬头；欧洲各国无可挽回的混乱状态；经济衰退的影响以及中国不妥协的态度。但是，其实只要看一看全球人口变化的基本趋势，就能够发现这个提议到底有多么的不切实际。到 2050 年，全球人口总数差不多是 2009 年全球人口的 1.5 倍，而所有这些增加出来的人口差不多都生活在发展中国家。

即便发达国家在 2050 年成功地将温室气体排放降低 80% 也无济于事：本来这样是为了给发展中国家留下可操作的机动空间的，而这个空间却刚好会被增加的人口悉数消耗殆尽。为了达到碳排放降低一半的目标，发展中国家就必须把其人均温室气体排放保持在今天的水平，而这根本就不可行。目前，并没有任何可靠又便宜的可以取代化石燃料的能源来为城市运转和工业生产提供持续不断、规模庞大的基本负荷电力供应；除了化石燃料之外，也没有成熟的替代能源来支持人员和商品的流动。目前，我们找不到一个切实可行的办法来让所有发展中国家在不增加人均能源消耗（也就是不增加人均碳排放）的条件下而发展成为工业化和后工业化的经济体。

因此，哥本哈根协议注定要无果而终。而一年之后，在墨西哥坎昆召开的气候大会上，人们得到了一项聊胜于无的安慰奖——与会各国就各自在减少碳排放方面（也包括因为破坏森林而导致的排放）拟采取的措施达成了一致，也规定了衡量这些措施效果的非约束性标准。比如，中国承诺在 2020 年前，将其经济发展对碳燃料的依赖度降低 40%~45%，这意味着其每单位 GDP 的碳排放只是其 2005 年碳排放水平的一半多一点。这是个不寻常的目标，不但需要大规模提高能源利用率，还必须改

① “气候门”指 2009 年 11 月多位世界顶级气候学家的邮件和文件被黑客公开的事件。邮件和文件显示，一些科学家在操纵数据，伪造科学流程来支持他们有关气候变化的说法。人们的焦点开始转向全球气候变暖的可信度上。——编者注

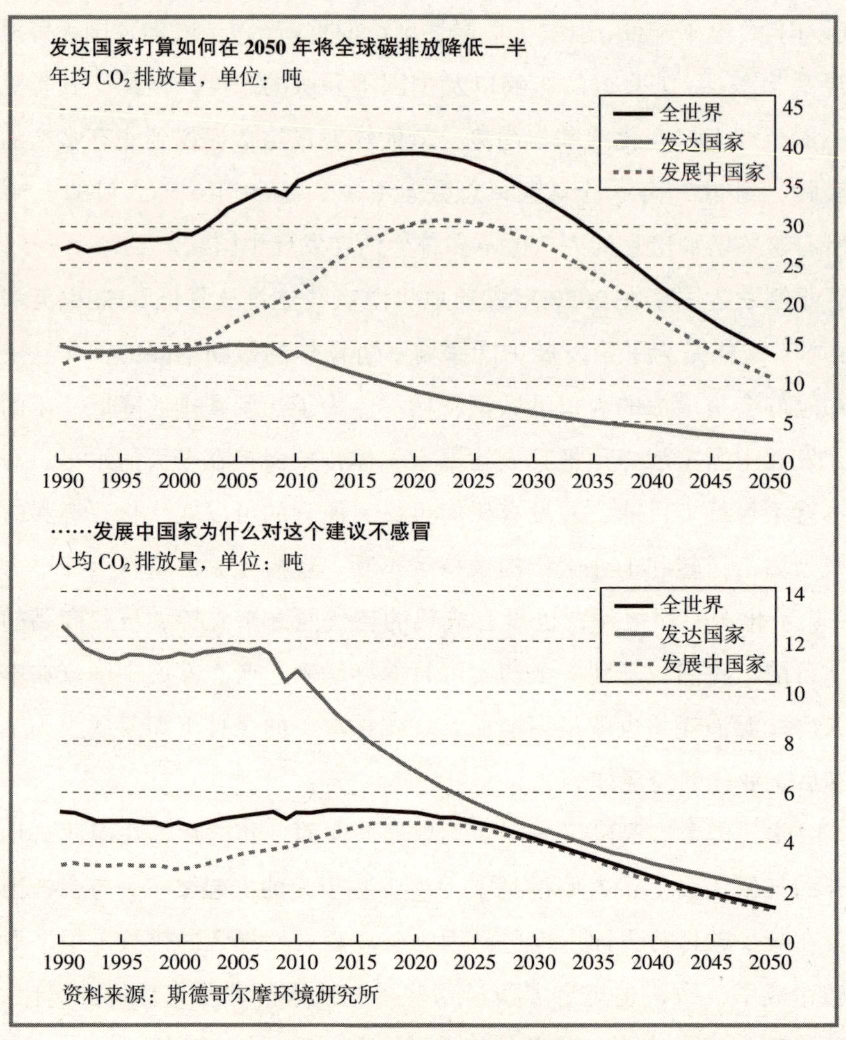

图 6.1　哥本哈根会议的理想

变能源的生成方式。当前中国风能发电的容量增加得比任何其他国家都要快，还在不停地修建大型水坝，即使是在日本福岛核电站发生了那样的灾难性事故之后，中国仍在积极发展核电。在积极勘探开发自身天然气资源的同时，中国的天然气进口量也在增加，因为天然气的碳排放要比煤炭低。然而，所有的这些清洁能源或者较清洁能源都并未替代其固有能源消耗，只是新增能源。中国预期的 GDP 增长速度太快了，根本无法实现碳排放降低的目标，因此，中国的碳排放还是会一直增加，至少要持续到 21 世纪 20 年代（参见图 6.2）。

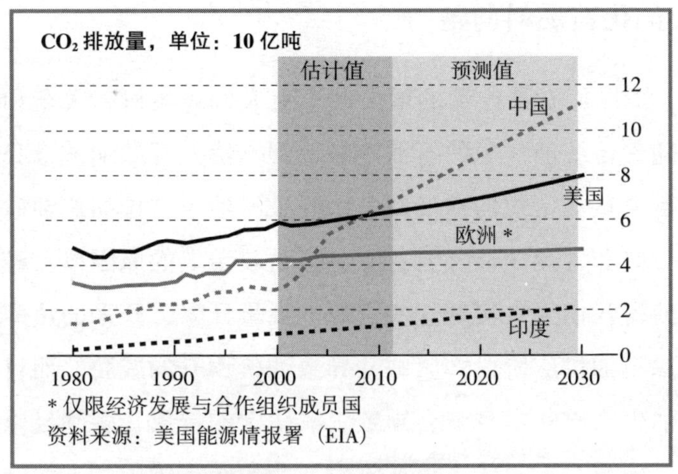

图 6.2　中国碳排放

总的来说，在中国采取行动的同时，全世界也在行动。到 2050 年的时候，清洁能源在总能源消耗中的比例很可能要比现在高，而在那些能够负担得起更智能化、更高效的电网的国家里，这个比例还可能会高出一些。在发展中国家，太阳能并网解决方案是个前景很好的增长点，有望改善许多人的生活。而最终核电在能源配置中的份额也会增加，尽管目前的发展趋势看来与此预期恰恰相反。现在有许多发达经济体已经开始对碳能源消耗征收附加费了，而这类政策的优化及实施也会对减少碳排放有很大助益。

很有可能目前这种史无前例的高达 3% 的碳排放年增长率会降低。随着越来越多的发展中国家快速成长，逐步改善其越来越多的人口的生活，在未来几十年里，全球的排放水平不太可能降低。现实一点来看，我们最多也就能够指望碳排放水平在21世纪30年代停止增长，并在其后开始小幅下降。因为大气中的二氧化碳水平是逐渐积累起来的，并且会持续相当长时间，所以，即便碳排放水平降低，气候还是会持续变暖。

迫在眉睫的化石燃料问题

同时，很可能石油产量的增长赶不上人们对飞机、火车和汽车需求的增长。随着传统油气田的石油产量达到峰值并开始缩减，我们可能越来越多地需要从非常规的油气储备中开采石油了，比如焦油砂。尽管存在着这样一些非常规的油气储备源，但是政治上的原因以及经济不景气等原因也使得我们无法实现这些资源的批量开采，开采的速度也不足以让我们消除石油供应阶段性紧缺并导致油价飙升的威胁。而且，有些非常规的原油生产方式本身就会导致二氧化碳的排放，多到足以抵消其带来的好处的地步。在对碳排放征收附加费的经济体中，人们倒是有可能开发出在地下处理能源生产过程中排放的二氧化碳的技术。人们也曾广泛探讨过将此技术运用于发电站的可能性，但是，到目前还未在这个方面取得什么具有实质性意义的进展。

而世界能源开发前景的另外一个重要方面就是，我们意识到还有许多天然气资源未被开发。随着新技术的开发成功，美国现在已经能够从页岩层中开采天然气了，之前这完全是无法操作的。而得益于这项进展，美国现在已经实现了能源自给，天然气的价格也比以前降低了。其他国家也得到了类似的进步。这似乎对于气候问题而言是个利好，但是事实也许并非如此。

天然气对气候的改善作用不如可再生能源大，不过，它对于短时期内改善当地的空气质量的作用同后者差不多。而假如使用天然气的成本足够低，而且使用的规模又足够大的话，使用可再生资源就只能发挥影响气候变化这一个作用了，而不是兼具改善气候和净化空气两种功能了，所以它对人们的吸引力自然就下降了。国际能源组织在对未来能源使用情况的预测中说，未来天然气的用量会增加，而可再生资源以及核能的利用会减少，因此，在天然气粉墨登场之后，气候变化的前景几乎没有任何改善。

空气污染促使许多国家制定了鼓励使用可再生资源的政策，而天然气的出现却给可再生资源的前景蒙上了一层阴云。可是燃烧煤炭则会给大气层遮阳，进而为地球降温，这是个极大的讽刺。燃烧煤炭而产生的雾霾颗粒主要由微小的硫酸盐颗粒构成，它们可以反射照射到地球表面上的太阳光，并降低地球的表面温度。假如我们完全用天然气（可再生资源也是一样）来取代煤炭，这种降温的效果也就没有了。很可能因为消除了这种降温作用，大规模使用天然气还会比坚持使用碳含量更高的煤炭给 2050 年的世界带来更明显的变暖效应。当然，这本不是一个拒绝使用天然气的理由，因为硫粒子的降温作用会随着这些粒子的消失而消失，但是二氧化碳的升温作用则会影响地球几个世纪。不过，所有这些都说明，人们左右气候变化的尝试总是伴随着不确定性和复杂性，而且还常常会导致一些我们始料不及的后果。

用数字来说话

硫粒子的作用问题提醒了我们，气象评估本身就存在一定的科学不确定性。尽管现在的气候建模工作者能够利用超强的计算能力来进行气候建模，但是，多方面的原因决定了，要从根本上算清楚二氧化碳导致气候变暖的作用到底有多大还是非常困难的。因此，这方面的相关预测中也常常会包含有一两个不确定因素。但是，最近一个多世纪以来，人们一直在大量地向空气中排放二氧化碳（詹姆斯·瓦特开创了这个时代），如果我们假设在这一时期中全球温度的变化还是具备一定参考价值的，那么我们又为何不能够就该问题得出一个建立在实践经验基础上的估计呢？20 世纪有大约 1 万亿吨碳以二氧化碳的形式被排放到了大气中，而气温相应升高了 0.7℃。我们当然有能力做这样的计算。

然而，硫粒子以及其他形式的“浮质”（也就是悬浮在大气中的微小粒子）所产生的效果却无法这样简单地来计算。在 20 世纪，人们排放的浮质零零散散地降低了地球上的某些地区的温度，而且对某些地区的降温作用似乎还相当显著。这样的一个降温效果使得我们无法真正看清楚二氧化碳的升温效果。而地球气温的起起伏伏可能就与这样两种力量的相互制衡有关。在第二次世界大战之后，地球变暖的脚步似乎放缓了，而在 20 世纪七八十年代，当发达国家纷纷立法净化空气之后，升温速度反而加快了。进入 21 世纪以来，随着碳燃烧量直线增加，全球变暖的步伐又降下来了。但是，根本无法量化浮质具体有多大的降温作用。如果降温作用有限，那么某个特定量的二氧化碳的升温作用也许处于估量区间的底端，而假如降温作用很强，那么升温作用也就很强，21 世纪也会变得很热。

这样的不确定性意味着，任何一种排放渠道都会导致一系列的升温可能；而在未来几十年里，合理的排放预期的空间却相对有限，要么就是今天的增长势头或多或少继续保持，要么就是排放的增幅会些微放缓。而假设真能出现碳排放拐点的话，其出现的时间也不会早过 21 世纪 30 年代。也就是说，给 2050 年的气候前景带来更多不确定性的其实是气象科学本身。从 20 世纪 90 年代到 2050 年，因为碳排放而带来的气温升高还不足 1℃，这会让很多气象学家感到惊讶，但也是很有可能的。而到 2050 年，碳排放引发的升温幅度也许还不至于达到 2℃，但是也不是完全没有可能。这两种可能性本身都颇具破坏性，而且对于这个世纪后半叶的气候前景而言都是非常可怕的。

不管怎样，海平面都会上升。不过，到 2050 年，上升的幅度不太可能很大，大概就是几十厘米的样子（参见图 6.3）。但是因为在许多地方，特别是三角洲地区，海岸线正在后退，所以有些地方的海平面上涨水平会比较高。这可能会迫使几百万人背井离乡，人们也可能因此而修筑更多的防波堤。热带气旋是海洋破坏陆地的罪魁祸首，而随着海平面上升，热带气旋发生的频率可能会降低。但是这类暴风雨中破坏力最强的，也就是四类和五类飓风的数量会增加。而随着台风级别增强，其破坏力是要成倍增加的。

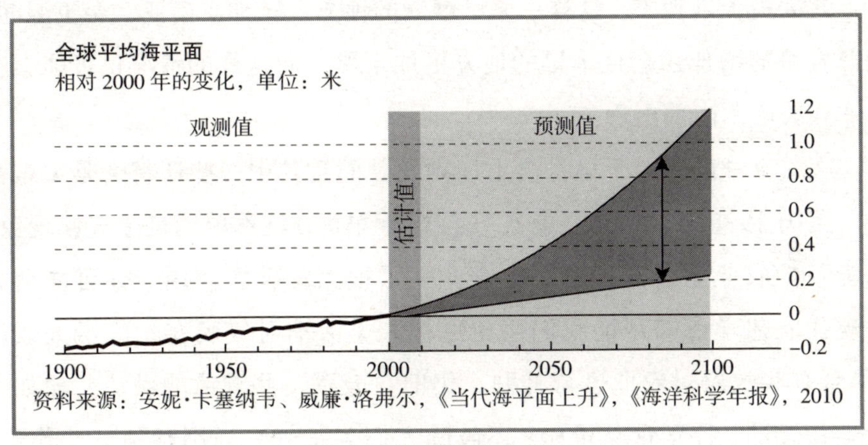

图 6.3 地球沉没的感觉

海平面上升的原因之一就是地球冰川以及冰帽的融化，而地球上的冰会减少。北极的夏季，海水几乎会完全解冻，这大大方便了船只的通行和矿产的开采，但是却使得原本是这片大陆不可或缺的一部分的土著居民迅速消失。大部分的山脉冰川会萎缩。有些地方冬季的降雪会增多（因为温暖的空气中可以承载更多水分，在适宜条件下变成降雪），但是积雪大都会很快融化，这样就增加了依靠它们提供水源的河流春季发生洪水，夏季出现枯水的风险。

在世界上的大部分地方，到2050年，夏季的气温超过历史最高纪录的可能性为10%~50%，而在极少数地方，可能性会更高一些。将来，人们将不得不同天气形态变化作斗争。很多预测模型认为，在印度引起季候风的诸多因素很可能会减弱。然而，这些季候风带来的降雨的强度却很可能会增强，因为随着气温的升高，大气中的水蒸气含量也增多了。这对印度的农业体系会产生什么样的影响还很难说，而这个体系未来需要养活更多张嘴，而且一直以来该国地下水消耗的速度是惊人的。这些变化也许算不上灭顶之灾，但是，如果指望这些变化不造成任何麻烦也有点儿太过于乐观了。这样一来，湿润的地方，比如东南亚，会更湿润；而蒸发量的增加还会让干旱的地方更加干旱，而这样的情况也可能会在南非和美国西南部出现。

这意味着世界上干旱将会更加频发，而且其中一些还将会是灾难性的。美国1930年出现的"尘盆"（沙尘干旱区）就不单纯是个气候现象，因为新的农业生产方式也对土壤产生了很大的破坏作用。你可能会想象现代农艺学能够帮助我们避免这种人类活动对气候变化的增大效应（尽管有些政府对农业进行补贴，仍旧在鼓励一些荒谬的做法，比如发展生物燃油；打压食品价格；还鼓励人们为了气候原因种植某些作物，而这样的做法即使无害也是绝无好处的）。然而，即使实现了农业的智能化，对于许多受到干旱侵扰的地区而言，要应对比尘盆现象更严重的干旱还是非常具有挑战性的，而将来要应对这个问题的地区包括美洲和地中海地区。

在非洲的许多地方，干旱现象一直都很普遍，热带地区气候的协同性变化比温带地区要更频繁也更显著，这主要是因为厄尔尼诺现象的半规律性循环，而所谓厄尔尼诺现象就是指太平洋热带水域中异常移动的温暖洋流。而在厄尔尼诺现象最严重的太平洋，其发生的频率和强度也是一个气象科学尚未解决的问题。但是，在一个温度更高、水分蒸发更严重、大气中水蒸气含量更高的地球上，它带来干旱和洪水的作用将会更强大（其实洪水同另外一种周期性变化的拉尼娜现象[①]关系更密切）。

北冰洋：新的海洋

未来，人类活动对地球外貌最明显的改变就是，地球最顶端的颜色将会从白色变为蓝色。2050 年，北冰洋在冬季仍旧会是冻结的，但很可能在夏天就基本上见不到冰了。北冰洋地区会变成一个新的生态家园，一条新的贸易通道和一个新的原材料开采的矿场。很可能这一地区会变得更富裕，发展水平更高，人口更稠密，甚至会变成一个欣欣向荣的经济区。然而，过去这里的土著居民们好不容易才适应了这里的生存环境，而未来这里的生存环境很可能会变得让他们认不出来了。

模型计算结果还有最近的经验都表明，北极地区变暖的速度相当于地球变暖速度的两倍。冰层的减少将会是最明显的气候变暖后果，却不是唯一一个。目前，北极圈的中心地带是一片荒漠，主要是因为那里来自海洋的水蒸气非常稀少，因此降水量极小。而随着冰层消退、气温升高，这种情况会被改变，那里的降雪和降水都会增加，侵蚀和植被覆盖形态也会相应发生变化。森林也会向北扩张，

① 拉尼娜现象又称反厄尔尼诺现象，指赤道附近东太平洋水温异常下降以及由此带来的气候紊乱现象。——译者注

到达现在的针叶林和苔原地带，并在这个过程中使该地区变得更加温暖（覆盖着白雪的苔原地带和冰层覆盖的海面会将阳光反射走，而颜色更深的冷杉，就像颜色更深的水一样，能够吸收更多的阳光）。而海岸线，尤其是育空河、马更些河以及勒拿河上游的三角洲地区被侵蚀的速度会加块，因为水流冲刷它们的时间加长了，而且它们内部的冻土层又融化了。夏季储存在海水中的热量在秋季释放出来，会改变风和天气形态，也会影响到更南边的地方。

北冰洋地区的海水不但会变得更温暖、更清澈，在很多地方，它还会因为生成新的营养物质而变得更加富饶。开阔的水面上吹过的风搅动着水流，把底层的营养物质翻到水面上。更多的浮游生物会吸引新的鱼群，其中一些鱼群还是从太平洋和大西洋迁徙至此的。这个新生的生态系统会变成新的渔场，开发合理的话，收成应该不错。冰面的减退还让该地区的石油和天然气资源变得更容易开发，也许我们可以采用挪威国家石油公司在巴伦支海的油田采用的技术，使用海床开采装置来开采北冰洋的油气资源。使用这样的技术是不必担心冬季海面重新结冰问题的。

即使北冰洋上没有竖起更多的油气开采架，这片开放海域中船只的数量也会增加。一些船是来开采液态天然气的（这项工作现在已经开始了），而另外一些则是来抄近路的。因为没有了冰之后，这片海域是从亚洲到欧洲还有美洲部分地区的捷径。而路途越短，燃料耗费就越低。当然，对于过往船只一定要制定清洁能源使用规定，以最大限度降低这些船只的煤烟排放，这样才能确保这种航运行为的环境效益和经济效益双赢。

土著居民效应

新的航运、工业和渔业带来的环境问题的确是一个挑战，但这并不是最重要的一个。而担心对北冰洋资源的争夺会更加激化似乎也有点过于杞人忧天了。的确8个环北冰洋国家对这一地区海床上的资源存在争议，但是以外交途径解决争端的前景看好。这8个国家定期在北极理事会框架下进行会晤。尽管该组织建立的初衷是解决环境问题，但现在它关注的问题越来越广泛了。2011年，这些国家签署了在该组织的主持下的第一份约束性协议《北极搜救协定》。该协定致力于促进该地区的发展，也能够优化该地区领土纠纷解决机制。

关系北极理事会未来发展的一个最重要的决定就是，吸收北冰洋原住民代表为其“永久性成员”。在气候各种变化加速之前，原住民的生活就因为该地区的发展而受到了严重影响，比如说雪地车、酒精饮品还有更固定的居所等。进一步的发展会激化这些问题，尽管这些发展会在某些方面带来一些进步。同时，气候变化会迫使这些土著居民放弃世世代代与世隔绝的生活方式。北冰洋幅员并不辽阔（占地球表面的4%），人口也不稠密，但是，今后40年里这一地区的气候和环境变化却很难预料。

食品问题

即使没有旱灾，那些对农业依存度很高的人群、地区以及国家也很容易受到影响。除农业之外，再也没有哪一种最基本的人类活动同天气的关系如此密切了！农作物对于降雨的类型、最高气温，还有平均气温和降雨量等因素都非常敏感；袭击农作物的病虫害也受这些因素影响很大。未被农业生产打扰的生态系统为农业生产提供了保持水分、改良土壤的植被，还有农业赖以生存发展的其他丰富植被，这个生态系统对气候条件同样敏感。在高纬度地区以及一些中纬度地区，气候变暖能够延长作物的生长期，这在某种意义上来讲是件好事。即便不发生干旱，生长期内某些特定时期的温度过高也会对某些作物（比如玉米）的成长产生极大的破坏作用。人们估计，在过去30年里，气候的异常变化使得小麦和玉米减产5%。

虽然减产以及收成不好的时候，食品价格会上涨，有些生产者也能够从中获益，但是，这会伤害穷人，特别是农村贫困人口的利益，因为他们中大多数人是领不到食品补贴的，而农业减产降低了他们找到工作的机会。假如人们放弃常规的燃料转而使用生物燃油，并由此大幅度推高农业生产资料的价格，那么食品价格问题将会被放大，就像我们在2008年遇到的情况那样。

而农业人口生活困苦又会加速城市化进程。这本身并非坏事，因为城市化对于低碳发展很有益。然而，从一个更长远的角度上来看，这也是有坏处的。通常，更加富裕、更加城市化的经济形态是由农业生产力的提高而催生的。假如没有农业生产力的提高，城市化就没有多少好处，甚至会有害处。有些初步的证据显示，气候的恶化导致了非洲某些地区的过度城市化：这样的变化减缓了经济增长而不是促进了经济增长。如果真是这样的话，这种转化会削弱整个社会应对气候变化的能力。

在这片暗淡的景象里，我们还有两个能够让我们苦中作乐的理由。一个乐观的理由是二氧化碳能促进农作物生长。较高的二氧化碳水平会让光合作用进行得更加顺利。在温带地区，以2050年为时间节点，这个作用的效果也许会大过气候变暖的破坏作用并使得农作物增产。在热带国家，这应该也有好处，但是有人认为，因为作物生长季节内温度过高以及气候变化过于剧烈，这一作用的好处会被完全抵消。另一个乐观的理由是农民以及农业相关工业部门适应气候变化的能力值得肯定。尽管不断有各种悲观的警告问世，在过去半个世纪以来，适于耕种的作物的产量还是取得了显著的提高。在未来的几十年里，它们的产量应该还会持续增长。

如果农作物产量不能增长，那么已经因为严酷的气候变化而倍受压迫的野生动物将会首当其冲受到伤害。在一个人口越来越庞大的星球上，现有农田的集约化生产有一个显而易见的替代方案，那就是增加耕地面积。通常而言，毁林造田都会破坏生物多样性，削弱生态系统对农业的服务作用，比如调节降水，缓解洪灾的作用。而二氧化碳的排放也会增加。我们说，增加森林覆盖率远比减少工业排放更可行，这是因为随着转基因技术得到越来越广泛的推广，很多作物，比如大豆的产量都得到极大提高，人们开发更多耕地的需要已经没有那么迫切了。而假如农业减产的话，这个局面就无法维持了。它会导致新一波的物种灭绝，因为野生动物的居留地遭到破坏，与此同时气候也在发生变化。生态系统的破坏也会加剧一些更根本性的问题。目前，地球上因为燃烧化石燃料而释放出来的二氧化碳有一半被植被和海洋吸收。而随着地球变暖，这种作用会逐渐减弱。我们可以比较肯定地说，生态系统被破坏得越厉害，这种作用减弱的速度就越快，而其消退的后果就越严重。

风险管理模式应对气候变化

很可能最糟糕的情况并不会发生。如果气候系统反应不是那么灵敏的话，那么即使我们对碳排放不采取任何措施，到 2050 年地球升温的幅度远低于 1℃也并非不可能。有些自称为“微温派”的人认为，气象科学中人云亦云现象的存在导致人们对这种可能性集体视而不见。另外一些人则会说，气象学家们也会因为不想让自己的观点太吓人而选择回避最可怕的可能性，从而对那些尽管可能性不大但是也不能完全排除掉的世界末日式的发展趋势轻描淡写。

“微温派”的忠告是，我们还需要耐心等待，看看事态发展的情况，不要急于采取一些代价高昂而且有时候还可能有害处的行动（比如推广生物燃油的政府行为），要等到我们搞清楚了这些措施的所有后果之后再来行动。但是，这个观点忽视了一个重要的方面：气候系统的惯性。也就是说，今天针对碳排放所采取的各种行动的效果要在几十年之后才能够显现出来，而在未来几十年里，无论多么强势的措施也不可能一蹴而就马上就显现效果。在某种程度上，这些人的观点跟那些在哥本哈根世界气候大会之前积极鼓吹激进行动的人犯了同样的错误：他们都把气候问题当作是一个能够找到直截了当解决办法的问题。二者的不同之处在于，哥本哈根派把气候问题看作一个亟待解决的问题，而微温派则把气候问题看作是个还不成为问题的问题。

无论是从该问题牵涉的广度、衍生的繁多问题、狭小的反应空间，还是政治层面的棘手程度来看，气候变化问题都绝对不是这样简单明了的问题。它更像是一个事件发生的环境，或者说一种看待地球根本贸易条件的方式。这是 21 世纪文明的地球物理学及地理政治学基础，可是人们对它还知之甚少。我们面临的挑战并非解决一个问题，而是应对各个层面上的一系列危机，从乡村到城市，从国家到地区乃至全世界。

以风险管理模式来应对全球变暖还没有成为一种主流。这在一定程度上是因为，“解决重大问题”这种方法已经在走向末路，本着这种共识而结盟的各种政治力量还不愿意接受这个事实。在实践中，风险管理的一些具体目标同问题解决框架下的做法并没有特别突出的矛盾。还是要减少排放，不过减排的原因有些微妙的差异。在哥本哈根思维模式下，减少碳排放的目标是将升温幅度控制在2℃以内，而风险管理模式下，人们更看重的是减少碳排放的长尾效应，也就是那些尽管可能性较小，但是一旦发生就会带来灾难性后果的那些问题所起到的作用。略微减少那些最有可能导致全球变暖的碳排放就能够在很大程度上控制这些极端情况的发生。过去，我们认为所有不够大刀阔斧的减排活动都只能被称为是失败，而以风险管理的思维来思考问题，我们就不会这么认为了。风险管理模式更重视帮助国家、经济体和人民应对气候变化以增强其抵御气候变化的能力。一直以来，我们将降低碳排放看作是一个一劳永逸解决问题的办法，这让我们忽视了适应气候变化的种种投入。一直以来，我们把适应变化看作是认输的表现，甚至觉得主动适应会让人们对控制气候变化感到绝望。

风险管理的另外一个策略就是同时关注其他一些影响气候的人类行为：传输管道和垃圾填埋场释放的甲烷（天然气），以及水稻田里冒出的甲烷泡泡；农田，特别是过度施肥的农田里释放出来的二氧化氮，还有雾霾中产生的臭氧，都是比二氧化碳作用更强大的温室气体。控制这些气体的排放见效快，而且还有其他好处。减少黑碳排放也是如此。所谓黑碳即含碳物质（石油、天然气、煤、木炭、树木、柴草、塑料垃圾、动物粪便等）不完全燃烧和氧化形成的产物。黑碳聚集的地区，升温作用明显，而控制黑碳排放的好处绝不仅仅是改善气候这一条。在印度以及其他许多地方因为烹饪用炉的设计和质量问题，室内空气受到严重污染，很多母亲和孩子都因此而丧生。有些预测认为，减少船运以及燃烧过程中的黑碳排放能够延迟北冰洋冰盖融化至少十年。

尚在摸索中的新办法

如果不能够持续地实施各种减少二氧化碳排放的措施，就无法从根本上改变气候变化的整体方向。而且，这些措施也许能够帮助我们争取更多的时间来创造出更好的可再生材料，以及其他一些零排放技术。今天的政策倾向于花很多的钱来推广一些现存的可再生材料和技术，而有时这些技术并不适用于当时当地的情况。比如，在多云的德国北部地区，太阳能电池并非是很合适的选择。将更多的精力放在开发新的可再生技术上可以为我们提供更多更好的选择。

除了设法延缓气候变暖的趋势之外，还存在一些干预气候变化来使它变冷的办法。可以利用多种技术来消除空气中的二氧化碳，不过，目前看来，这些技术还是存在局限性——成本高昂，而且不适用于大范围实施。当碳排放不断增加，采用这些技术收效甚微；而当碳排放开始减少，这些技术就能够被用来降低空气中的二氧化碳水平。如果空气中的二氧化碳水平一旦上升到相当的高度，即使碳排放水平降到了零，它也会在很长一段时间内维持高位。同减少碳排放一样，想要通过直接降低空气中二氧化碳水平来改变气候也需要数十年、甚至数百年的时间。不过，气候变化的某些影响因素发展的速度也一样缓慢，甚至更慢，比如说大冰原的融化。如果通过人工干预来降低二氧化碳水平能够让我们保住格陵兰和南极西部的冰原，那么这样做就是值得的。

一些更激进的技术尝试通过降低地球吸收的阳光量来让气候迅速变冷。关于怎样做到这一点，人们想到了很多不同的办法，不过，最直接的一种就是加厚平流层中原本稀薄的硫酸盐悬浮微粒层。跟煤炭和石油燃烧时释放到空中的硫酸盐微粒一样，平流层中的硫酸盐浮质也能够让地球变凉。在发生大规模火山喷发的时候，平流层中的硫酸盐浮质层会加厚，当地的气温就会降低，由此可以证明硫酸盐浮质的降温效果。平流层中浮质层的降温效果要比低层大气层中的硫酸盐浮质更有效率，那是因为平流层中不会有降雨将这些浮质带走，它们可以在那里停留一年左右，而不是几天。因此，不断向平流层注射硫酸盐微粒不但能够有效地给地球降温，而且平流层中的浮质还不会像悬浮在底层大气层里的硫酸盐浮质那样影响人们的健康。

这样的注射在技术上不存在太多问题，但是，这样做会引发政治上、伦理上以及气候学上的忧虑。平流层里的硫酸盐浮质并不能精确定位，所以，这样一来，有的地方会变得比现在干旱一些。当然，并不一定会比气候变化如此发展下去更干旱。从伦理学上来看，因为其他一些过程而导致的气候变化跟刻意去让气候变冷的做法是不一样的，有人会因此而担心这会引发自负和无节制的贪欲。而在政治上，某个或者某些国家能够在一定程度上控制他国的气候，这会被看作是一种敌对行动。综上所述，这条路是行不通的，根据风险管理的原则，只有在现实的危险迅速恶化且清晰可见的情况下才会采取这种措施。

因此，往平流层里注射硫酸盐浮质不是解决问题的办法。但是，我们也没有任何其他一劳永逸的办法。摩天大楼或者宇宙飞船曾经是某个时代里未来的标志，但是随着未来的到来，这些标志就变得古怪可笑或者稀松平常，气候变化则不会。它更像是一个包含了未来的东西，而不是一个属于未来的东西。当然，这并不是说我们就应对不了气候变化。人们还是应该区别对待不同程度的气候变化。气候变化也可能向更好或者更糟的方向发展，而我们也可能采取更好或者更糟的应对危机的措施。显然，这些可能性都存在。气候变化将会左右世界在 21 世纪中的发展轨迹，这是个不可回避的现实。

7
未来战争——弱者变强

在西方，国防建设正在丧失首要地位；与此同时，新老威胁正携手制造麻烦。

所有的军事战略规划者异口同声地宣称他们的目标是建立一支机动灵活的国防力量。这是因为他们知道，要预测下一场战争或者一系列战争的形态有多么困难，因此也就更无从预言自己的国家到底会需要一支什么样的作战力量。他们必须在很大程度上依靠猜测，但是如果他们太相信某种猜想，而这个猜想被事实证明是错误的，那么这个国家将会遭遇灭顶之灾。预测十年后的战争形态已属不易，更不用说要预测几十年之后的情况了。

英国 2010 年度《战略防务与安全审查报告》就是个很好的例子，它告诉我们证明专家们的谬误并不需要太长的时间。戴维·卡梅伦政府希望政府的军费预算能够建立在一个更加可持续的基础之上，因此，他们决定冒险在未来十年里放弃一切航母打击能力。然而，书写《战略防务与安全审查报告》的墨迹还未干透，卡梅伦政府就决定让英国军队承担起拯救利比亚反对派性命，并事实上推翻威胁这些人安危的穆阿迈尔·卡扎菲政权的任务。不幸的是，能够在利比亚作战使命中发挥最积极作用的“皇家方舟”号航母以及其舰载的鹞式战斗机却刚刚被扔进了废品堆放场。

英国《战略防务与安全审查报告》的不足这么快就暴露出来，主要是因为它是由卡梅伦政府节约开支的需求所催生出来的。而唐纳德·伦斯斐在2001年年初的判断失误就不是钱的问题了。那已经是伦斯斐第二次担任美国的国防部长了，他大刀阔斧地在五角大楼开展了一场影响深远的改革。他认为，当时的美军高级将领们都还沉浸于冷战思维当中，坚持认为美国应该保持当初为了压倒苏联而建立起来的超强军事准备水平。而“富有远见卓识”的伦斯斐希望能够摆脱老的作战思维，不再依靠大规模地面作战部队及配备在这些部队中的超强武器装备（数以千计的坦克、火炮、战斗机以及其后大量的后勤保障单位），转而依靠更轻便、更机动的能够迅速被运送到需要的地方，而且能够利用最先进的通信技术来迅速占领阵地的军事力量。伦斯斐对此理念怀有传教士般的热情，而这正是伊拉克战争后美军军事战略方向出现巨大偏差的原因之一。即使是在最可怕的噩梦中，这位前国防部长也不会想到会发生“9·11”恐怖袭击这样的事件。而假如当时你告诉他，在此后的10年间美国将要花费1300亿美元来打两场超大规模的、“脚踏实地”的地面战役，他一定会认为你疯了。

现在，钟摆又摆向了另外一个方向。阿富汗战争以及其他一些战争需要开展复杂的军事行动，同时还要训练当地武装力量，并进行各种形式的公民权利能力建设。许多美国和英国的国防建设规划者们，特别是高级军官们，认为这才是唯一需要他们准备好来打的大规模战役。然而，这种看法肯定是不对的。尽管局部战争在很长一段时间内都是我们无可回避的问题，但是我们几乎可以确定，鉴于干预伊拉克以及阿富汗所花费的天文数字的军费开支以及至今仍然无法对战争效果做出定论的尴尬处境，西方国家的政治领导人们（当然，你也可以把这解读为美国今后的历任总统）今后很长一段时间内一定会不遗余力地避免陷入同样的泥潭。换言之，我们应该很肯定地说，未来战争一定和现在不一样。只是我们不知道它到底会是什么样的。

战争、冲突笼罩层层迷雾

对展望未来40年发展趋势的西方军事战略家而言，有一个好消息就是，同20世纪肩负同样任务的同行们不同，他们不需要面对任何单一的经验主义威胁。鉴于两次世界大战的极端惨烈以及美国和苏联之间危险的核僵局，两股超级势力之间爆发无限制战争的可能性非常小了。确实，各种战争的死亡率在过去半个世纪里已经大幅下降了（参见图7.1）。

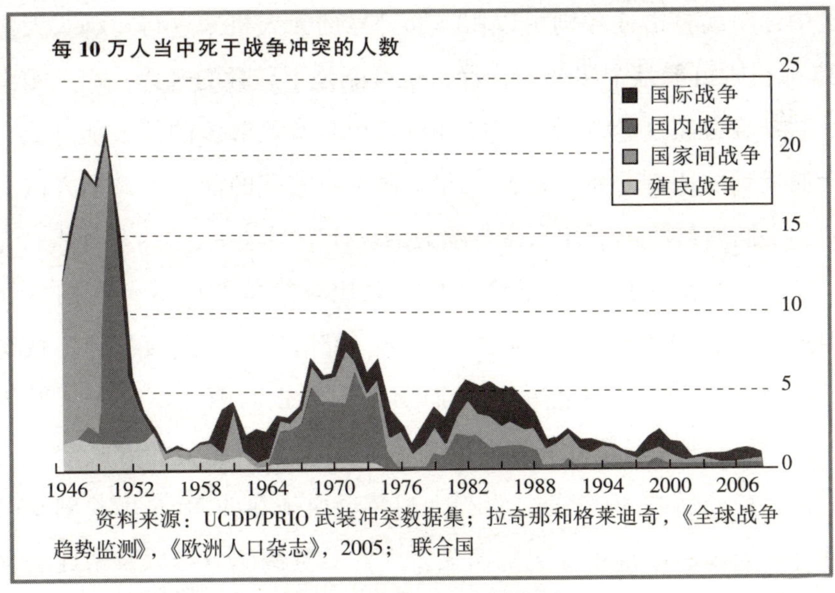

资料来源：UCDP/PRIO 武装冲突数据集；拉奇那和格莱迪奇，《全球战争趋势监测》，《欧洲人口杂志》，2005； 联合国

图 7.1 战争死亡人数降低

而坏消息则是，国防规划者要应对的军事冲突具有了更强的不确定性，比如，新的威胁到底来自何处，技术的迅速变化对敌我双方到底都意味着什么。尽管存在着不确定性，这些人还是要做出决策，而他们的决策还是会在很大程度上影响未来 40 年里的战争模式。这是因为，新武器系统研发的周期，还有武器装备的服役期都是很长的。

比如说 F-35 联合打击战斗机。它是有史以来最昂贵的国防工业项目，根据五角大楼的说法，其全部投入高达1.3万亿美元。军方预计，F-35战机将在 2020~2065 年充当美国以及西方空军力量的主力战机。它拥有复杂得惊人的软件和传感器系统，能够遂行各种战斗任务。没有人会质疑在同类战机中，F-35 战机是性能最优越的机型。但是，批评者指出，它的费用庞大且日益高昂（本来是希望它能够很便宜的）；它的作战半径有限，只有约 1000 千米，而这会让其基地，特别是航空母舰，处于被打击的威胁之中。他们指出，军方需要的是真正的远距离打击战机，而其他中远距离打击任务则可以用不同型号的无人机来遂行。购买大量的 F-35 战机既可能是个明智的选择，也可能是个愚蠢的选择，而五角大楼还计划要装备超过 2400 架 F-35 战机。要是有足够多的钱，你可能会想要上面提到的所有装备。但是，在军费不断缩减的前提下，军方占卜未来的谋士们通过两边下注来减少损失的操作空间很小。

找出未来战争的导火索也许是相对比较简单的任务。人们打仗的原因还是以前的那些：争夺资源、领土，部落纷争、宗教信仰，意识形态，以及其他因为国家间的争端而引发的紧张局面和不公正（形势误判）。但是，这些因素搅和在一起发酵并引发军事冲突的方式却可以有许多种。在今后的 40 年里，世界人口将会由现在的 70 亿增长到 90 亿，而且全球变暖的影响也会更加明显，因此对资源的争夺以及由此引发的社会动荡看起来是一定会愈演愈烈的。有人曾经预言，全球石油开采量将会在几年内达到峰值，不过，最近新原油资源的发现，深海石油开采以及从页岩中开采石油和天然气技术的商业化都使得这个说法失去了说服力。但是，许多产油国家政治局势极不稳定（不仅仅是在中东地区），无论是国家或者非国家的干预都很容易触发海湾地区的紧张局势。随着北极冰盖的融化，这片大陆下深埋的富饶资源的归属问题也会引发激烈的国际性冲突。

然而，在从现在开始到2050年的几十年里，石油也许不会成为引起冲突最多的商品。我们还有时间，人类有无穷无尽的创造力，我们会找到无数石油的替代品。而水的问题就不一样了。水一直是生命的必要元素。气候变化、集约化农业生产技术以及纯粹的人口压力等问题的负面影响都开始显现。也门如今已经是部落冲突的火药桶了，这可能是首个遭遇水资源枯竭的国家，而这一天会在2015年前后到来。巴基斯坦是一个拥有核武器、人口庞大并长期处于动荡之中的国家；印度河是该国棉花和稻田的主要灌溉来源，这条河流曾经水量充沛，宽广绵长，如今在入海口处已经枯萎成了一条可怜的溪流。水源同样也是中东地区达成和解的主要障碍：没有了约旦河西岸的地下砂石含水层以及通往约旦河源头的通路，以色列人的生活方式就不得不改变。水的问题也是阻碍中国飞速发展的一个重大因素。水资源匮乏和气候变化也有可能引发巨大的移民潮，而想要进入更富饶国家的那些人和试图阻止他们的那些人之间势必会发生激烈的冲突。

领土纠纷一般不会引发大规模战争，但还是会有很多小规模的冲突因此而起。比如1982年阿根廷和英国之间爆发的马岛战争（英国称福克兰群岛战争）就说明，历史遗留的领土争端同军事上的冒进和机会主义结合，战争就会在最意想不到的地方以最意想不到的形式爆发。克什米尔地区以及以色列占领的巴勒斯坦地区在21世纪也还将会是最危险的

"火药桶"。不过，许多美国军事战略制定者担心，随着中国主张领土权力的态度越来越强硬，还有其军力的日渐强盛，将来美国同中国发生军事冲突的风险正在增加。

不平衡的天平

在21世纪的前半叶，许多引发冲突的因素都还保持着它们的影响力，但是战争本身以及用以发动战争的各种技术则会以惊人的速度发生改变。这些技术的发展壮大会让西方世界尤其是美国深感困扰。与此同时，长期的地缘政治发展也会是现有政权的潜在威胁。美国智囊公司兰德公司2011年进行的一个研究指出了几个在未来40年里有可能加速发展的军事趋势。该研究的结论是，美国的武装力量面临着过时的困境。

这些趋势中的第一个就是，技术改变以及这些技术分配的方式会威胁到西方世界一直以来在军事上的绝对统治地位，因为未来他们的对手在装备上会变得先进，而且也具备了采取有效的不对称战术的能力。

几乎在每个人的记忆当中，美国在四个军事斗争领域（陆、海、空，以及太空）都享有压倒性技术优势。这种情况也许不会持续太长时间了。得益于以互联网为基础的非定制通信方式以及密码编制软件、便宜的精确制导导弹和迫击炮、先进的移动式以及便携式防空武器、反卫星系统以及能够携带核弹头的高精度远程弹道导弹等，美国潜在的对手已非昔日吴下阿蒙。这些对手既包括差不多能跟美国匹敌的中国，也包括像真主党那样的非国家敌对势力。前者已经拥有了前文所述的所有能力；后者虽然只拥有了其中几种，但是2006年的黎巴嫩战争却告诉我们这几样技术会给装备精良、训练有素的正规军带来何等致命的打击。

现在又出现了第五个军事斗争领域：网络空间。网络战的本质属性决定了，那些军事实力较弱但是技术比较先进的国家（甚至是过去丝毫不引人瞩目的非国家势力）能够在网络战中取得与其军事势力极不相称的巨大力量。让形势更加复杂的是，要想做出恰当的回应或者杜绝今后更多的攻击，你就必须准确无误地找到网络攻击发起的源头。

第二个趋势就是大量西方世界所不乐见的地缘政治方面的新发展，这些发展为21世纪美国军事战略制定者带来了一系列广泛而又复杂的威胁。第一个威胁是，除非整个国际社会在五个有核安理会常任理事国的领导下统一行动来清除所有核设施，否则核武器会扩散到更多国家，而这些国家还位于非常不稳定的地区。第二个威胁是，因为21世纪第一个10年里的经历而胆战心惊的美国及其盟友已经不愿意进行前途未卜的军事行动或者尝试在偏远的、充满敌意的环境中进行国家重建项目了，而与此同时，一些恐怖活动却此起彼伏。第三个威胁是，美国过去在太空中独占鳌头，而如今新兴军事力量已经或多或少具备了威胁美国的太空作战系统的能力。第四个威胁是，网络空间不但成为第五战场，也成为又一个威胁策源地，那些军事实力较弱但是在技术上很先进的国家有能力严重威胁实力比自己强许多的对手的军事和民用设施。最后一个正在发展的威胁是，中国军事实力的提高。美国对东亚地区盟友，包括日本、韩国，特别是中国台湾地区，做出了安全保护承诺，而如今中国的实力已经足以挑战美国履行承诺的能力了（见图7.2）。

所有这些威胁都说明，尽管在过去至少20年的时间里，美国在军事领域的绝对领先地位从未被撼动过，但如今美国军事力量的这一地位正在受到一系列的挑战（图7.3能够说明美国当前在军事上的绝对优势地位）。美国军方最担心的就是，许多新技术在发展的过程中被开发出了在战争中发挥非对称性作用的潜能，能够凭借一些低端的技术来削弱一些高端技术的威力，甚至让其力量消失殆尽。一个极端的例子就是，在伊拉克和阿富汗，以美军为首的装备精良、军事素质过硬的盟军士兵却受

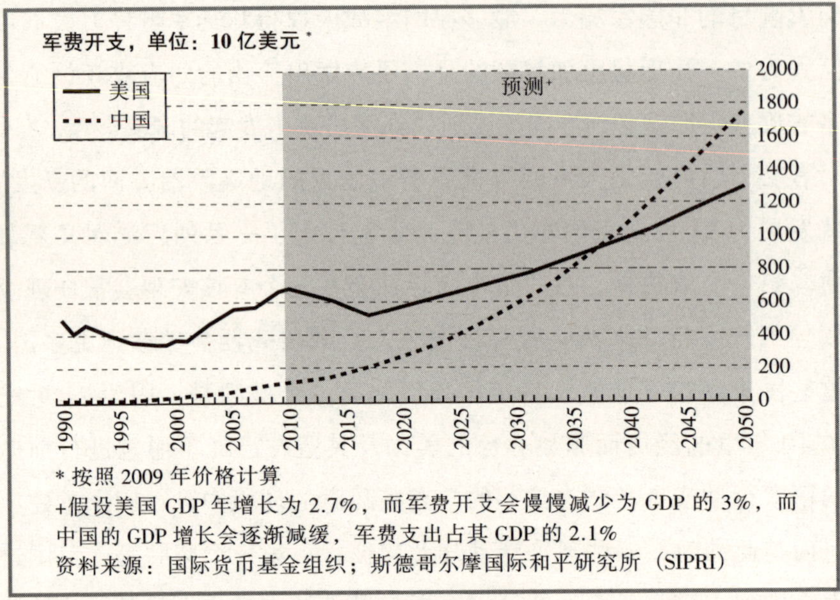

图 7.2　中国军力增强

到用移动电话来引爆的简易爆炸装置的威胁。另一个例子就是伊朗制造的导弹，有时候成本只需几百美元，却迫使以色列花费上亿美元来升级导弹防御系统以保护其武装力量。同样道理，中国军事实力的提高正在迫使美国的航空母舰越来越深入太平洋。

航母的问题是这种趋势的又一集中体现。很久以来，在必要的时间和地带，美国都要依靠航母舰队的打击来彰显其军事实力。直至最近，美国的航母群都能够毫发无损地在距离潜在敌人海岸线非常近的地方展开作战行动。航母本身并未携带强大的打击力量，但是它们可以迅速创造条件，取得当地的制空权，帮助地面部队在损失很小的情况下顺利登陆。没有什么比美军的这 11 艘航母更适合作为彰显美国全球军事实力的标志的了。然而，在今后 30 年间，它们会越来越容易受到攻击。作为被打击目标，一艘满载飞机和导弹的全新福特级航母的价值高达 150 亿

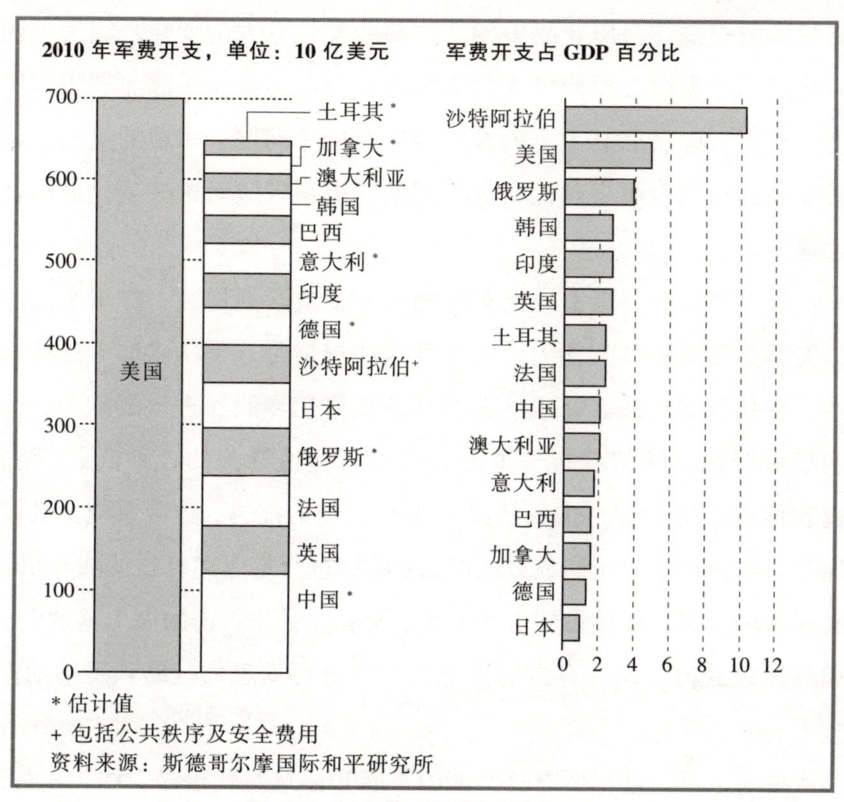

图 7.3　如今唯一的超级军事大国

~200 亿美元，这还不算保护它的护航舰队的费用（护航舰队一般有一艘潜艇、两艘巡洋舰、三艘驱逐舰、几艘护卫舰和一艘补给舰）。

无论是从数量还是种类上来讲，当前美国所面临的战略挑战都是值得警惕的。技术发展的趋势使得传统的以颠覆执政政权为目的的武装力量投射成本增加而且风险极大；国际恐怖主义已经连成了网络；在许多国家中，因为政府不力、人口增长、气候变化或者水资源安全问题，人权危机时有发生；一些不稳定或者野心勃勃的国家如今拥有了核武器；军事力量可以给美国造成威胁的竞争对手快速崛起，这些对手坚定自信且极度渴望资源。因此，很显然，在从现在到 2050 年的这几十年来，不管是战争的模式还是阻止战争的方法都会发生巨大的变化。因为美国及西方诸国的国家财政要应付人口老龄化、劳动力减少（除非利用移民来补充劳动力）以及居高不下的医疗卫生费用等问题，军费的支出占政府财政预算的比例会越来越低，这些国家能够用来应对这些变化的财富也越来越少。

要防止美国在军事上的绝对优势地位不被渐渐侵蚀，在未来几十年间，美军必须具备众多能力，而实现这些目标是非常困难的。这些能力包括，驻扎在基地或者在战场上的部队抵御制导武器进攻的能力，而这些制导武器包括从精确打击迫击炮到远程弹道导弹的各种武器；情报、监视和侦察系统在被打击的情况下正常运转的能力；防御系统（从潜艇到地对空导弹）全面压制敌方的能力；能够进行远距离打击的战斗机；能够破坏深埋目标（如核设施）的武器；能够经受住打击的海上基地；还有利用装备轻武器、训练有素的当地友军来进行反恐怖行动和反暴动作战的能力。

从技术上讲，获得所有这些能力都是很困难且代价昂贵的。比如说，可以利用不同射程的拦截导弹构建出一个多层次的地面以及海上部队防御体系，这个体系在理论上是可行的，但是极其昂贵。我们希望空中激光武器能够提供有效的防御，但是这些武器的效果还没有得到证实。美国军方现在主要依靠一些非常容易受到攻击的近地人造卫星来进行近似实时的情报、监视和侦察工作，因此，我们需要增添新的平台来确保这一工作的快速恢复能力。

F-35 这样的短程战术战斗机从前方基地或者航母出发进行打击的能力是个关键性问题。利用同类型的空中加油机来给这些战斗机进行空中加油能够有效延长其打击半径，使其能够从更远的基地起飞。但是，这种飞机的存在本身会促使敌军展开先发制人的打击。因此，美国空军需要优先解决的一个问题就是开发出能够替代 B–52 轰炸机的远程打击战斗机，而 1952 年开发出来的 B–52 轰炸机的服役年限很可能会长达一个世纪。

机器人战争

我们需要越来越复杂高级的无人驾驶飞机来充当“眼睛和耳朵”，并抓住稍纵即逝的机会来对目标进行打击，到 2050 年，无人机将会在大多数任务中取代人工驾驶飞机。对无人机的依赖其实是一种更广泛的发展趋势中的一个方面——在远离冲突现场的地方，技术人员们正在努力实现战争的机器人化。无可避免地，这种做法带来了许多伦理上和法律上的争论。

能否通过技术手段来利用更少的资源进行军事作战行动，这个问题在今后许多年里一定是个引起种种争议的话题。讽刺的是，目前人们设想出来的模式同伦斯斐的设想相差无几——依赖装备武装无人机的高度联网的特殊部队和培训人员来提高当地安全部队的能力。根据以往的经验，这个模式很可能会失败。一旦发生这种情况，美国将要面临两难的选择，要么派出一支规模足够庞大的部队按照老办法解决问题，要么确立这样一条原则：只有在面临最极端的国家安全威胁的时候才会进行这种人员密集型的军事行动。

假如到 2050 年，美国因为中国的地区主导地位确立等原因而丧失了绝对的军事领先优势，那么美国的军事战略家就不得不重复几乎整个冷战时期都采取的结盟的军事战略了。当初美国是为了应付与其势均力敌的苏联而采取这种战略的。然而，2050 年美国最重要的盟友不是在欧洲而是在从印度洋到西太平洋的广大区域中。届时组成的军事同盟是不是类似北大西洋公约组织，还要看中国与其邻国以及美国的关系。

新的核威胁

尽管现在美国国防规划者们执着于中国威胁论，人们也非常担心网络战对当代文明的威胁（越来越诡计多端的信息技术行业正不遗余力地煽风点火），但是在21世纪的前50年里，人类所面临的最大威胁同20世纪后半叶是一样的，那就是核威胁。在冷战期间，美国和苏联找到了两国敌对关系中间的平衡点。尽管有很多次看起来两国之间的战争一触即发，但是它们学会了如何保持恐怖的平衡，并且渐渐形成了共识，不遗余力地避免有意或者无意使用核武器。

新兴的核武器国家却没有这样的经验，它们中的许多国家也没有苏联或者美国所拥有的那种“战略空间”（这也多亏了两国相隔遥远），而且美苏两国拥有更安全的发射平台（比如潜水艇）或者雄厚的武器装备实力，所以有能力发起二次攻击，而这些国家在这方面也望尘莫及。美俄两国在过去50年里没有相互使用核武器，但是我们却不能保证在今后50年里那些核武器储备更少、邻国更难以捉摸或者更不值得信任的国家也不会使用核武器。超级大国之间互相使用核武器从而毁灭地球的危险基本不存在了。然而，即使是区域性的核战争也会让数百万人丧生，而且其对环境和经济产生的毁灭性打击远远超出冲突发生的战场。除非有效控制核扩散，并最终制止和逆转其破坏趋势，这种破坏作用会有不断成倍增强的危险。随着一些政权不稳定的国家掌握核武器和核裂变物质，恐怖分子和恐怖组织有可能偷盗、制造或者购买核武器装置。

未来40年是决定性的，我们能够知道世界各国究竟是打算继续忍受越来越严峻的核威胁，坐等核战争爆发，还是会因为再也无法忍受这种威胁愤而采取行动消除这种威胁。风中还是飘扬着几根希望的稻草的。2007年，四位美国冷战时期的老将，乔治·舒尔茨、亨利·基辛格、比尔·佩里和萨姆·纳恩联合在《华尔街时报》上发表了一篇相当有影响力的文章。在文章发表之后，四个人很快就赢得了“天启四骑士”[①]的称号。他们在文中指出，除非以美国和俄罗斯为首的有核武器国家做好准备通过多边谈判销毁所有的核武器，大灾难在所难免。全世界共有20500件核武器，其中95%由美俄两国拥有。美国总统巴拉克·奥巴马和俄罗斯前总统德米特里·梅德韦杰夫都承诺要致力于消除世界上的核武器。与此同时，一场得到全球300多名政治家、军事家、学者和商界领袖支持的叫作“全球零核倡议”的运动也如火如荼地展开了。跟过去那些坚决要求“禁止核武器”的反战主义人士不同，这项运动提议建立一个多边行动计划，分四个阶段进行，每个阶段都要靠侵入式的检查验证来支持。最开始阶段美俄先要各自拆除1000枚核弹头，而其终极目标是所有有核国家都签署协议同意销毁自己的所有核弹头。

全球零核倡议遇到了巨大的障碍，其中最大的障碍之一就是，没有多少证据能够说服那些最危险的国家核武器并不是保证其国家安全的必要条件，因此就很难让他们也心甘情愿地配合这些精心设计的步骤。奥巴马曾经说过，他要为零核目标而努力，但是他却未必能够在有生之年看到这个目标的实现。2050年，他89岁。即使到那时候零核的目标还遥不可及，只要征途已经开始，这个世界就会比今天我们展望的那个世界更安全。

---

① 天启四骑士来自《圣经·启示录》，据说在世界终结之时，将有羔羊解开书卷的七个封印，唤来分别骑着白、红、黑、灰四匹马的骑士，将瘟疫、战争、饥荒和死亡带给接受最终审判的人类，届时天地万象失调，日月为之变色，随后便是世界的毁灭。——译者注

8 自由进程——东边日出西边雨

未来世界政治需要的是丰沛的公益精神，仅仅靠民主是远远不够的。

忘记民主吧！现在该担心的是自由和公正。如果你很幸运，那么到2050年的时候，你将会生活在天堂般的政府时代，国家会像亚马逊网站满足你的阅读偏好一样周到地满足你的各种愿望。而如果你不够幸运，你将生活在一个由善于操控民意和买通批评者的、愤世嫉俗的政坛内部人士统治的国家里，国家政治形态介于西尔维奥·贝卢斯科尼统治下的意大利和弗拉基米尔·普京统治下的俄罗斯之间。

技术发展的方向和水平以及公益精神的力量将决定最终结果如何。我们首先要做的就是摒弃“民主”这个词。1989年，人们推倒了柏林墙，推翻了当时捷克斯洛伐克的专政政权，民主运动如火如荼，不断向南向东蔓延，看起来似乎专制政权的历史就要走到尽头了。从那以后的每一年，“民主”这个词都始终是热门词语。与此同时，世界各地都掀起了实现自由的热潮（见图8.1）。民主在拉丁美洲取得了胜利，过去那里除了少数几个政治实体之外，几乎所有国家都是军政权把持的，而现在就只剩下古巴一个国家还留在一党专政的阵营里了。甚至是乌戈·查韦斯统治下的委内瑞拉也没有公开反对多党执政制度。过去在非洲，竞选执政是很少见的，但是现在已经很普遍了。经过了 2011 年的“阿拉伯之春”，从大西洋沿岸到海湾地区的多个国家都迎来了政治多元化的契机。

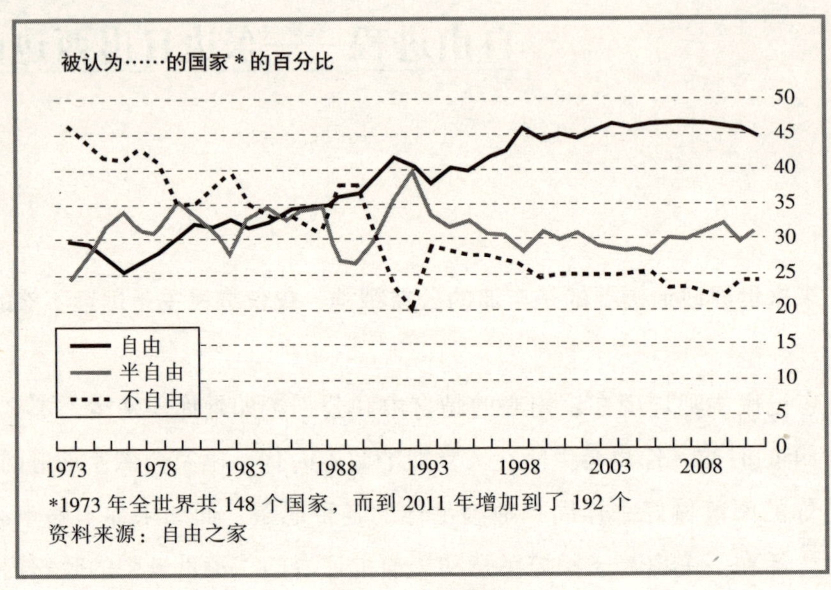

图 8.1　自由程度

但是，在从现在到 2050 年的这些年里，民主的进程却会让人喜忧参半。那些没有享受到民主的人会争取到更多民主，而那些已经拥有了民主的人却会经历民主的衰退。在专制国家，民主进程会继续；而在自由国家，民主则会退步。在拥有严格政治体系的国家中，统治者要面临公开的政治竞争和信息自由等多方面的挑战。他们会发现要证明自己最熟悉的那些思想变得越来越困难。消费者可以选择如何花钱，工人可以选择在国境内流动甚至出国去工作，因此由国家来决定这个国家的居民能够看到什么、听到什么或者读到什么的做法越来越难以为继。

但是，民主的胜利常常会掩饰其脆弱性。它很可能会将一些你根本就不曾拥有的东西奉为偶像。争取民主的运动远比实施民主的实践要容易。在实践中，民主四面楚歌：内部人士可以操纵它；金钱可以腐蚀它；选民的冷漠可以窒息它；现实生活中各种令人沮丧的限制可以束缚它……而民主本身也具有与生俱来的弱点——错综复杂、拖沓冗长的决策过程还有特殊利益群体的胜利。在世界上人口最多的两个国家里，2050年既有好消息又有坏消息。中国必须应对一党执政可能带来的问题；而印度则疲于应付多党执政的种种挫折和不足。

“民主”其实是反对独裁统治的阵营为了方便而找到的一个以偏概全的提法。马克思对19世纪工业资本主义的批评是非常有道理的，毕竟，有压迫的地方就有对自由的渴望；有匮乏的地方就有对富足的追求；有剥削的地方，就有对自我实现的热望。

在19世纪，提到民主，人们就会想到暴民统治。50年前，它还是共产主义的词汇。苏联控制下的东德称自己为“民主德国”，而美国、法国和英国支持的西德则被称为“联邦德国”。在很多情况下，“民主”常常和“人民”联用。阿尔及利亚、老挝还有朝鲜的国名中就都带有“民主”还有“人民”的字眼。

只是最近二三十年里，民主才被当作了竞选执政制度和粗略定义的政治自由的代名词。竞选执政和政治自由本身都是好东西，比如在1989年之后的东欧，将政治斗争的焦点放在争取自由选举上是可行的。自由选举是改变的必要条件，但是却不是充分条件。如果一个国家建成积极响应民意、高效的现代政府所需的所有条件都不具备，争取自由选举当然是首要任务。而其他必要条件至少包括：反垄断机制、金融行为规范机制、消费者权益保护机制、国家安全服务监督机制，还有最显而易见的法制。自由选举能够创造出这些机制赖以生存的环境，但是却不能保证这些机制的建立。

想清楚你到底想要什么

“民主”并不仅仅是一个容易引起误解的模棱两可的说法，还常常会变成政府执政不力的遮羞布。统治者为了转移民众的注意力，不让他们看到自己执政的失误，会不遗余力地出演竞选秀，并充分强调其政权的“民主”性。诚实又开明的政治生活需要多种食物，而民主很容易就变得只剩下选举竞争性这一个成分了，而且这个单一的成分有时候也会变得毫无价值。如果事情进展顺利，自由和公正的选举就可能成为民主的一部分；而如果事情发展出了问题，选举就可能变成挂羊头卖狗肉。因此我们最好使用一个更加准确的说法——“政治自由”，这样就可以清楚地知道，这只是一个非常狭隘的目标而不是广泛的目标。

民主有两个致命弱点，如今都已经显现出来了，而且在未来几十年里也会继续大行其道。民主的一大弱点是容易受金钱影响。政党财物问题不但是困扰美国政坛的问题，也是许多国家政坛的通病，而这个问题最严重的可能就是印度了。对商业机构而言，买通政客、政党、媒体、智囊团以及政治谱系中的其他成员都是有好处的。如今，“囚徒困境”正在蔓延。即便有些商业机构本来希望能够躲开政治，也会因为发现这样做的代价大到无法承受而不得不屈服：你可以不屑于去进行肮脏的勾当，但你的竞争对手会去做，而这时候你就被动了。过去微软还有谷歌等公司都以跟美国政府不发生任何联系而自傲，如今，它们也发现在政府机构所在地建立院外活动①办公室的必要性了。那些在欧盟做生意的公司也发现，虽然欧洲议会是院外活动最不活跃的战场，可是如果他们不理

① 院外活动指利益集团的代表为了本集团的利益与政府决策者交流信息和意见，图谋让决策者采纳有利于本利益集团的利益诉求，进而影响政府决策的政治行为。——编者注

会欧洲议会的话，就可能会面临灭顶之灾。欧盟法律规定的微小调整，比如改变一条产品安全规定，就能让一家公司赚个盆满钵满，却让另一家公司倾家荡产。

这种施压方式同贸易保护主义的操作原理是一致的。通过组织严密的院外活动，你的主要诉求就很容易得到表达和实现；而社会更广泛群体的利益诉求比较分散，调动和维护起来则没有那么容易。对美国来说，每四年才进行一次选举，这个工具太钝了，根本抵挡不了企业联合和特殊利益院外活动团体日复一日的阴险压力。而普通民众则会感觉到，各种决策都是由沆瀣一气的内部人士牺牲大多数人的利益而做出的，因此会变得无动于衷、疏离冷漠。

如何改变这一现象呢？好消息是，信息技术的进步使得我们能够更好地监控政治行为。为什么在俄罗斯修 1 公里公路花的钱是芬兰的 5 倍呢？毕竟两地的气候和地理条件差不多，而且芬兰的工资、土地价格和能源价格都更高。俄罗斯修路花费更高的原因很简单：腐败。而腐败常常是很难衡量的。关心此事的公民只要点击几次鼠标就可以下载大量世界银行和经济合作与发展组织所做的公共机构服务效率的报告。在线 TED[①] 演讲（目的在于传播值得传播的思想）让任何一个人能够在任何地方、不花费一分钱就能收听收看到关于健康、教育和交通的最深刻论述。一般认为，充分知情的公民是最有力量的选民。

坏消息则是，民主的另一大弱点就是很容易被操控。两次选举之间发生的事情跟投票和计票同样重要。最善于表达且掌握最多信息、怀抱建立一个好政府的初衷来参选的人也很难获得足够的选民支持，因为竞

① TED 三个字母分别代表 technology，entertainment 和 design，也就是技术、娱乐和设计。——译者注

选制度就是为了消耗批评者的能量而设计的，那些过去害怕选举的统治者们现在都爱上了竞选。

首先，一旦掌握了媒体，你就很容易赢得选举。广告是公共部门赢得选民和业主支持的有力工具。政党本来是由志趣相投的活动家们组成的理想主义者的俱乐部，如今却变成了半商业化的、拥有强大赞助网络的机构。为了本党的利益而划分选区可以为内部人士创造挂名的好差事，并减少恼人的选民捣乱的危险。

后“民主”时代的痕迹

经验教训说明，只要进行几项有效的微调，我们就能够防患于未然，阻止一些最糟糕事件的发展。议会制要比总统制更有效：议会制能够防止个人崇拜，无论这种崇拜是实实在在的还是想象出来的；议会制还能够促成绝对主义的妥协；建立合作关系的必要性也避免了那种胜利者得到一切的做法，而这种做法会导致公共服务的政治化。放低新政党的准入门槛可以增强竞争压力。

但是在一些国家，情况依然可悲，这些经验教训并没有带来任何改善。统治者可以依赖被委婉地称作“行政资源”的那些东西——政府机构雇员、囚犯、学生以及其他可操控群体的选票——来伪造选民登记记录。

而这些国家也号称拥有民主的政治体制。人们还是投票了，至少还有一点点选择的余地。选票也经过统计。获胜者掌握政权，一切照常进行。诚然，被民意驱逐的危险会促使政客们努力做一个明智的好领袖（至少不会故意不好好统治，或者故意做傻事）。但是，它也会鼓励人们采取一些见不得光的手段，从左右舆论到投票舞弊，无所不用其极。

从这个意义上来说，2050 年世界的前景可能会很黯淡。活动家们的战术的确是发展进步得非常快。Twitter、Facebook 都是很好的工具，可以凭借它们同笨拙的专制官僚体系斗智斗勇。它们很适合用来传播新闻和集中民众的怒火。有了它们，再加上 24 小时不间断的新闻报道，公共生活的节奏大大加快。而对于那些拥有政治抱负的人而言，无论是传播某个示威游行的新闻，对某位政客的演讲进行剖析，还是监督某次选举的公正性，政治运动从未如此简单易行。

但是，深谙政坛内幕的资深政客们也在很快地收复失地。他们拥有大量的商业市场运作工具：一场选举运动就像是一场商品发布会，目的都是要争取市场份额。借助于最先进的人口学研究手段，竞选工作人员可以以前所未有的精准度来争取选民当中的那些游离票。他们可以利用图片、宣传语来吸引公众，也可以诱之以利，有目标地分配公共财物，甚至是公然的贿赂。因此，外人是很难打破这些内部人士所建立的层层壁垒的。今后几十年里，相对于挑战者，执政者的优势会越来越突出。

博客与院外活动机构

技术的进步降低了媒体进入的门槛，最不起眼的博客写手还有推客都有机会得到举国甚至全世界的关注。但是，这种成功是非对称的。虽然个人可以得到大众的关注，但是这种关注却是非持续性的，而且也不够广泛，因此很难左右大众的观点。而在让政客和公共机构对自己的言行负责方面，大部分人阅读、收看或者收听的那些媒体几乎毫无建树。在贫穷的国家，情况更是如此。在大部分欧洲国家和相当一部分英语国家中，一名编辑有可能因为自己出色的报道而获得高薪，因为广告、发行收益还有公共报道机构得到的纳税人的钱都为媒体提供了必要的编辑预算。但是，在一些国家，尤其是贫穷国家中，这笔钱并不存在。

这种情况的结果造成像 18 世纪英国的咖啡屋文化一样的结果——蜚

短流长是没有风险的；小小不言的煽风点火轻而易举又饶有趣味；即使不抽烟，比起以往任何时候，志趣相投的人聚在一起发发牢骚变得更加方便。能够公开地发牢骚而不是独自嘟囔，这是公民尊严的重要元素。但是，迄今为止，在让有影响的官员和政治人物有所担当这方面，博客并未取得实质性进展。

一个政治由院外活动左右、内部人士操控的国家也可以自称民主国家。其政治体制内的确存在一定程度的竞争：如果华尔街支持民主党，而石油巨头支持共和党，那么总有一方会获胜。这也是一种竞争，尽管这并非美国的建国者们设想的那种竞争。竞选依然会进行。但是，这已经不再是单纯的政治选择了。没有其他条件（某些时刻还需要更多条件），竞选就像是被不正当手段控制的公民投票，而其结果就是一个或者多个朋党派系掌握权力。

这样的发展趋势最坏的可能就是权力垄断，而最好的结果就是政治和经济的利益联合体：对内部人士而言很舒适，但是其他人都很煎熬。公平地讲，在许多“老牌民主国家”，情况也是如此。在意大利的“贝卢斯科尼式政治”当中，媒体、政治和商业权力相互勾结、政府公权被滥用、玩世不恭的犬儒主义蔓延。面对这样的过程，许多政治圈外的人悲哀地发出嘘声，称这是意识形态的倒退，是偏离了“主流欧洲价值观”。

更好的模式

我们尚需拭目以待，看看新一代理想主义者能否比他们的先辈更好地利用民主。在一个正常运转的政治体系内，选举只是用来限制贪婪和野心并保护公民权利的一种制衡工具。法制、自由的媒体还有公益精神同竞争性选举一起构成了西方国家的政治体系，让它们（这些国家还包括澳大利亚和日本）成为世界上宜居的地方。但是，简简单单给这种政治体制贴上民主的标签就失之过简了。这些国家许多公民和政治生活的重要方面是不太容易挤进“民主”这个窠臼当中的。

这些要素中最重要的一个就是法制。没有独立、有效和高效率的法庭，没有诚实的法官和不惧权贵的律师，无论是在投票前、投票中还是投票后，我们都无法确保选举过程能够忠实地反映民意。从狭隘的技术角度上来讲，这个说法部分正确。如果政党不能够通过法庭来抗议不公正的规则和竞选官员的随意性规定，他们就只能依靠民众抗议一途了，而这种方式是很难控制也很难预料结果的。当然，它有可能会非常管用，就像2004~2005年冬季在乌克兰发生的“橙色革命”。但是，这并不能够让官员诚实、高效，也无法有效促进现代化政府的运作。在乌克兰，所谓的“民主党派”赢得了选举，但是此后的事实证明，他们一点儿也不民主。

法制本身却并非保证民主的充分条件。法制的未来值得我们用一本书的篇幅来阐释。但是，法制也可以简单概括为，假如一个人或者一个企业拥有足够证据，他就能够起诉政府，并争取到有效的赔偿。从微观层面上来讲，法制确保了普通公民在军官面前是有尊严的，不管这名军官穿着多么庄严的制服或者佩戴着多吓人的枪支。

请记住，法制并不只是拥有恰当的法律，甚至不只是拥有恰当的机构。法制首先是一种心理状态：人们相信，贿赂法官、无视法庭命令或者违背该体系的原则和规程不但无济于事而且也是错误的。设在斯特拉斯堡的欧洲人权法院和卢森堡的欧盟法院可以有效矫正某些国家法院体系的薄弱环节，但不能取代国内法庭。自信的公民需要确信自己受到法律的保护，就像他相信在选举的时候，如果有必要他可以用手中的选票把政治流氓淘汰出局一样。

有权有势的人享有法制，而弱势群体一样享有法制。大企业也许会相信一切有价。但即使是最愤世嫉俗、目空一切的商业大亨也不愿意要一个价高者得的“公正”的法制体系。人们情愿拥有一个可能带来些许损失的诚信法制体系，也不要一个能够靠更高的出价而击败敌人的不诚信的法制体系。俄罗斯的寡头政治家喜欢本国的政治体系，在这个体系下，他们可以靠巧妙的政治运作和左右民意的舆论宣传来霸占自然资源以及其他资源。但是他们也选择在伦敦的商业法庭或者斯德哥尔摩的仲裁特别委员会来解决法律方面的争端。

从现在开始到2050年间的这几十年里，一个关键的问题就是法制能否传播和深入。以法律为基础的体系的可预测性和公正透明性符合人们的长期利益，它是否能够最终击败一度左右政治决策的短期利益呢？如果我们最终建立一个普通人能够起诉有权有势的人并胜诉的政治体制，那么选举制度的缺点就不是我们首要考量的问题了。

要的就是这种精神

支撑政治生活的另外一个支柱是“公民社会”，其重要性远远超过选举。而我个人更喜欢不那么术语化的说法“公益精神”。当选举毫无意义而打官司又费钱、耗时还不公正，当媒体要么隐忍不吠，要么吠而不咬时，只有公益精神才能够激励人们去进行局外人看来毫无希望的斗争。斗争的具体形式五花八门，可能会有一些好管闲事的人还有不切实际的社会改良家们齐聚一堂，建立小群体来给政府施压，并积极开展慈善活动；或许会有一个孤独而又固执的斗士，他的自尊不允许他放弃斗争。

拥有公益精神的人不会退缩到家庭、朋友和业余爱好的私人小圈子当中。他们担心超速驾驶的汽车会让自己的孩子（或者别人的孩子）陷入危险，担心污染会破坏他们最爱的风景（或者其他人最爱的风景），也担心政客们会“偷盗”公众的钱财（尽管他们自己并非纳税大户），而且，他们还会做些事情来阻止这些情况发生。有时候，他们会假装相信官方的投诉渠道是真正畅通的，并不屈不挠地通过这些渠道来反映问题，直至当局不胜其扰而缴械投降。有时，他们会采取非暴力不合作的方式。有时，他们会同时采取这两种方式。虽然这样做对个人生理和心理健康的伤害都是巨大的，但是没有公益精神，民主、法制和对得起良知的新闻报道都只好走向穷途末路。

公益精神同所谓“经济主义”之间的斗争形势将会决定2050年政治体系的形态。经济主义观点认为，幸福生活完全可以用理性和物质的指标来衡量。它不相信利他主义、原则性还有团结一致的行动。公司的任务就是“在法律允许的界限内”为股东赚钱，而法律是由那些希望能够通过赢得选举来实现个人利益最大化的政客来制定的，这些人每天做的就是募集资金，打造正面形象，然后制定将自身优势最大化的规则。而大众传媒的任务则是尽可能吸引更多的读者和听（观）众，因为媒体产品优劣的唯一评价标准就是它是否有吸引力。从本质上来讲，法官们只是另外一群提供“法律服务”的人；即便他们是诚实的，也不是因为模棱两可的抽象道德义务，而是为了保持自己相对于其他司法单元的竞争优势（也可能是因为不诚实行为败露之后的惩罚太严厉了）。

站在经济主义的角度上来看，国与国之间的竞争会提高政府执政水平的标准，正如公司间的竞争会带来创新和更多的附加价值一样。这种竞争的产物也许会被贴上“民主”的标签，但是它其实更像是经营良好的企业，因为照顾到了所有相关人员的利益而得到了一个大家都满意的结果。

然而现实却是，作为一种政治哲学，经济主义是经不起推敲的：它在实践中表面上的成功掩盖了它的缺点。主要依靠商务航线经营而致富的贸易集散港口迪拜就是个很好的例子。这座城市里的大多数人都来自其他国家，而生活状态则千差万别，有人穷奢极欲，有人潦倒凄苦。如果不喜欢迪拜，你不会展开院外活动，而是会离开它。

我很怀疑有谁能够如此经营更大一些的实体而又取得迪拜那样的成功。其结果不会是一个巨大的酋长国，而会是一个俄罗斯那样的政治体系。俄罗斯这个国家也是在像企业一样被经营着，现在的经营者是那个前克格勃特工普京和他的追随者们。并不需要建立一个独裁主义的单一政体来实现这种经营，现在的俄罗斯政体还是存在着一定的竞争的，只是参与竞争的都是那些统治阶级的精英。但是这种竞争是苦心经营的，而且在重大事件中这种竞争还被浓妆重彩地打扮起来，以制造公众选择的假象，并藉此来给公众的不满情绪设置上一个“安全阀”。

恐惧，还是自满?

过去20年里，市场的压力看起来是制衡这些趋势最强大的力量。当然，因为害怕在执政能力评价中排名靠后，或者在外国投资者当中留下坏名声，各国都会尽力保证政治体制的清明。而不幸的是，这种恐惧的效果并没有那么好。即使一国的政治体制在国际上声名狼藉，其国内也无法形成有效的政治压力；而国际上的成功却能让当政者获益。干得不错的国家忙着梳理羽毛孤芳自赏，而那些表现不尽如人意的国家的统治者们根本对低评级无动于衷，或者干脆煽动仇外情绪，宣称外国人居心不良或者自大无知。尽管蛋糕不大，但是这些政治家中的大多数人都确定自己能够分到其中很大的一块，因此，就不会冒险去把蛋糕做大，然后让自己得到很小的一块了。

培养公益精神是很困难的。那么，接下来会怎样呢？西方的政治体系不但没有能够持续地向其他国家扩散，在国内也是风声鹤唳。而其两大敌人是：恐惧和自满。恐惧使人怯懦。他们热切盼望强大的领导人横空出世，希望找到捷径；他们担心现在而不是未来，更关心个人利益而不是公共利益。如果领导得宜，国家越是处于危难之中，公益精神就越是强大（在英国某些年龄段的人还记得1940年国家处于危难之时的“敦刻尔克精神[①]”）。但是，随着时间的推移，不确定性和动荡的局势会产生腐蚀作用，让人们转而关注同自己以及最亲近的人有关的事。恐惧可能来自战争、恐怖活动或者任何一种形式的自然或者经济灾难。在这种情况之下，某种政治体系的缺点会被最明显地暴露出来，而它的好处却很难显现。

而自满则更加危险。正如生理免疫系统在不经受考验的时候会变弱，在看不到任何威胁的时候，政治系统也会变得松弛和脆弱。在地方政治中，公民行动主义极度弱化，国家政治又太乏味而不足以吸引伟大的思想家。理想主义者们将注意力转向了文化、教育和宗教或者是国外的各种事业。而继续留在西方民主政体里的那些人每天为了无关大局的程序问题或者在分配纳税人的钱的时候到底应该偏向哪些群体而争论不休。对于世界上其他地方那些渴望真正的、更多的或者更好的民主的数十亿人来讲，他们树立的并不是什么好榜样。

---

① “敦刻尔克精神”是指1940年德军将英法士兵围困在敦刻尔克，数百艘泰晤士河上的小舢板船闻讯赶来帮助英法士兵成功撤退。虽然撤退过程伤亡惨重，但永不言败的精神鼓舞人们继续斗争下去。——编者注

9
养老与医疗

国家曾经向其公民承诺要为他们提供养老和医疗保障，现在它无法兑现自己的承诺了，但是必须有人来做这些事。

因为2007年的金融危机及其随之而来的大萧条，国家现在越来越臃肿笨拙了。财政收入减少而支出却不断膨胀，财政赤字已达历史新高，公共负债激增。而这只不过是个序曲，随着人口老龄化越来越严重，这些问题也会愈演愈烈。2050年国家会是什么样子的？一个噩梦般的可能性就是，国家在老龄化社会越来越沉重的压力之下像海中怪兽一样因为无法负荷自身的重量而坠落。

而另外一种可能性就是因为政府颇具远见卓识，及时采取了改革措施，因而建设成了更加健康的国家模式。改革的一个重要方面就是减少投入到养老金和医疗保健事业的财政支出，因为老龄化问题在这两个领域对公共财政的威胁最大。但是，如果政府选择回避自己在这些领域的责任，它就必须保证在其他领域担负更多责任，特别是在推行知识经济和延长劳动年限方面要取得进展。倘若如此，2050年的社会将会变得更智能化，也更健康。

决定到底哪一种可能最终能够变成现实的不仅仅是政治，还有经济。有人指出，必要的改革可能会因为老年选民的阻碍而无法付诸实施，因为这些人会为一己之私而坚决捍卫自己的利益。但是，一国的经济体系如果负担过重，那么整个经济都会处于危险之中，谁也无法独善其身。如此看来，我们驱散噩梦的希望相当渺茫，而且一路上还有更多的障碍在等待着我们。

老龄化震撼

毋庸置疑，如果政府不采取相应措施，人口结构变化会极大危害公共财政安全。人口老龄化主要有两个原因：其一是人的寿命越来越长，其二就是第二次世界大战后出生率先剧增后暴跌的变化效果终于显现，老龄人口数量膨胀，而年轻的成年人数量缩水。人们担心一旦婴儿潮一代退休，养老、医疗保健负担会不断加重，而承担这一重担的劳动者的数量却相对减少。

潜在的财政余震是非常可怕的。从预算角度来看，美国的人口发展前景要比其他一些发达国家要好一些，特别是比人口老龄化相当严重的日本和意大利要好。然而，2010 年，美国国会预算办公室却发布了一份非常悲观的预测报告。该报告首先对未来政策走向进行了合理预测，认为财政收入水平占 GDP 的比例会长期保持在平均水平。以此为基础，报告预计到 2035 年美国联邦政府的负债水平将要从 2010 年占 GDP 的 60%（已经是“二战”结束以来的最高水平了）上涨到无以为继的 185%。而财政恶化的主要原因就是两个医疗卫生保障项目——老年人医疗保健和穷人医疗保健。而更高昂的养老金支出带来的问题倒是没有那么突出。

信用评级机构标准普尔对 30 多个发达国家 2050 年的财政状况作出

的预测也同样悲观（见图9.1）。由图9.1可知，因为老龄化而带来的财

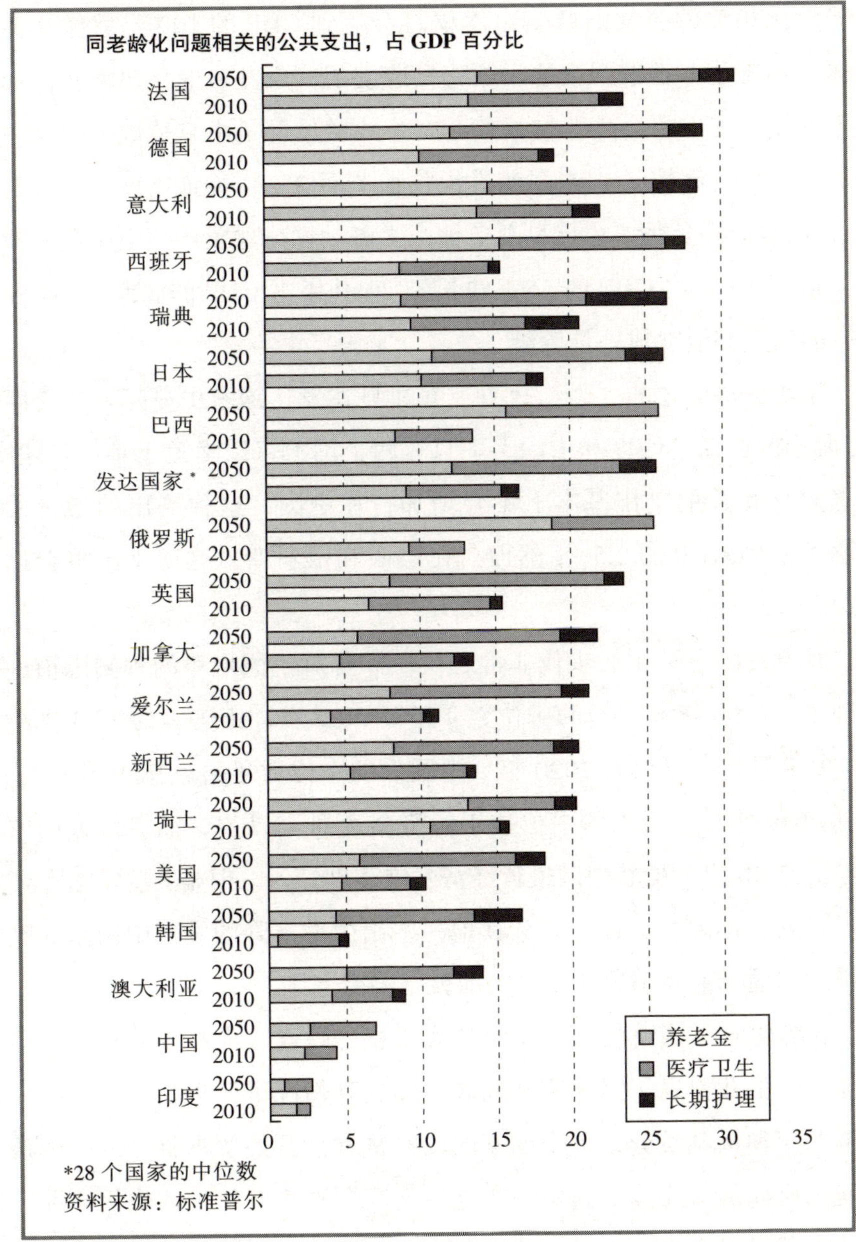

图9.1 更老更费钱

政压力从2020年开始激化。在典型的发达国家，从2010年到2050年，同老龄化相关的公共财政支出增幅将会达到GDP的10%。就像在美国一样，养老金不是最严峻的问题，只造成了三成左右的支出增长。而医疗卫生保障支出将会是罪魁祸首，一半的增长都是由它造成的，其中长期护理花费又贡献了1.3%。假设税收水平不变，巨额赤字就会“安营扎寨”，而政府净负债（也就是总负债减去流动性金融资产）更是会不断膨胀，从2010年占GDP的65%增长到2050年占GDP的329%，而各国发行的国债都会变成一堆废纸。

标准普尔讲述的“恐怖故事”并非只在发达国家中蔓延。金砖四国（巴西、俄罗斯、印度和中国）中只有两个国家可以幸免于难。在印度，同老龄化相关的支出基本上不会增加，在中国，这种支出的增长大概能够控制到GDP的2.5%；然而，在巴西和俄罗斯，这项支出将会达到GDP的12.5%。

因为人口老龄化的步伐非常之快，标普对中国形势的预测恐怕过分乐观了。2000年，中国的中位数年龄是29.7岁，比美国的35.3岁小了5岁多。但是，仅仅到2020年，中国人的中位数年龄就比美国人大了，而到2050年，中国人的中位数年龄将会达到48.7岁，而美国人的中位数年龄是40岁。虽然中国最近经济发展速度惊人，但是其生活水平还是落后于西方国家，因此，它和其他一些出生率下降的发展中国家面临着同样的问题，就是国家在变富之前就已经变老了。

老龄化对一国财政破坏作用的实质就是财政收入减少而财政支出却增加，并由此引发了财政紧缺问题。在这种情况下，更多的财政收入蛋糕被医疗和福利瓜分，一个国家的政府常常会开始忽视自己的一些核心职能，比如国家安全。其实，在老龄化问题真正开始发挥作用之前，这种情形就已经存在了。比如在英国，20世纪80年代末，医疗支出同国防支出是差不多的，分别占到 GDP 的 4.3% 和 4.6%。而 20 年后，国家医疗服务的支出已经占到了 GDP 的 8.5%，而国防支出则缩减到了 2.5%。伦敦经济学院专门研究公共支出的托尼·崔沃斯指出：“国家医疗服务已经吞噬了国防支出，而且看起来还要继续吞噬其他财政预算支出。”而美国国会预算办公室对美国政府未来财政前景的预测则更恐怖，它预测美国社会保险、卫生保健和利息支付之外的所有其他财政预算将从 2010 年的占 GDP 的 12.5% 降到 2035 年的 9.3%。

在极端情况下，政府会因为太贪婪而破产。因为过度消耗会使其国家财政能力遭到根本性破坏。纳税人的负担加重势必伤害商业发展，私人资本会出逃，国际信心会下降，经济系统会崩塌，而国家也只能随之破产。卡门·莱因哈特和肯尼斯·罗格夫在他们合著的《这次不一样》一书中记叙了 800 年的金融荒唐史，他们指出：尽管在许多危机中发挥主要作用的都是私营企业债务，但是在我们研究的这些形形色色的金融危机当中，更经常成为普遍性问题的是政府债务而不是私人债务。

对财政宿命论的控诉

那么公共财政是否必须要经历这样的关口呢？回顾过去有助于我们更好地预测未来。假如我们把今天政府财政支出占 GDP 的比重同一个世纪之前的水平进行比较，我们也许会得出财政支出一路狂飙的结论。但是，这样两个时间点之间的比较却很具欺骗性。在这两个时间点之间，多国政府的表现都证明，在公共开支将要失控的关键时刻，他们都能够控制住公共开支。

历史经验让人们重燃希望之光

如果简单外推第二次世界大战后几十年的福利支出模式，早在20世纪70年代末，发达国家，特别是欧洲国家，就该遭遇财务危机了。丹麦的情况尤其严重，概略算来其社会公共支出从1950年占GDP的9%增加到了1971年的20%，而到1980年则达到了33%。但是这种不可持续的趋势被及时逆转了：随着丹麦推行有史以来最大幅度的财政紧缩措施，1986年的社会公共支出降到了GDP的26%。一般而言，20世纪70年代发达国家的福利支出达到了最高水平。

或许我们应该重回1995年，体验一下芬兰和瑞典的痛苦经历。20世纪90年代初这两个国家的银行业务因为国内问题而大大

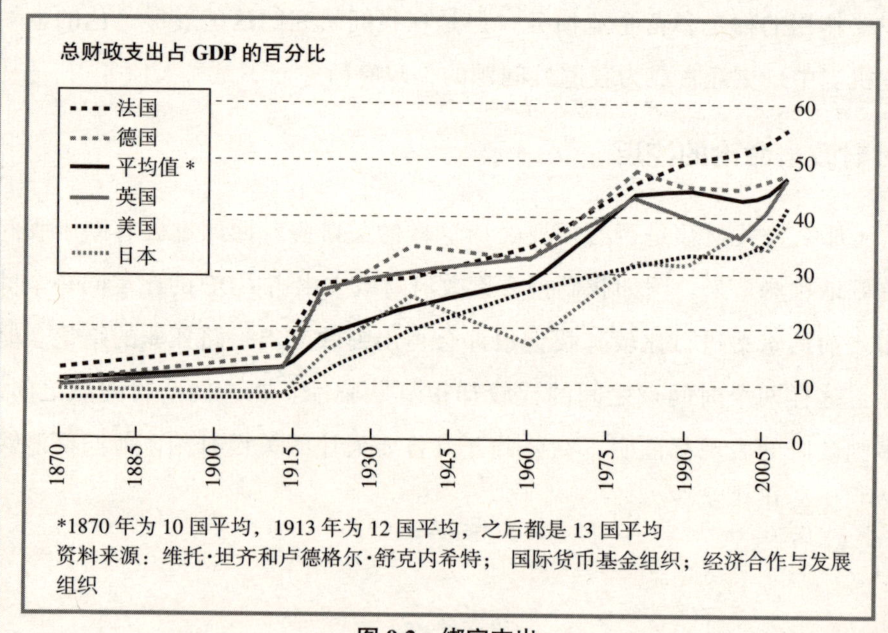

图 9.2　绑定支出

萎缩，从而影响到了整体经济。那个时候谁又能想到这两个国家在2007~2009年的金融危机中负债会如此之低呢？尽管两国经济都在大萧条中受到了沉重打击，2009年芬兰的GDP缩水8%，而瑞典的GDP减少了5%，根据国际货币基金组织的预测，2012年两国的公共负债将分别占GDP的50%和33%。

政府开支会更加庞大，预测其实是建立在这样一个假设基础之上的，那就是即使是在巨额花销无以为继的情况下，人们也不会做出调整。但是，并没有一条镌刻在石碑上的法律条文规定，即使人的寿命越来越长，他们也还是得在某个固定的年龄来领取国家发放的养老金，而这个年龄通常是65岁；宪法也没有赋予领养老金的人群特殊的权利，让他们依靠纳税人来获得高于基本养老金之外的收入。国家可以重新定义自己的职责，并限制未来的支出；国家可以防患于未然，及早进行改革，或者等到不得不如此的时候再来进行调整。不管是在什么时机进行改革，都必须制定新的契约来限制养老金和医疗保障对纳税人的贪婪索求。

过去，通常只有年轻的发展中国家才会在发生主权债务危机的时候被迫进行改革，而最近欧元区的一些老牌发达国家也被迫进行类似的改革了。这说明，走投无路的时候，改革还是能够进行的。希腊的改革就证明了养老金体系中紧缩的空间有多大，而且它也确实做到了。经济发展与合作组织的预测表明，希腊的养老金负担将会从2010年已经很高的占GDP的11.6%增长到2050年的24%。而2010年针对希腊的救市计划中对此进行了紧急外科手术，这可以消除大部分增加的支出，把增幅控制在2.5%左右。

希腊养老系统的过度膨胀是个极端的特例。许多其他国家从很早以前就开始采取措施来减少这种“现收现付”养老金体系（也就是说今天的纳税人支付今天的养老金）的未来支出了。第一波改革就是把养老金金额同物价挂钩而不是同工资挂钩，因为物价的增长较慢。第二波改革就是将养老金金额同退休时的平均寿命挂钩，随着平均寿命越来越高，养老金支付的水平随之下降（商业年金一直是这样做的）。

一般的改革措施就是在老龄化推高养老金人口同劳动人口比例的情况下，降低救济金水平从而抑制养老支出的上涨。2050 年的国家将致力于通过最少的救济金来防止老年贫困。收入较高的人群要更多依靠个人储蓄来养老。澳大利亚已经在这条道路上走了很远了。领取靠税收来支付的养老金是要经历“富裕水平测试”的，差不多收入最高的 20% 的人口是不能领养老金的，而国家会强制个人购买养老保险。在其他国家，比如德国，税收激励政策被用来鼓励人们主动储蓄来弥补越来越吝啬的“现收现付”体系。

第三波改革现在刚刚开始，如今效果还不明显。为了降低养老金人口同工作人口比例增长的速度，工作年限被延长了。但是要延长工作年限还需要双方的共同改变，雇主和经理人必须放下一直以来的年龄歧视，而雇员必须提高技能。政府正在提高国家养老金领取年龄，不但发出了鼓励人们继续工作的社会信号，而且为此提供了金融上的刺激。比如，英国正在计划于 2018 年将女性领取养老金的年龄从 2010 年的 60 岁提高到 65 岁，也就是目前男性的退休年龄。而在 2020 年，男女退休年龄都将会提高到 66 岁，并在 2028 年再提高到 67 岁。另外一种更进一步的政策则是将领取退休金的年龄同平均寿命挂钩，丹麦就计划在 21 世纪 20 年代将退休年龄提高到 65~67 岁之后再来采取这种政策。

这些措施实施之后，婴儿潮一代得到的退休金要比他们的父母少得多了，这能够缓和人口庞大的一代人集体退休所带来的一次性养老负担暴增的压力。退休推迟，人们退休后生活的年限不再不断增长。总的来说，改革还不够深入，但是正朝着正确的方向前进。

医生，你能少赚一点儿吗？

然而，即便2050年各国政府能够控制住养老金支出，随着老龄化问题加剧，控制医疗保健支出的任务则显得更加困难。年龄超过65岁的老人的医疗保健支出一般是年轻成年人的3~4倍；在英国，国家医疗服务体系为一名85岁以上老人支付的金额是为一名16~44岁的年轻人支付金额的6倍。随着人口中老年人的比例增加，似乎支出是注定要激增的。人们总是做出这样的预测，这都已经成为常识了，但是这样一个悲观预言的演绎推理基础却非常值得商榷。

给老年人治病之所以花费如此之高并非因为他们老了，而是因为他们快死了。更细致地考察人一生的医疗费用状况，我们就能够发现，临死之前的一年左右花费的医疗费用是最多的，无论这个人的年龄是大还是小。事实上，同样是生命垂危的病人，老年人花的钱还要比年轻人和中年人要少。随着人的寿命越来越长，这种临终消费模式反而被弱化了。

医疗费用花费的特点说明，2050年病人们并不会让政府瘫痪。当婴儿潮一代逐渐离开人世，未来二三十年里，医疗支出肯定是要增加的。但是，从理论上来讲，随着婴儿潮一代被数量少得多的一代养老人群所取代，这部分费用又会降下来。

实际上，老龄化问题对医疗费用的推高作用要比前面提到的临终消费模式要大，因为婴儿潮一代要比他们的父母更苛求更好的医疗服务。但是，这个压力只是推高医疗费用的众多因素之一。到21世纪中叶，各国政府必须要解决在21世纪初让各国政府苦恼的问题：即使抛开人口老龄化问题不谈，技术进步和低效率的医疗市场也在坚持不懈地推高医疗卫生支出。

解决问题的一个办法就是，通过共同支付计划来让个人承担更多医疗费用。在进行这项改革的时候必须精心设计，要设法免除穷人和慢性病患者的负担。但是，当务之急是要提供更多的医疗服务选择，并加强医疗行业的竞争。国际货币基金组织的一项调查发现，要阻止医疗费用的过快增长，最有效的办法就是强化该领域的市场机制。

荷兰为我们树立了在主要由公共资金来支付医疗费用的框架下推行这种政策的范例。该国从 2006 年起开始推行这场颇具创新性的改革，建立起了医疗卫生领域内“受控竞争”的基本框架。

假如不施以任何形式的约束，医疗保险经营者当然会选择年轻和健康的保户并把老年人和慢性病患者拒之门外。荷兰人解决这个问题的办法就是要求保险公司接受一切投保人，无论投保人是年老还是年轻，男性还是女性，健康状况如何，不过政府对保险公司的拨款则会根据保险公司风险的大小进行调整。由保险公司出面同医院以及初级护理从业人员来讨价还价。病人可以更换投保公司，并且在需要医疗服务的时候自主选择医疗服务提供方。政府依然要为医疗服务的质量负责，还要确保享受医疗服务的花费是大家可以负担得起的。每个人都要支付等额的保险金来购买基本的医疗保险，而政府会为儿童和需要帮助的贫困人口埋单。

模仿就是最真诚的奉承。一个非常具有说服力的情况就是，手头非常紧的爱尔兰为了实现其医疗系统的现代化，正寻求在国内建立“非常有效的荷兰模式”（这是在 2011 年大选中组阁主要党派爱尔兰统一党的说法）。

当医疗保健需要承担市场压力的时候，它就可以充分发挥信息技术赋予它的巨大效率优势。比起其他行业，卫生部门在信息技术的运用方面远远落在了后面。一项又一项的研究都得出结论，卫生行业存在极大浪费并且效率低下，其中一项研究是由美国联邦医疗保险机构做的。因此，即使没有更多资源，卫生保健质量改进的空间也非常巨大。巴拉克·奥巴马的白宫行政管理与预算办公室前主任彼得·奥萨格认为：技术创新能够为美国的养老计划节省大笔资金。

更聪明也更健康

无论是在养老领域还是医疗保障领域，这些改革都有助于建立一种新型的公私合作伙伴关系，但是这种合作关系是建立在国家与公民之间的，而不是国家同企业之间。这两种合作关系的基本理念大相径庭。通常公私合作伙伴关系是指让私营企业负担公共事业领域某些投资，比如新建医院或者道路的首期费用，而后再用几十年的税收来偿还这笔债务，这样做其实破坏了本来健康的公共财政体系。而私人和国家共同承担养老和医疗负担的模式却旨在限制政府在这些方面的过度支出。

因此，发达国家的政府其实可以通过订立新的契约为公共支出设置上限，这样就可以为自己和自己服务的人节省金钱。而发展中国家则可以通过跨越式地采取这些措施，在一定程度上缓解在变富之前先变老的担忧。比如说，在养老金领域，一旦“现收现付”方式推行一段时间之后，再变成靠个人承担的方式就非常困难，主要的问题就是过去只用来给付养老金的工资收入现在还要分一部分到工人的储蓄账户中，这就造成了“双重负担”的问题。但是发展中国家，尤其是拉美国家，采取这些措施的阻力就小得多。

作为国家同公民之间新伙伴关系的一部分，国家本身也需要改变一下。首先，不能再给政府雇员支付过高的工资了。政府雇员的不合理收入常常并非通过高工资而是通过丰厚的退休金来实现的。政府机构没有理由将高退休金作为其雇员待遇的一部分，但是必须进行恰当的计算以理清确切需要精简的费用。

提高效率至关重要。在工业领域，技术进步以及规模化经营能够不断提高生产力，与之相比，一直以来，人力密集型的服务行业，特别是公共事业部门效率提高的空间似乎非常有限。这种现象被经济学家鲍莫尔发现并以他的名字命名为“鲍莫尔成本病”。因为公共事业部门的薪酬随着整个经济体系薪酬水平的提高而提高，因此单位劳动力成本会随之提高。鲍莫尔和威廉·鲍恩指出，现在要演奏一支莫扎特的弦乐五重奏仍然需要五位音乐家，花费的时间也同18世纪末时相同，但是这些音乐家的收入水平却早已水涨船高。

不过威廉·鲍莫尔的研究是在20世纪60年代进行的，从那以后，很多情况都发生了改变。斯坦福大学的经济学家维克多·福克斯指出，古典音乐家的生产力水平因为音频录制技术的出现而被大大提高了，现在世界上有数百万人可以欣赏到他们的演出。而在公共事业部门，信息技术的进步也蕴藏着巨大的力量，有希望提高公共事业管理的效率，从税收账户管理到养老金支付，都有可能提高效率。引入私人服务提供商的刺激措施也会起到积极作用，比如，促使人们采取按照劳动成果支付报酬的做法。如果有人能够让领取救济的人重新回去工作，或者减少罪犯的犯罪率，我们就付钱给签约承担并完成这些任务的人。

除了提高自身效率之外，未来的国家还要促进经济增长以增加收入。一个方式就是变过去那种打击人积极性的对公职征税的赋税征收办法为绿色税收，主要靠财产税和广泛的消费税来获取财政收入。另外一个方式就是减少规则成本。无论是在金融领域还是食品生产领域，规定都是必不可少的。但是，规则本身就是一种隐性的税收，增加了企业成本，因此要不断对规则进行筛选，留下必要的，剔除多余的。

2050 年国家投资的主要方向是私营企业提供不足但又能够促进发展的事业。毋庸置疑，政府要支持纯理论科学研究，也要支持应用型科学研究与开发。政府还应该投资私人风险基金以支持高科技创业企业。

随着老龄化越来越严重，将会出现一种更愿意为老人花钱而不是为年轻人花钱的政治倾向，但是，聪明的政府会反其道而行，因为这才是让每个人都得益的做法。毕竟，只有拥有了更多高技能的劳动力人口才能促进发展。人力资源的基础是教育，国家应该负担基础教育的费用，分担大学生的教育费用，并帮助贫穷的成年人学习新的技能。

就像是一位出色的将军，未来聪明的政府将能够更好地应对突发的预算危机。2008 年金融危机的一大教训就是，国家需要保有战略金融储备，保持低债务水平，这样才能够应付政府借款激增的情况。未来需要公共资金投入的情况有很多，比如气候变化而引起的极端天气事件造成的灾害等。财政规定并不足以确保公共金融的谨慎管理。更好的方式就是建立独立的官方监督机构，比如 2007 年建立的瑞典财政政策委员会，还有 2010 年英国建立的预算责任办公室。

2050 年的国家形态将会由之前几十年里的政治形态来决定。悲观的看法认为，老年选民会利用自己越来越大的影响力来为自己谋福利。如果真的如此，那么噩梦般的景象就会变成现实。但是，投票并不是完全以自我利益实现为目的的，而老年人常常会关心未来以及他们的子孙后代。只要政治家们能够解释清楚改革为什么必要，2050 年的国家就一定会变得更聪明、更健康。

PART **3** 第三部分

经　济

成长、创新以及市场的形态

10
新兴市场的时代

到 2050 年，大型经济体已经不再是新兴经济体，而新兴经济体规模都不大。

40 年前还不存在所谓的新兴市场。这个现在无人不知的说法直到 1981 年才出现。这是世界银行旗下国际金融公司的官员安东尼·范·阿格塔米尔发明的说法。他希望能给自己管理的第三世界股票基金找一个吸引人的名称，因为“第三世界”这个字眼总是让人想到“薄脆的聚酯纤维、便宜的玩具、肆虐的腐败、苏制拖拉机还有洪水泛滥的稻田”。很难从西方投资者的头脑中抹去这样的思维定式，因为当时他们的视野通常局限在自己国家的范围内。范·阿格塔米尔回忆说，他早前在银行家信托公司工作的时候，老板对他说：“在美国之外就不存在什么市场。”

当然，他的老板说错了，但是错得也还不算太离谱。20 世纪 70 年代，中国经济改革还未兴起。而印度的总理英迪拉·甘地也在几年之前转向了高度社会主义化的做法（将银行收归国有并抑制大型企业）。越南还处于战火之中。而那些被称作“芝加哥男孩[①]”的受到阿诺德·哈勃格尔和米尔顿·弗雷德曼等芝加哥学派经济学家教诲的自由主义技术专家们还没有能够在智利产生影响。当时，智利人刚刚选出了一位新总统，社会主义者萨尔瓦多·阿连德，他认为经济应该由中央来集中计划，而他主要依靠一台老旧的计算机来完成这一任务。

西方投资者对第三世界国家充满疑虑，而第三世界国家同样对他们不放心。20世纪70年代的发展中国家通常将资本主义等同于剥削和依附。发展中国家出口商品的价格一直下跌，外国跨国公司的影响始终阴魂不散，为此它们哀痛不已，认为这些都是殖民主义的余孽。在日内瓦召开的联合国贸易与发展大会上，他们要求建立更符合自身利益的“国际经济新秩序”。

40年后，新的秩序基本成型，但是这个新秩序并非20世纪70年代第三世界国家积极倡议建立的那种秩序。发展中国家同资本主义达成了和解。它们现在开始寻求吸引外国投资，而不是没收它们；它们现在开始用具有竞争优势的产品来吸引西方的消费者，而不再用组织商品卡特尔争取定价权来挤占西方进口商的利润了。它们的政策制定者们不再利用联合国贸易与发展大会来争取它们的利益了，而是将舞台转到了海拔比日内瓦高1200米的瑞士滑雪胜地达沃斯，在那里一年一度的世界经济论坛是资本主义的盛会，吸引来自商界、政界和媒体的各方精英。

在过去40年里，“新兴市场”一词成功进入了英语词汇和世界投资人的投资组合。根据代表国际银行家的国际金融研究所的报告，2011年，这些经济体将会从国外吸引超过1万亿美元的私人投资。2010年，以市

① 自20世纪50年代起，美国中央情报局就资助弗里德曼和芝加哥大学，为拉美培养经济学家，这些学生后来被称为“芝加哥男孩”。——编者注

场兑换率来折算，新兴经济体和发展中国家的国民生产总值占到了全球GDP的三分之一；如果考虑各国国内购买力的差异，就差不多相当于全球GDP的一半。而当年GDP增长中有三分之二是由这些国家与地区贡献的。

蓝天思维

回顾过去的40年会让人头晕眼花，就好像从40层的高楼上往下看一样，这样短暂的时间内却发生了如此多翻天覆地的变化。而向前看40年则会引发另外一种眩晕，那更像是仰头望着头顶的蓝天：视野开阔，无边无际，却也毫无特别之处——因此，我们对于未来的发展毫无头绪。

有些大胆的经济学家试图填补这些空白，并对新兴市场的长期发展进行了预测。1997年，世界银行研究部预测了五大新兴经济体——中国、印度、巴西、俄罗斯和印度尼西亚——的长期发展态势。该研究预测，从1992年到2020年，这五个国家在世界GDP中的份额将会再翻番。事实上，这个份额翻倍花费的时间比预测的还要少10年。

2001年，高盛投资公司的吉姆·奥尼尔认为四大新兴经济体会重塑世界经济秩序。他提出了“金砖四国”的说法，这四国包含了巴西、俄罗斯、印度和中国。印度尼西亚没有能够跻身其中。如果不是亚洲金融风暴的影响，它是不可能落选的。它比印度更富裕、比俄罗斯或者巴西的人口都要多，而且在1997年之前经济增长速度比这三个国家都要快。但是金融危机让印度尼西亚一蹶不振，也给“B（razil）R（ussia）I（ndia）C（hina）”这个缩写省去了一个元音字母“I”。这个说法很快就风靡一时，为这四个国家吸引了更多的投资资金，还促成了新的地缘政治团体的形成，并衍生出了上千种双关语和一个小小的长期 GDP 预测行业。

高盛公司自己的预测是在 2003 年发布的。它宣称，它做的并不是对未来的预测，而是描述这四个国家能够激发的"梦想"。在后来发布的一篇文章中，它宣称，"我们并不自以为是，也认识到这样的预测未必能够成为现实"。

高盛公司的谦虚谨慎是非常明智的。2008 年的时候，现实就已经完全偏离了他们的预测，虽然并不是以高盛研究者们担心的方式。高盛预测，到 2008 年中国的 GDP 能够达到 2.8 万亿美元，而事实上，中国的 GDP 已经达到了 4.3 万亿美元，而俄罗斯的经济规模也比高盛公司 5 年之前预测的要大一倍还多，而巴西的经济规模则是预测的 2.3 倍。

因此，远期的预测通常都不太成功。经济学有很多强项，但是预测 40 年后的发展并非经济学的长项。后来充当巴拉克 · 奥巴马总统首席经济顾问的拉里 · 萨默斯在同其他三位作者合著的作品中提出，一个国家某一个五年的经济发展态势同另外一个五年的经济发展态势相似之处非常少。

虽然这些预测不见得总是很令人信服，但是它们常常会很有趣。即使是猜错了也比完全猜不出要好。即使没有其他作用，这些预测也能够清晰反映复合式增长的力量，而人们通常很难理解这种力量。人们经常认为假如一个东西每年增长 10%，那么 10 年之后，它会增长 100%，而事实上，只要 7 年 3 个月又 10 天，它就能够实现 100% 增长。

这是因为经济增长是呈指数形态进行的。某个经济体膨胀的体积同其本身的体量相关，而这个体量也是它自身生长的结果。于是，这个经济体就会因为增长基数的增加而获益。比如说，以美元折算，中国 2007 年和 2008 年的经济总量都增长了 29%（这一成就是在经济飞速增长和人民币坚挺的合力作用下实现的）。每一年其经济体量都会比上一年增加 29%。2007 年的 29% 相当于给中国的 GDP 增加了 7800 亿美元，而 2008 年，同样的 29% 却让中国的 GDP 增加了近 1 万亿美元。体量越成长，数量的涨幅就越大。物理学家阿尔·巴特利特曾经说过："人类最大的缺点就是我们无法理解指数的作用。"

巴特利特把这称为"本质指数规律"。为了说明这种效果，图 10.1 中描述了高盛公司、卡耐基国际和平基金会、亚洲发展银行还有咨询公

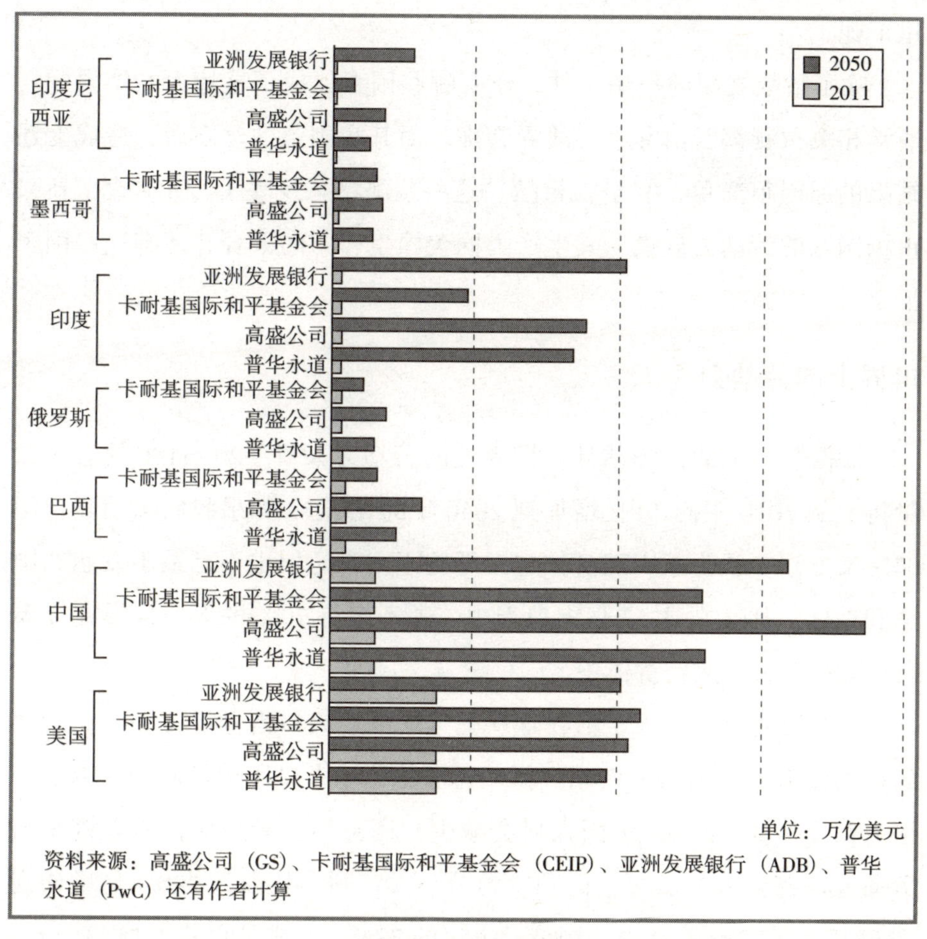

图 10.1 GDP 预测

司普华永道最近做的预测（下一章中我们提供了根据经济学人智库的计算所做出的预测）。

分析结果让人目瞪口呆。根据高盛的预测，到2050年，中国的GDP将会达到70万亿美元，比美国高80%。据此推算，到时候美国将会是现在的G7成员国当中唯一保持七大经济体之一的国家。其他G7成员国不但会被中国超越，还将会被印度、巴西、俄罗斯、印度尼西亚和墨西哥超越。那时候，我们才真是生活在新兴市场占主流的世界里了呢。

除了指数规律的作用之外，还有哪些因素促成了这惊人的结果呢？通常相关预测都云山雾罩、故弄玄虚，而其实剥茧抽丝之后，造成上述结果的原因很简单，甚至很粗陋。这些预测结果反映了三个趋势：新兴市场国家的劳动力规模、其生产力同美国生产力的聚合，还有这些国家汇率水平的提高。

世界上的劳动力

根据联合国的保守估计，世界上的劳动力人口（20~64岁的人）数量将会从2010年的39亿增加到2050年的53亿。如果我们采用联合国的定义方法，认为新兴经济体包括那些不太发达但也不是最不发达的国家和地区，那么在这53亿人口当中，差不多有70%的人口生活在今天所认为的广义新兴经济体中。

有意思的是，今天生活在这些国家的劳动人口占世界劳动人口总数的比例比未来还稍高一点儿。新兴经济体劳动人口比例降低的主因是中国。在今后40年里，中国人口会减少，还会加剧老龄化，所以该国的劳动人口将会减少15%。而印度的劳动人口则会从今天的6.7亿增加到2050年的10.3亿，从占中国劳动人口的77%，变成是它的1.41倍。

另外一个值得注意的现象是最不发达国家的人口增长；这都是些极端贫穷的国家，大多在非洲，现在一般不被包含在新兴经济体当中。现在，这48个国家共有3.8亿劳动人口，而到2050年的时候，其劳动人口数量会是现在的两倍多，达到9.5亿人。而到本世纪中叶，今天最不起眼的经济体，比如坦桑尼亚和埃塞俄比亚，人口数量都将达到1.3亿，比今天的日本人口还要多（参见图10.2）。

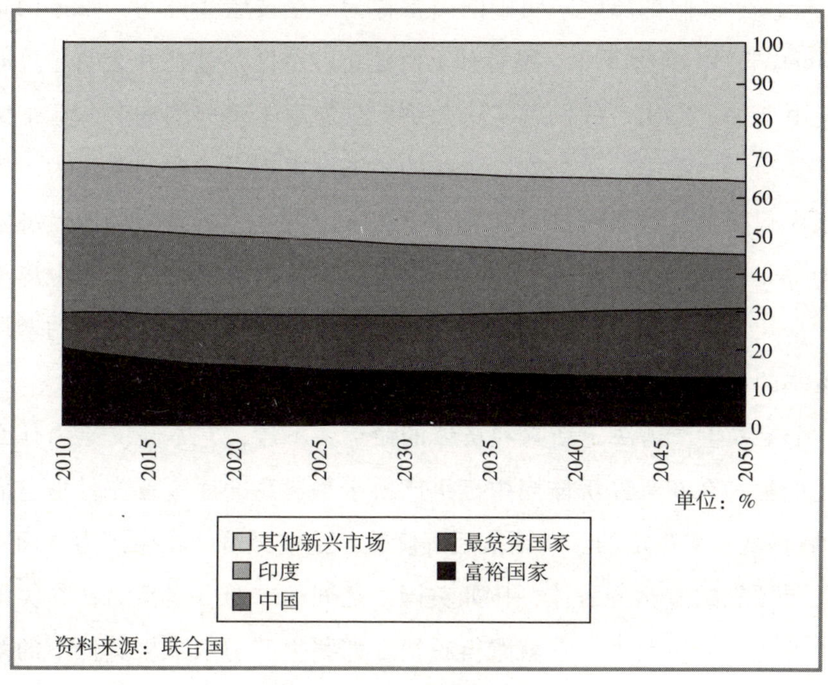

图 10.2 到哪去找劳动力？

晚却不慢

劳动人口数量的增加会促进一些新兴市场的发展。而另外一个促进发展的因素就是更多用以增加物质资本（比如机器和建筑）储备的投资。但是，还是有些发展无法用这两个原因来解释。正如一位经济学家指出的，这些“遗留问题标志着我们的无知”。

人们常常把解释不了的发展归结为技术进步。在任何一个繁荣的经济体当中，公司都会不断推出新产品，采用创新技术和工艺不断重塑自我、改变形象和增大规模。经济发展不光有质变也有量变。经济领域不断扩充，规模也不断扩大；市场的产品品种和容量都在不断增加。经济的生长更像是一片森林的繁衍生息，而不是一棵树的生长。

经济学家们把那些未明确的因素称为“全要素生产力”（total factor productivity），简称 TFP。不管什么时候，一个经济体在并无明显投入的情况下增加了产出，我们就把这归结为全要素生产力的功劳，这个概念有许多严重的缺陷。亚洲发展银行的经济学家杰西·费利佩认为，其实在很大程度上，这些增长只是统计学假象。但是，所有的远期经济发展预测都非常依赖这个概念，包括亚洲发展银行本身所做的预测也离不开它。从长远角度来看，决定新兴经济体命运的不是他们劳动力的增加或者资本的积累，而是全要素生产力的提高。

全要素生产力决定新兴经济体的命运，不过，它本身又是由什么来决定的呢？在新兴经济体当中，生产力水平提高的速度首先是由它们的“落后程度”来决定的。所谓落后程度就是这些经济体在生产力方面同那些遥遥领先的发达经济体，比如美国，之间的差距。越落后，在美国已经走完的发展道路上，它就跑得越快。那些生产力水平极其低下的落后国家有非常广阔的可改进空间，也有很多触手可及的果实挂在枝头等待它们收割。而当它们逐渐掌握了先进的技术，生产力提高就变难了，其发展速度也就随之下降了。

通常，我们认为这个理论是伟大的经济历史学家亚历山大·格申克隆提出的，他解释了德国、俄罗斯还有其他一些欧洲的新兴工业国家如何追赶上了当时领先的经济体英国。后起之秀更愿意采用老牌工业国家不愿意采用的新技术，因为采用新技术就意味着减少老牌工业国现有的资本储备。比如，德国人的高炉很快就超过了英国人当时还在使用的老旧炼钢设备。而俄国人又发明了更新的高炉，超过了德国人。有时候白手起家比推倒一切从头再来要容易。

关于2050年的诸多著名的预测多建立在这个理论基础之上。亚洲发展银行给出了一个假想的例子，假设有一个国家生产力水平只有美国的20%，随着其技术越来越接近先进国家水平，该国的生产力水平的增速会逐渐减缓。假设技术先进国家的生产力提高速度为1.3%（这也是过去一个世纪左右以来美国生产力水平的平均增速），到2104年，这个国家的生产力水平将会达到美国的60%，而要进一步提高，达到美国生产力水平的80%则还需要66年。

最聪明的新兴劳动力

在今后几十年里，新兴市场的劳动力人数会增加，也会变得更聪明。设在奥地利的国际应用系统分析学会发布了对今后40年里120个国家教育发展的预测。萨米尔K. C.及其同事们将人口粗略地分成四个教育类别（大概对应初等教育、中等教育、高等教育和未接受教育四种情况）。根据分类，我们能够计算出平均受教育年限，并以此来衡量劳动力的受教育水平。这个数字本身并不是个完美的指标，因为各国不同地区的教育水平千差万别。但是，他们所做的预测还是有一定参考意义的。

图10.3中列出了2010年和2050年12个重要新兴经济体的劳动力受教育水平。这些国家劳动力的受教育水平都提高了，而且彼此之间的差距也在缩小。据预测，未来40年里，孟加拉、巴基斯坦、

印度还有尼日利亚劳动人口的受教育年限将会增加3.5年或者更多，而在俄罗斯，因为其劳动力群体受教育水平已经很高了，所以在这方面几乎没有取得任何进步。

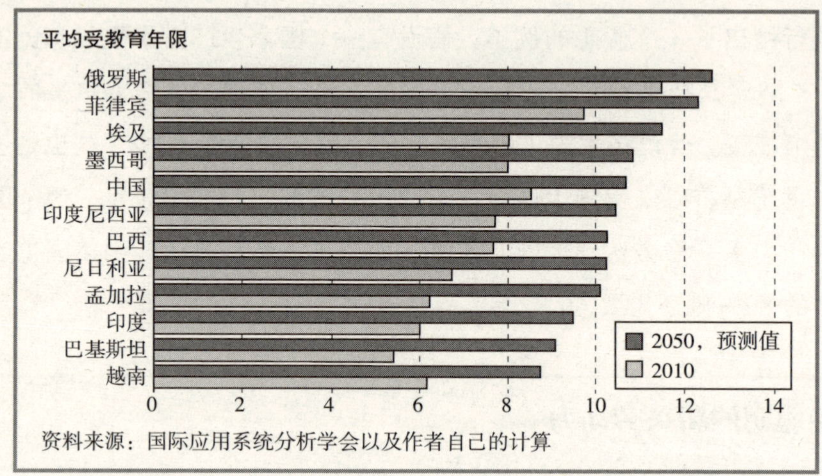

图 10.3　为教育争取更多时间

低教育水平国家向高教育水平国家靠拢的主要原因有二。其一，将适龄儿童入学率从40%提高到50%，远比从80%提高到90%要容易。其二，提高儿童入学率在年轻国家产生的影响要更深远。在这样的国家里，儿童的数量相对于适龄劳动力而言非常庞大。因此教育这些孩子对于改善劳动者群体的整体受教育水平意义重大。

一个国家工业化起步越晚，它工业化的进程就越快。但是，如果落后程度和起步早晚是影响生产力发展的全部因素，那么最后所有的经济体都会追上领先者。而事实上，有些经济体正停滞不前，而还有一些甚至出现了倒退。

因此，所有的未来学家都想要弄明白优越的机构设置和政治形态到底能够对经济发展起到多大的作用。比如，高盛公司就找出了 13 个影响经济发展的收敛速度的变量（从平均寿命到通货膨胀，无所不包）。

在这张影响因素清单当中，引起研究学者们最多关注的是教育。理查德·尼尔森和诺贝尔经济学奖获得者埃德蒙德·菲尔普斯在他们 1966 年合作的一篇论文中指出，在那些劳动人口教育水平较高的国家，提高生产力的知识和技术传播速度更快。比如，在美国，教育水平更高的农民接受创新技术就比受教育水平低的农民快，因为他们能够更好地理解农业杂志、电台、种子公司，甚至是农业部传递的信息。尼尔森和菲尔普斯把这种现象称为“教育加速技术传播过程”。

如果他们的分析是正确的，那么新兴市场国家人们受教育年限的增加会产生深远的影响。我们绘制了图 10.4 来反映教育对中国和印度经济发展的作用（在进行计算的过程中，我们引用了国际应用系统分析学会（IIASA）的杰西·克雷斯波·夸雷斯马所做的额外人力资本对技术传播的作用的合理估算）。作为对照，图 10.4 当中也列出了亚洲发展银行在其 2050 年亚洲发展报告中做出的收敛预测，这个预测认为新兴市场国家经济发展水平追上发达国家的速度没有上面说的那么快。

人民币的崛起

在高盛公司等机构的预测中，新兴经济体有着如此抢眼的 GDP 表现，追赶式发展是部分原因，另一部分的原因则是货币升值。

贫穷国家一般都流通“便宜”的货币。美国的背包客们欣喜地发现，在发展中国家，美元的购买力似乎也增强了。比如说印度，2011 年年中的时候，在外币交易市场上 1 美元能够兑换 44 卢比；但是 44 卢比在印度的购买力相当于在美国 3 美元的购买力。

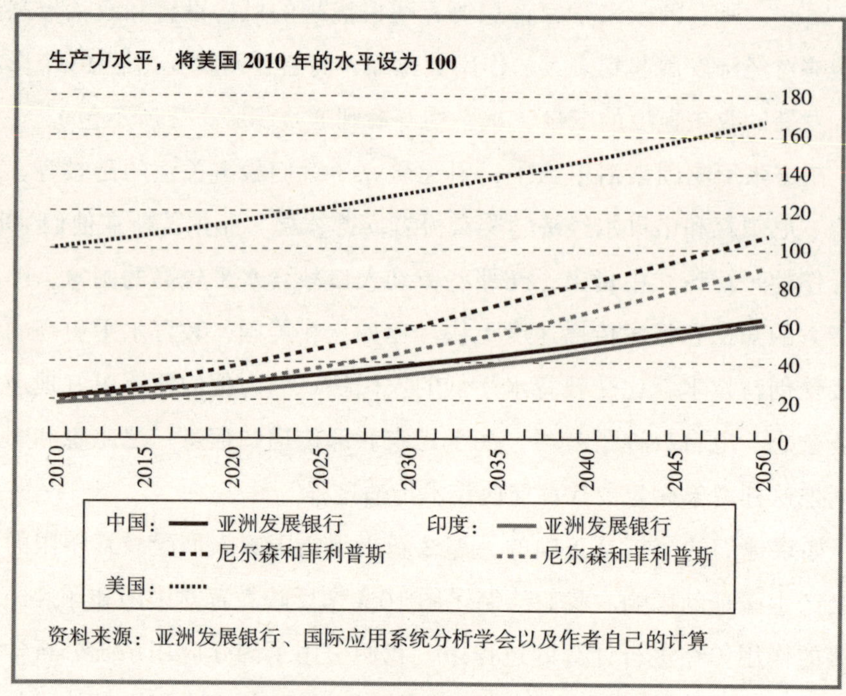

图 10.4 振兴教育，提高生产力水平

这是因为当地出产的商品和提供的服务，比如餐馆就餐或者理发，要比发达国家同类商品或者服务便宜得多。随着国家越来越富裕，这种差距就越来越小了，甚至会出现逆转。20 世纪 60 年代到欧洲或者日本游历的美国人会惊叹那里的东西有多便宜，而现在他们再也没有这种感觉了。

根据高盛的预测模型，假如新兴市场每个工人的生产率增速比美国工人快 1%，那么其货币对美元的真正汇率就会上升 0.5%。这种升值的表现形式有很多种，要么新兴市场国家货币升值，要么其国内价格相对美国市场价格上涨，或者两种变化都发生。金砖四国的 GDP，除了巴西以外，受这种升值的影响都很大。图 10.5 显示出金砖四国的成长在多大程度上是靠 GDP 的真正增长，在多大程度上是因为其货币对美元的真正汇率发生了改变。

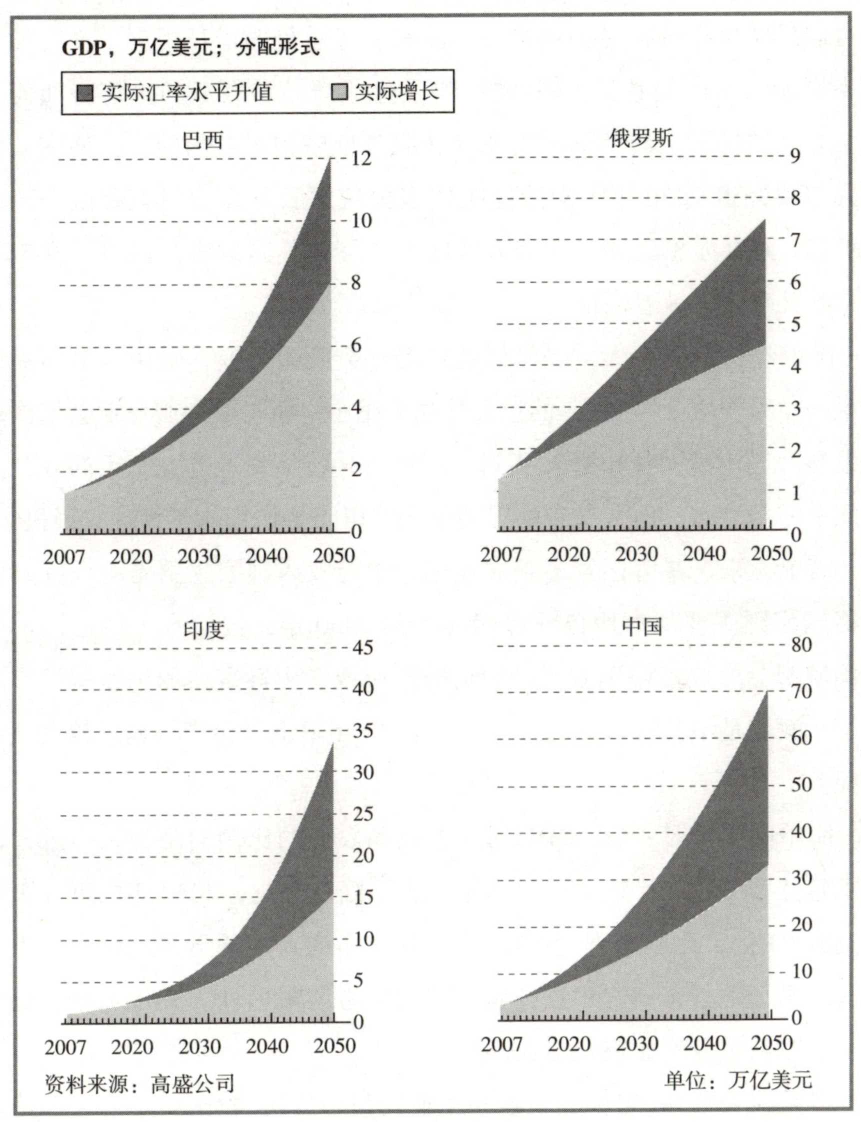

图 10.5　汇率与 GDP

没有汇率升值，金砖四国未来的 GDP 就远没有表面上那么惊人了。

这是否说明其实在一定程度上金砖国家梦是货币规律造成的错觉呢？对于某些目标而言，去掉汇率升值影响的估值较低的GDP数据反而更有用。它可以反映出在各个经济体当中商品和服务总量的增长情况。而附加了汇率影响因素的高数值GDP则反映了这些商品和服务的价值将如何变化。它反映出了金砖四国国内商品和服务价格相对美国的巨大转变。如果你想要知道2050年中国能够提供多少理发服务和餐馆就餐服务，就看低值；如果你想要知道中国人的收入能够在美国理多少次发，在美国餐馆吃几餐饭，就看高值。

随着经济规模变大，经济体的形态也会发生改变，经历经济学家们所说的“结构改变”。农业的重要性越来越小，而工业和服务业会依次得到发展。经济活动从田野转移到工厂然后再转移到了方方正正的办公隔断间和零售商店。而劳动者的工种也从在田间劳作变成了管理收银机。

简单说来，贫穷国家多是农业国，中等收入国家主要是工业国，而富裕国家则主要从事服务业。然而，到2050年，按照今天的标准，许多国家都会变成富裕国家了，而贫穷国家或者中等富裕的国家就没有多少了。我们是不是可以由此推断，今后40年里世界会变得越来越去工业化呢？

简单的答案是：是。GDP当中工业和农业的比例会降低，不过，这并不意味着工农业生产的绝对水平也会下降。毕竟，2050年的世界人口将达到93亿，比起今天的70亿人，这么多的人需要更多的食物和工业产品。举个例子来讲，根据高盛公司的预测，2050年，印度道路上行驶的小汽车的数量将比现在多38倍。

但是在今后40年里，农业和工业产量占GDP的比例还是会延续过去40年里的趋势继续下降。随着人们的生活越来越富裕，他们花费在食物和工业产品上的钱占总收入的比例也越来越小了，而大部分的收入都被用在购买服务上了。部分的原因是，相对服务产品，工业产品的价格越来越便宜了；而这恐怕是因为提高工业生产率要比提高服务生产率更容易。

然而，即便价格相对稳定，随着收入的提高，人们也会花更多的钱到服务业上。这是个非常符合常规的模式，也很符合自然法则，其根源可能就在1943年心理学家亚伯拉罕·马斯洛所提出的“需要层次理论”上。一旦我们吃饱喝足，居有其所，就会设法去满足更高层次的需求了，比如娱乐和文化需求（见图10.6）。许多这类需求也可以依靠物品来满足，

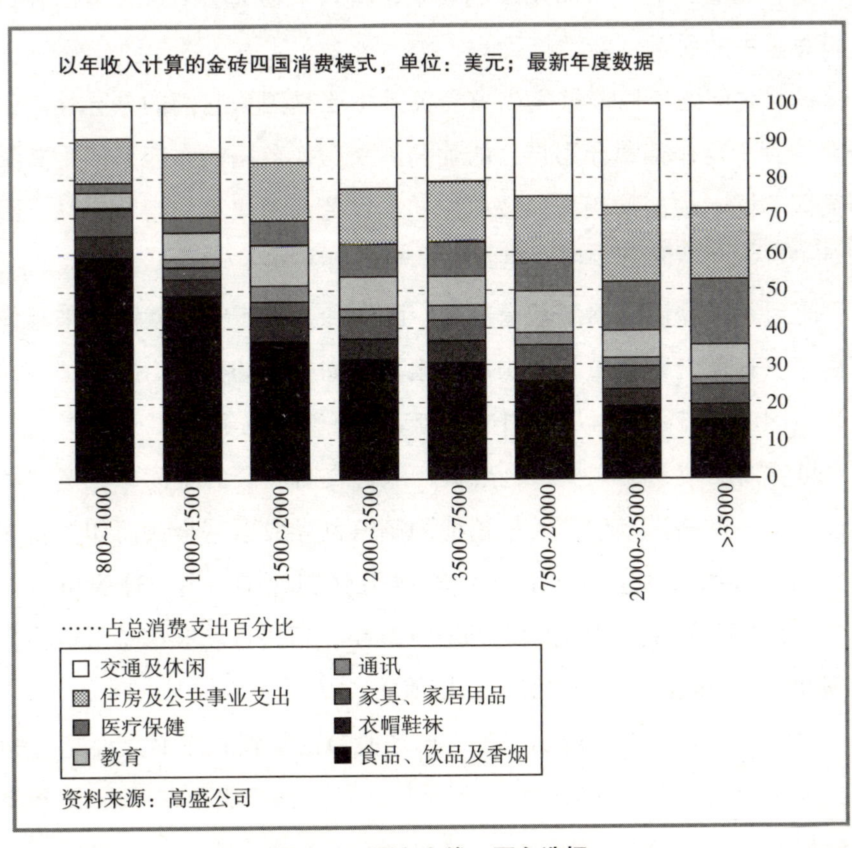

图 10.6 更多金钱，更多选择

而最终我们会拥有足够的物质并转而寻求其他形式的满足。因为我们能够为别人提供的服务是无穷无尽的，而人类知识的积累也是无穷无尽的，因此服务业的发展也是没有尽头的。随着经济体越来越富裕和高级，它们的主要精力就会放到提供服务而不是制造东西上。

已经兴起的市场

新兴市场的工业化历程基本上同其全球化的过程同步。它们生产的商品征服了海外市场，在国际贸易中所占的份额也越来越大。而未来几十年里，随着其经济不断发展和繁荣，新兴市场会努力确保自己在世界出口总量中的份额不断增长。

各国之间之所以能够发生贸易关系主要是因为它们的差异性。一个经典的例子是，葡萄牙用自己的葡萄酒来交换英国的布匹是因为其气候同英国不同。中国购买高科技原件并出售劳动密集型的组装产品，因为相对于资本和技术，它拥有更多心灵手巧的工人。

而当新兴经济体逐渐赶上美国、欧洲和日本，它们就会越来越像这些国家。这就会弱化贸易的推动因素。假如中国的劳动力跟美国一样匮乏，美国就没有必要再从中国进口劳动密集型产品了。

尽管商品贸易会减少，金融资产双边交易增长的空间却很宽广。30年前，范·阿格塔米尔开始推销他的第三世界股票基金，而如今新兴市场的股票市场市值也达到了差不多14万亿美元了，占全球股市市值的31%。而根据高盛公司的预测，到2030年，新兴市场股市总市值将会增加到80万亿美元，占全球股市总市值的55%。

这样的预测要变为现实，新兴市场股市的年增长率必须要超过9%，这是成熟市场年增长率的两倍，但是比起新兴市场股市在过去20年里让人屏息的16%的年增长率，这个速度简直是小巫见大巫。

不过，这并不意味着今天拥有新兴市场股票的人都能够拿到 9% 的投资年回报率。在今后 20 年新兴市场股票市场增加的 66 万亿美元市值中，有 40% 是因为新股发行及其后续升值而产生的。现存的新兴市场股票年增值水平大概在 7%。

如今，发达国家资产经理人购入的股票中只有 6% 是新兴市场的股票。根据高盛的预测，今后 20 年里，机构投资者将会增加 4 万亿美元的新兴市场股票，而这类股票在其总持股中的份额将会提升到 18%。

当然，资本的移动是双向的。因为新兴国家储蓄了许多资金，现在它们已经是资本净支出一方了，它们在世界其他地方的投资已经比世界对它们的投资额要高了。中国是过量储蓄的最大贡献者：从 2006 年到 2010 年，它的储蓄金额高得惊人，现金账户余额超过世界其他地方 1.7 万亿美元。

中国人的高储蓄现象一定程度上是由人口结构造成的。中国目前的劳动人口比需要供养的人（老人和孩子）多许多，因此它有储蓄的条件。而其人口结构也给了它热衷储蓄的理由。因为，其人口老龄化的步伐非常之快，为应对将来劳动人口大量退休而储蓄足够的钱是很有必要的。

随着中国人口结构越来越老化，它的储蓄能力也会下降。在这样的劣势之下，中国将会停止增加对外投资，甚至可能会减少对外投资。现在，中国每个超过 65 岁的人都有 7.9 个工作人口（20~64 岁）来供养，而到 2050 年，就只剩下 2.2 个人了。没有哪个国家曾经承受过如此沉重的抚养比，即使是在今天全世界老龄化最严重的日本，每个退休的人也有 2.6 个工作人口来供养。

中国的劳动力会越来越稀缺。未来的中国劳动人口会更加感谢他们的父母和祖父母今天所做的储蓄。将来，有了这些储蓄，中国既可以在国内积累额外的物质资本，又可以拥有惊人的海外资产储备。额外的资本能够提高未来劳动力的生产率，而海外资产则可以帮助它进口商品和服务，解放一些如今必须通过劳动赚取外汇的劳动力。这可以让中国越来越匮乏的劳动力集中精力来做那些只能在中国做的事情，比如说照顾老奶奶。

在今后 40 年里，今天刚刚起步的那些经济体会变得繁荣、老迈并渐渐慢下脚步。即使像孟加拉国那样极端贫穷的国家未来也有望达到今天哥伦比亚的生活水平（见表 10.1）。而其他一些国家的人均收入将能够达到今天海湾地区国家的水平。除了尼日利亚之外，所有新兴市场国家都会变成中年国家，其人口的平均年龄和受教育水平要比今天许多欧洲国家要高（前提是受教育时间的增加和教育质量的提高是对等的）。

表 10.1　未来国家和地区同现在国家和地区的情况对比

	2050 年人均 GDP（美元）	最接近今天的	2050 年中位数年龄	最接近今天的	2050 年的平均受教育年限[a]	最接近今天的
孟加拉国	6749	哥伦比亚	41.3	希腊	10.1	智利
巴西	49051	美国	44.9	日本	10.3	塞浦路斯
中国	57158	瑞典	48.7	日本	10.7	荷兰
埃及	17178	斯洛伐克	36.9	美国	11.5	俄罗斯
印度	21399	中国台湾地区	37.2	格鲁吉亚	9.5	巴林
印度尼西亚	24107	巴林	41.6	保加利亚	10.4	英国
墨西哥	48820	美国	41.8	奥地利	10.8	中国香港
尼日利亚	9864	委内瑞拉	23.1	巴拉圭	10.3	塞浦路斯
巴基斯坦	7327	苏里南	34.7	爱尔兰	9.1	克罗地亚
菲律宾	21549	阿曼	32.5	毛里求斯	12.3	加拿大
俄罗斯	73022	瑞士	43.1	意大利	12.6	日本
越南	21808	沙特阿拉伯	45.8	日本	8.8	哥伦比亚
美国	98086	挪威	40.0	西班牙	12.2	加拿大

注：a. 指劳动人口的受教育年限

资料来源：高盛公司；国际货币基金组织；联合国；作者根据 IIASA 所做的计算

而且，只剩下尼日利亚的经济增长速度能够超过每年 6%，中国的经济增速也就能达到 2.5% 的样子。

20 年前，经济史学家理查德 · 伊斯特林问道："为什么不能全世界都变成发达国家呢？" 如今，成就工业资本主义的所有基本技术都已经具备，而且全球有足够的资本供人们来利用。在资本稀缺的地方，回报都很丰厚，而回报丰厚的地方，资本就会蜂拥而至。如果贫穷国家可以借到资本并复制发展所需的各种创意，为什么他们不能展开自己的工业化革命呢？

即使是到 2050 年，也不可能让全世界都变成发达国家。毫无疑问，有些国家还将继续深陷贫穷和停滞不前的泥潭。通常原因有二，要么是无法摆脱恶劣的地理环境，要么是摆脱恶劣的政治制度极其困难。而另外一些国家则会以让今天新兴市场投资者兴奋的速度开始发展。但是，下一波工业化的浪潮难成气候，不太可能掀起一股划时代的浪潮。到 2050 年的时候，今天最贫穷的国家里的几个大国，比如刚果民主共和国、埃塞俄比亚和坦桑尼亚，人口数量将会变得比较可观，差不多相当于 2011 年的俄罗斯。然而，即便其中一两个国家的经济真的实现了腾飞，也不会激起像巴西、印度或者中国现在激起的浪花了。

因此，到 2050 年的时候，最大的经济体不再是新兴的经济体，而新兴的经济体也不会规模太大。40 年前，新兴市场并不存在。而 40 年后，可能它们又将从我们的视野中消失了。

11
全球化、成长和亚洲世纪

任何针对全球化的反扑都无法在未来几十年里逆转全球化的趋势。而全球化进程和亚洲重新崛起并成为世界经济的主导力量的过程会同步发生。

“全球化”是全球范围内市场融合的简单概括。全球化的推动力有二，其一是降低运输和通讯成本的技术上的改变，其二是鼓励贸易及投资自由化、让人口移动更容易的政策环境。简单来说，全球化即是市场超越边境的延伸。但是，全球化并不是一个单纯的经济过程，它还反映出了国与国之间的边界和地理距离概念的淡化。不但人员、商品、资本和技术的流动放松了限制，思想、文化和价值观的传播也越来越不受限制了。

粗略勾勒全球化的发展进程，我们会得到一条像过山车轨道的曲线。全球化进程在 20 世纪初到达了极致，然后骤然下降并蛰伏相当长一段时间，然后又持续向上攀登了几十年直至新千年到来之际。近些年，其发展又有停滞不前的迹象，让大家对于未来的发展惶恐不安。在很大程度上，从现在开始到 2050 年，全球经济形态的变化趋势取决于全球化进程是继续发展还是持续低迷。

全球化的过山车之旅

第二次世界大战以来，经济全球化是影响力最强大的发展趋势之一。不过，过去60年里国际融合的迅速发展并非史无前例。从1870年到1914年，国际商品和服务贸易也和今天一样自由。早在1900年，铁路、蒸汽船、电报还有冷藏技术都已经出现，它们是运输和通讯领域推动全球化进程的突破性发展。国际借贷也高度发展，而且基本不受官方限制。人员的流动性，包括跨国移民所受的限制比号称全球化“黄金时代”的今天要更少。1920年，约翰·梅纳德·凯恩斯在回顾那个时代的时候，曾经做出下面这段著名的评价：

在1914年8月戛然而止的这段历程是人类发展史上多么不同寻常的一段啊！住在伦敦的客户可以一边啜饮着手中的早茶，一边通过电话订购来自全球的产品……与此同时，他还能够以同样的方式将自己的财富投资于自然资源以及世界任何一个角落的新事业，试试自己的运气。

战争毁掉了这一切。全球市场被破坏，技术进步的脚步停滞，而消费疲软也打消了人们创新的积极性。1914年世界大战爆发一直到1945年第二次世界大战结束之前的这些年里，经济全球化全面溃退。这段动荡和倒退的岁月带来了两次世界大战、德国的极度通货膨胀、大萧条和金本位制的终结。1945年的经济体系比起1914年的经济体系要更加支离破碎。1945年的世界贸易规模比1913年要低40%多。

1945年之后，全球化复兴的脚步稳健而缓慢。一个最原始的衡量标准就是外国资产占全球GDP的比重。在全球化受阻的时候，这个比重曾经从1914年的17%下降到了“二战”后期的5%，直至1980年才重新达到了1914年的水平，而全球商品出口占GDP的比例直到1970年才恢复到1913年的水平。

1990年之后，与GDP增速相比，贸易增长才显著加快。从20世纪90年代初以来，国际进出口总量增长了3倍，比GDP增速要快得多。促成这种趋势的因素有很多：亚洲的高速工业化；贸易的自由化（特别是2001年中国加入世界贸易组织）；还有新兴市场之间的贸易增长（“南南贸易”）。所有这些因素都促使发展中国家的出口规模达到了20年前的5倍（尽管刚起步的时候增速并不快），而过去10年的增速尤其快。

全球化的复兴在20世纪90年代达到了高潮：诸多国家的自由度增加，生产率大幅改进，而技术革命也正蓄势待发。对于这个全新的勇敢的全球化世界和它看似拥有无限可能的前景，人们大唱赞歌。评论家们大肆宣扬，说距离和地理边界已经不再有意义了，国家还有地理概念也已经不再具备经济意义了。他们宣布，全球化的趋势锐不可当。

而那样烈火烹油般的风光却是昙花一现。20世纪90年代末互联网泡沫的破裂，2001年9月11日发生的针对美国的恐怖袭击，还有2008~2009年的金融危机，为全球化设定了一个完全不同的基调。今天人们对于全球化的评估冷静多了。

全面受限

事实上，如今的全球化并不像许多人想象的那样彻底。西班牙巴塞罗那IESE商学院的教授潘卡吉·盖马沃特在其作品《3.0版世界》一书中指出，充其量我们现在不过是生活在一个“半全球化”的时代。他指出，许多全球集成程度指标低得惊人。外国直接投资占所有固定投资的比例不足10%，而全世界只有2%的学生在祖国之外的地方学习，只有3%的人生活在出生国以外的国家。同一个世纪之前的移民水平相比，今天的移民水平黯然失色。1910 年每 1000 名美国人当中就有 10.4 个移民，而 1970 年只有 1.7 个，1990 年只有 2.6 个。1910 年出生在外国的美国人占总人口的 15%，而 1970 年这一比例只有 4.7%，到 1990 年也只有 7.9%。

在 2008~2009 年的金融危机中，这种过去几十年里实现的"半全球化"也遭遇了倒退，因为国际贸易和资本流动速度都放缓了，这场打击是世界性的。而且，因为国际供应链如今已经变得更复杂，集成度更高，这种破坏作用还被放大了。

2009 年的全球贸易额暴跌。全世界进出口贸易额以美元折算减少了 22%，是"二战"以来最大的年跌幅。与前一年同期相比，2008 年 12 月航空运量降低了 23%（"9·11"恐怖袭击之后，航空运量也不过减少了 14%）。2008 年近四分之一的欧洲和北美公司缩短了其供应链。现在一卡车货物穿过加拿大和美国之间的边界所需要的时间比 2001 年 9 月 11 日之前长 3 倍。

在危机之前，批评全球化的声浪就已经很高涨了。一些反对全球化的人一直强调所谓全球化对发展中国家的伤害，而另外一些人则担心环境问题、国家主权完整和劳动力剥削的问题。同时，新兴市场的崛起也开始让西方世界越来越不安了——一些来自新兴市场的竞争对手收购了西方一些公司，西方世界就业压力增大，薪酬压力也很大。经济大衰退的后遗症也打击了西方世界的信心，拉大了大多数西方经济体同领先新兴市场之间经济增长速度的差距。

面临经济增速趋缓，失业率升高的局面，许多国家转而采取了各种各样的贸易保护主义措施。有些专门记录这一情况的人说，这样的措施有数百条。但是，这些措施还没有严重到威胁全球贸易的程度，实际上，2010 年，全球贸易恢复了 14%。这个趋势却表明，那些让世界市场在低迷时期保持开放，并防止贸易保护主义阻碍全球增长的原则正在遭到破坏。

从现在到2050年的全球化发展和经济增长

那么，全球化将何去何从呢？促成全球化的众多因素目前还很强大。企业要依赖国际化的供应链来保持竞争力，依靠开发海外市场来增加收入。比起以往任何时候，今天的国家相互依存度都更高。鼓吹促进出口的院外活动势力正在施加更大的影响力，一系列的全球贸易协议为贸易关系的稳定提供了法律保障。许多新兴市场实行自由化的时间还不长，也还将继续进行改革，尽管改革的步伐并不如以前人们预期的那样快。

然而，全球化也面临着相当大的风险。正如我们看到的，许多过去的发展趋势现在都遭到了逆转，而新的贸易和资本流动壁垒有愈演愈烈的趋向。鉴于世界贸易组织多哈回合贸易谈判举步维艰的情况，商品和服务多边贸易自由化的进程很长一段时间内都难以取得进展。资本不受限制的日子一去不复返了，金融机构的规章制度越来越严格，越来越多的国家都通过实施管控措施来抑制过多投机资金进入本国市场。欧盟是如今硕果仅存的跨国界联合体，然而即使是在欧盟内部也存在离心力作用，也有人质疑欧洲单一货币存在的必要性。而一旦欧元区解体，欧盟以及其统一市场也会陷入极大的危机之中。

因此，即便世界各国没有放弃开放政策，在今后的几十年里，全球商业活动也会比20世纪的最后几十年更加审慎。各国可能制定更严厉的规则，还有可能出现“隐形保护主义”——行业补贴，要求银行只贷款给本地公司，或者借环境保护之名行歧视外国商品和服务之实的做法等。自从2009年的暂时萎缩之后，商品和服务进出口占全球GDP的比例正在逐渐恢复。但是，现在这一比例基本停滞在了三分之一左右，而且，估计在很长一段时间内会保持这个比例。

尽管存在各种担忧和危险，贸易流还是会继续增长，特别是在新兴市场，但是同过去几十年相比，增速较慢。开放贸易的许多好处都已经实现，现在许多高速增长的经济体都将重点放在了拉动内需上。增长最快的国际贸易大多有新兴市场参与。21世纪的第一个10年里，成熟经济体之间的贸易额年增长率是4.6%，成熟经济体同新兴经济体之间的贸易额年增率是10.8%，而新兴市场之间的贸易额年增长率为17.6%。而且，2010年，发达国家之间的贸易额已经小于新兴市场国家之间的贸易额了。而引发这种新的贸易模式的主要刺激源来自中国，在2009年超过德国之后，中国已经成为世界第一大出口国了。

鉴于这些趋势，我们认为“受到制约的全球化”将会是未来几十年最可能出现的情况。也就是说，既不会出现自由主义的繁荣复兴，也不会出现彻底背离自由主义的态势，各方会小心翼翼地维持着现状。那么，2050年的世界经济会呈现何种态势呢？当然，远期预测只是对未来发展方向的一种非常粗略的指引。但是，这些数字可以让我们对未来的变化以及这些变化的程度有一个清晰的认识。

三种预期和一条基准线

经济学人智库对全球化的预测是“受到制约的全球化”，也就是说，这个世界的开放程度远没有它一度有希望达到的那样高。鉴于全球化的部分逆转（也称“全球化溃退”）或者放松（也称为“全球化沉没”），更悲观的前景也是有可能出现的。经济学人智库通过尝试为各种促进全球化发展的因素（比如贸易集成度以及规则、机构和技术方面的发展）进行虚拟赋值，深入分析了各种假设的量化效应。所有这些因素都受到开放程度的影响。

“全球化溃退”的假设是在充满不安全感的大环境下悲观主义情绪弥漫的产物。几乎整个发达国家世界都面临着经济疲软和高失业率的问题，这引起了人们的焦虑和保护主义。如果这种情况真的出现，同“受到制约的全球化”这个预测相比，全球在2010~2030年的发展速度会减慢1个百分点，各种影响累积起来就会造成全球经济的巨大损失。“全球化沉没”则类似1914~1945年的全面萎缩（背离全球化的方向）。如果那样的情景重现，它对全球经济增长的打击将会是灾难性的。全球经济的增速将会下降到每年1%，进而导致全球人均收入下降。而受打击最严重的将会是新兴市场，尤其是最贫穷的那些国家。

美国的经济政策是决定到底哪种预测结果能够成真的关键因素。也许美国将不再会是推动市场进一步自由化的坚定中坚力量了，因为未来其他一些国家从全球化进程中获得的利益要比美国更多。

本文对GDP的预测主要是作者根据经济学人智库所做的2010~2030年预测进行推演的结果。根据这个预测，以2010年购买力平价来折算，实际的全球GDP年增长率是3.7%，而同期的人均GDP年增长率是3.3%。预测的年均GDP增速低于1950~1970年的增速（4.9%），也低于从2000年到2008年金融危机之前的增速（4.2%）。但是，因为人口数量增速也放缓了，2010~2050年的人均GDP增速反而比这两个时期要快（见表11.1）。

表 11.1　GDP 及人均 GDP 年均增长

	GDP 增长			人均 GDP 增长		
	2011~2030	2031~2050	2011~2050	2011~2030	2031~2050	2011~2050
全世界	3.7	3.8	3.7	3.2	3.4	3.3
富裕国家						
北美地区	2.5	2.1	2.3	2.0	1.8	1.9
日本	1.0	0.9	0.9	1.1	1.2	1.1
西欧地区	1.8	1.9	1.8	1.7	1.9	1.8
新兴市场						
发展中亚洲地区	5.5	4.8	5.2	5.0	4.5	4.7
中东和北非地区	4.7	4.7	4.7	3.9	4.0	3.9
东欧地区	3.3	3.1	3.2	3.3	3.2	3.2
拉丁美洲地区	3.6	3.7	3.7	3.1	3.4	3.3
撒哈拉以南非洲地区	5.5	5.5	5.5	4.3	4.5	4.4

资料来源：经济学人智库；作者自己的计算

在今后 40 年里，人均实际 GDP 增速最快的是亚洲的发展中国家（4.7%），其次是非洲撒哈拉沙漠以南的地区（4.4%）以及中东和北非（3.9%）。而拉丁美洲（3.3%）和东欧（3.2%）的增长速度会落在飞速发展的新兴市场后面。今天的富裕地区的增长速度则更是要慢得多。

世界上人口最多的两个国家中国和印度，还会跻身于增长速度最快的国家之列，不过同今天的惊人增长速度相比，2050 年这两个国家的经济增长速度就慢得多了。虽然这两个国家的国民收入占全球的比例会不断增长，但是从人均收入角度来看，这两个国家，尤其是印度，还会继续属于贫穷国家之列。不过，那时今天的富裕国家和贫穷国家之间的人均收入差距会大大缩小。许多新兴市场如今都开放了，而且其机构的发展也达到了促进经济迅速增长和赶超发达国家的水平。其中一些国家的劳动人口数量会不断增加，因此它们还是能够获得丰厚的“人口红利”。而大多数发展中国家的人力资源的质量，也就是劳动力人口的健康和教育状况，也会得到持续改善（见表 11.2）。

表 11.2 同美国相比有多富？

人均 GDP[a]（美国=100）

	2010 年	2030 年	2050 年
全球	22.7	30.3	42.3
西欧	71.9	71.3	74.2
东欧	27.4	37.7	50.6
中东和北非	20.2	30.6	48.5
拉丁美洲	23.4	30.9	43.4
亚洲发展中国家	11.9	22.6	38.9
撒哈拉以南非洲国家	4.7	7.8	13.7
韩国	63.1	87.8	105.0
德国	76.2	82.9	87.7
法国	72.1	70.1	75.2
俄罗斯	33.5	50.4	71.9
英国	73.9	69.5	71.1
意大利	62.2	54.7	60.1
日本	71.8	63.7	58.3
中国	15.9	32.0	52.3
巴西	23.8	33.1	49.1
泰国	19.4	29.8	48.5
印度	7.1	14.8	34.5
印度尼西亚	9.3	16.4	29.5

注：各国 GDP 以购买力平价衡量，以美国为 100 做基准

资料来源：经济学人智库；作者的计算

亚洲世纪

1950 年，以购买力平价衡量，发达国家 GDP 占全球 GDP 总量的 60%。一直到 1990 年，这个比例也没有太大变化，只略微下降到 55% 的水平。但是过去 20 年里，新兴市场异军突起：2010 年的时候，亚洲国家 GDP 在全球的比例已经达到了 28%，而 1990 年是 14%，1970 年只有 9%。

在今后 40 年里，这种趋势会更加明显，全球 GDP 和经济实力的对比将会发生惊人的变化。在 2050 年，北美和西欧在全球 GDP（以购买

力平价衡量）中的份额将会从2010年的40%降到区区21%，而亚洲发展中国家的GDP比重几乎翻番。中国GDP占全球GDP的份额可能会从2010年的13.6%上升到2050年的20%（见表11.3）。

表11.3 天下一分为二，亚洲取其一

全球GDP份额[a]（%）

	2010年	2030年	2050年
亚洲发展中国家	27.9	39.5	48.1
北美	21.5	16.9	12.3
西欧	18.7	12.8	8.9
拉丁美洲	8.7	8.5	8.5
中东和北非	4.8	5.8	6.9
东欧	7.0	6.5	5.6
撒哈拉以南非洲	2.6	3.6	5.1
日本	5.8	3.4	1.9

a. 以购买力平价衡量。数据中不包括澳大利亚、新西兰、以色列和土耳其，因此总和不是100%

资料来源：经济学人智库；作者自己的计算

回到未来

经济史学家会认为亚洲经济先后超越欧洲和美国只是暂时的现象。而图11.1中反映的是过去1000年里欧洲、美国和亚洲在全球GDP中的份额变化，同时也增加了对2050年的预测。亚洲（不光是那些新兴巨人，还包括日本和这个大洲的其他国家）其实只是在恢复过去毫无争议的全球最大经济体的地位。到2050年，其在世界经济中所占的份额差不多能够恢复到1820年的水平。

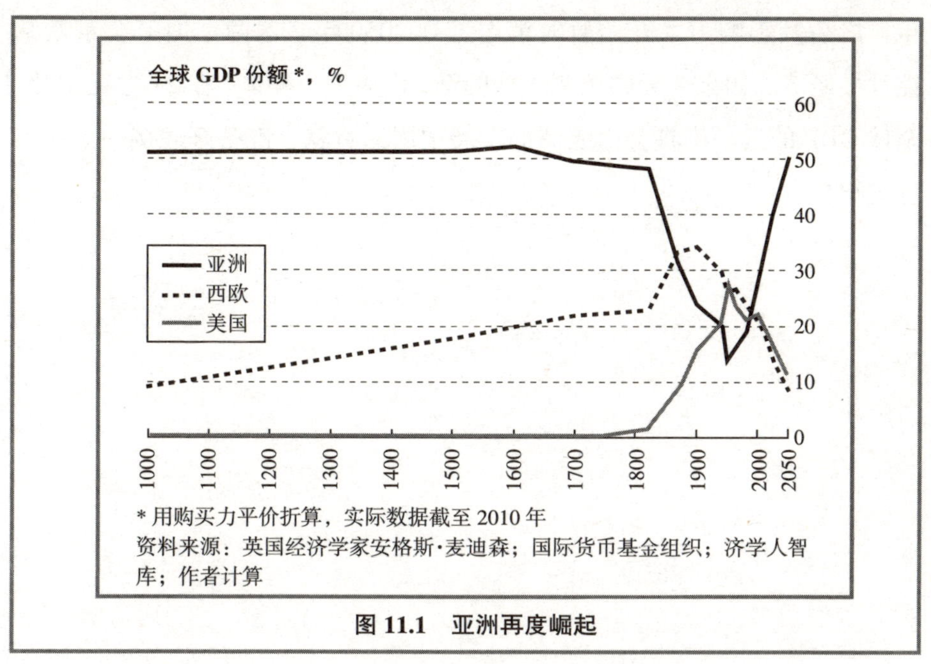

* 用购买力平价折算，实际数据截至 2010 年

资料来源：英国经济学家安格斯·麦迪森；国际货币基金组织；济学人智库；作者计算

图 11.1　亚洲再度崛起

不过，要实现这个目标，中国必须能够在国际市场中畅通无阻，这也是让中国成为全球化最大赢家的重要因素。这意味着中国能够从国际市场获得资金、专业人才、创意和商品，中国的经济前景看来非常乐观。当然，预测认为，中国在 2010~2050 年 GDP 增长速度略低于 5%，比起现在的速度要慢得多，但是它还将是世界上经济增长较快的国家。大量的研究和开发项目以及教育水平的提高会进一步改善中国本已惊人的人力资源（尽管私营企业发展壮大可能会遇到层层阻碍，但是中国的创业精神还是非常旺盛）。这些因素能够克服阻碍发展的因素，比如失业、腐败、环境恶化以及收入不平衡带来的社会矛盾。

从历史的角度来看，中国逐渐取得世界经济的领袖地位并非新奇事件。直至 19 世纪，它一直都是世界第一大经济体（以购买力平价衡量），占据全球经济总量的 20%~30%。它同印度一起统御世界经济长达近两千年，之后其影响力才开始暂时消退。到 2050 年，这两个国家会重新掌控世界经济。如果今天的预测正确的话，作为一个整体，在 21 世纪中叶，全球 GDP 的近一半将会由亚洲的发展中国家贡献。准备好迎接一个亚洲世纪吧！

12 伟大的调平作用

世界上的贫富差距到 2050 年的时候会极大缩小。而决定人们贫富程度的不是生活的地点，而是受教育的程度。

20 世纪初，人们之间巨大的贫富差距在世界大型经济体内部引发了政治动荡和社会改革。美国在进步时代[①]，为了防止范德比尔特[②]、卡耐基、洛克菲勒以及其他镀金时代[③]大亨建立外人无法介入的上流社会小团体，政府实施了一系列政策，从反托拉斯法到所得税和遗产税来对他们的财富和商业行为加以限制。在英国，劳埃德·乔治的政府采取了从老年救济金到失业保险等一系列福利改革。

一个世纪之后，对收入差距的担忧又重新进入政治视野，不过这次人们担心的是全球贫富差距问题。美国社会长久以来都尊重富人，成为

---

① 进步时代是指在 19 世纪 90 年代至 20 世纪 20 年代美国社会活动和改革繁荣的一个时期。其中一项重要目标是对政府的净化，消除腐败和打击政治寡头。与此同时，女权运动兴起，女性开始获得投票权。——编者注

② 范德比尔特是 19 世纪末 20 世纪初美国“镀金年代”的亿万富翁之一，是著名的航运、铁路、金融巨头，美国史上第三大富豪，身家远超过比尔·盖茨。——编者注

③ 镀金时代处于美国南北战争和进步时代之间，时间上大概是从 1877 年到 1893 年。这是美国的财富突飞猛进的时期。——编者注

他们当中的一员是许多美国人的梦想；而现在，民意调查显示，美国的大多数人都认为不平等是个迫切需要解决的问题。始于 2011 年的“占领华尔街”抗议活动反对的就是不平等现象，世界各地许多城市都在效仿它。2012 年美国总统选战中一个挥之不去的问题就是，是否应该提高对富人的税收。在欧洲，对公平公正的担忧促成了预算紧缩时代的开启。英国在 2010 年制定了高达 50% 的税率上限。而法国、西班牙和意大利都扩大了对富人征收的附加税。世界各国都在探讨实施新的、更苛刻的财富税的问题。

尽管新兴市场的经济前景更加乐观，但是很多政治人物对它们也有同样的担忧。一位中国领导人就曾经在公开场合担忧地表示，越来越大的收入差距，特别是乡村贫困人口同城市富裕人群之间的差距，正在威胁中国建设和谐社会的进程。印度的政客们也在激烈讨论如何让自己的国家得到更加“广泛”的发展。

学术界也同政界有着同样的担忧。国际货币基金组织等正统经济研究的坚强堡垒过去很少关注收入差距问题，如今它们也一再强调，随着经济发展大潮越来越汹涌，让所有船只都浮上水面变得越来越重要。一般认为，试图消除不平等会阻碍生产率提高，因为再分配的赋税水平过高会打击人们储蓄或者投资的积极性。但是，大量新的研究（其中包括国际货币基金组织的研究）表明，收入不平等本身对经济发展就有破坏作用，会使得经济增长疲弱、不可持续、更不稳定。有些经济学家指出，2008 年金融危机的根源就在于贫富差距不断加大：因为生活水平下降，穷人们只好转而通过借贷来支持消费。

换言之，如今不平等问题已经成为国际大事。2011 年，总部设在瑞士的全球精英人士俱乐部——世界经济论坛所做的一项调查显示，其成员认为收入差距加大是未来 10 年里威胁全球的两大风险之一（另外一大风险是全球治理的衰落）。

在过去几十年里，许多国家的不平等状况都加剧了，而且恶化速度通常十分惊人（见图 12.1）。平均每四个发达国家中现阶段收入差距比 20 世纪 80 年代要高的就超过三个。许多贫穷国家也变得越来越不平等了。中国从 30 年前世界上贯彻平等主义最彻底（尽管很穷）的国家变成了贫富差距较大的国家之一。总而言之，现在世界上的大部分公民都生活在贫富差距比二三十年前更大的国家里。

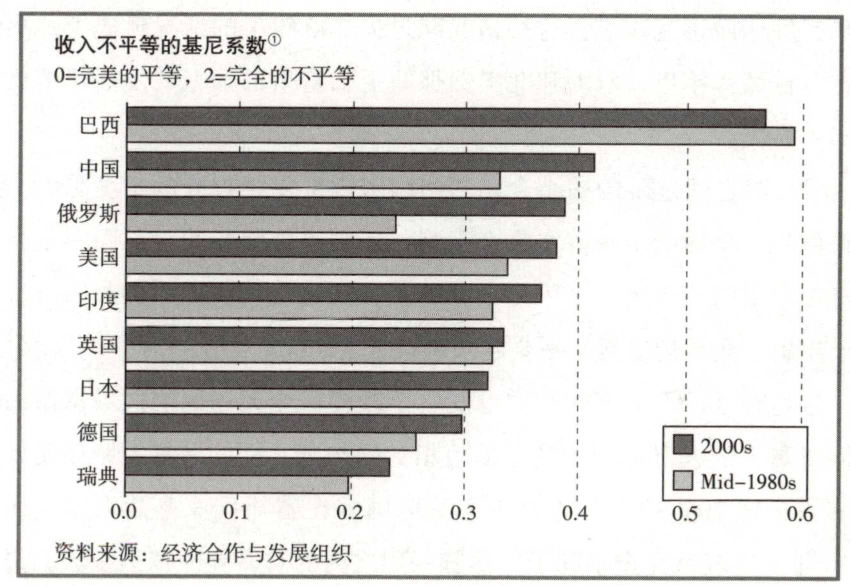

图 12.1 远远算不上完美

不过，过去的发展却未必一定是序幕，未来收入差距将不会像最近一段时期那样不断大幅加大。越来越多的国家贫富差距会加大，特别是非洲和亚洲一些刚刚开始发展且相对较贫穷的国家。但是，在那些贫富

① 基尼系数是国际上用来综合考察居民内部收入分配差异状况的一个重要分析指标，数值在 0 和 1 之间，越小收入分配越平均，越大收入分配越不平均。通常把 0.4 作为贫富差距的警戒线，大于这一数值容易出现社会动荡。——编者注

差距已经很大的国家，比如美国，贫富差距将会停止扩大，甚至会在未来几十年里变小。到 2050 年，国民收入的差距会呈收敛态势，而许多国家的贫富差距会比 20 世纪更大。

这些国家国内的发展态势会吸引许多政治关注。但是，从全球视角来看，国内局势并非决定收入不平等的主要因素。这是因为全球收入的分配并不仅仅取决于一国之内的差距，还取决于国与国之间平均生活水平的差异。在今后几十年里，贫富国家之间的差距会随着新兴市场国家越来越发达而迅速减小。这种情况同过去 200 年里的情况形成了鲜明的对比，在那些年里，欧洲和北美洲那些更加富裕的国家的发展速度比贫穷国家要快。

国与国之间差距的缩小会比任何国家内部差距拉开的幅度更大。其结果就是，全球的不平等水平会下降，还很可能降幅明显。而考量全球不平等水平时不考虑一个人生活在哪里，而是比较所有人的收入。未来几十年里，全球的生活水平会越来越接近。

与此同时，不平等的本质也发生了改变。今天一国国内最富裕的人群同最贫穷的人群之间的贫富差距相对国与国之间的贫富差距还是要小得多。全球 70% 的不平等是因为贫穷国家比富裕国家落后太多。而到 2050 年，情况就完全不同了，尽管一国之内的贫富差距依然很大，但是在全世界范围内会出现一个庞大而且不断发展壮大的中产阶级阶层。财富的差异将更多取决于一个人从事什么工作而不是他住在什么地方。

衡量差距

大部分关于不平等的讨论都会引发争议，其中许多互相矛盾。这是因为定义收入差异的方式有很多，而衡量它的方式则更多。经济学家们就消费水平或者收入的差异能否反映生活水平的差异而争论不休。他们发明了许多种衡量不平等的技术手段，但是不同分析方法总是得出不同的结果。分析的结果会因为你想要衡量的差异的方面不同而不同，也就是说，你可以衡量不同种族之间的不平等、不同性别之间的不平等、不同地域的收入差、一国公民之间的差异，还有全球居民之间的差异。影响分析结果的因素还有：收入分配数据是从入户调查得出的还是从纳税统计数据得出的，国内分配与跨国收入衡量的结合方式，不同国家购买力差异如何调整等。总而言之，这个话题是个统计学“雷区”。

简单起见，我们在此只关注两种差异：全球范围内的收入不平等和单一国家内部的不平等。现在，我们来看一下两种常见的不平等衡量指标：不同人群（比如最富裕的1%）分配到的总收入份额，以及所谓的基尼系数。

基尼系数这个概念是意大利统计学家科拉多·基尼在1912年发明的。基尼系数对不平等程度做出整体性的评价，数值范围为0~1，0表示每个人收入都一样，1表示一个人得到所有的收入。当然，在实际中，这两个极端情况都不可能出现。各个国家中，基尼系数最低在0.25左右，这样平等的国家有挪威、瑞典等，而极其不平等的国家，比如南非，基尼系数能够达到0.65。美国的基尼系数是0.38。这个系数的微小变动反映出的是收入差异的巨大变动。大部分富裕的经济合作与发展组织国家的平均基尼系数从20世纪80年代的0.28增加到了今天的0.31。

全球范围内收入分配的不平等状况几乎比任何一个国家内部的情况都要严重。最近的许多研究都把全球基尼系数确定为0.63~0.68之间。世界银行的经济学家布兰科·米兰诺维克搜集到了最完整的数据。他利用历史上可比数据计算出来的目前全球基尼系数大概是0.65（见图12.2）。而利用最近的购买力平价来衡量，它要高达0.7。

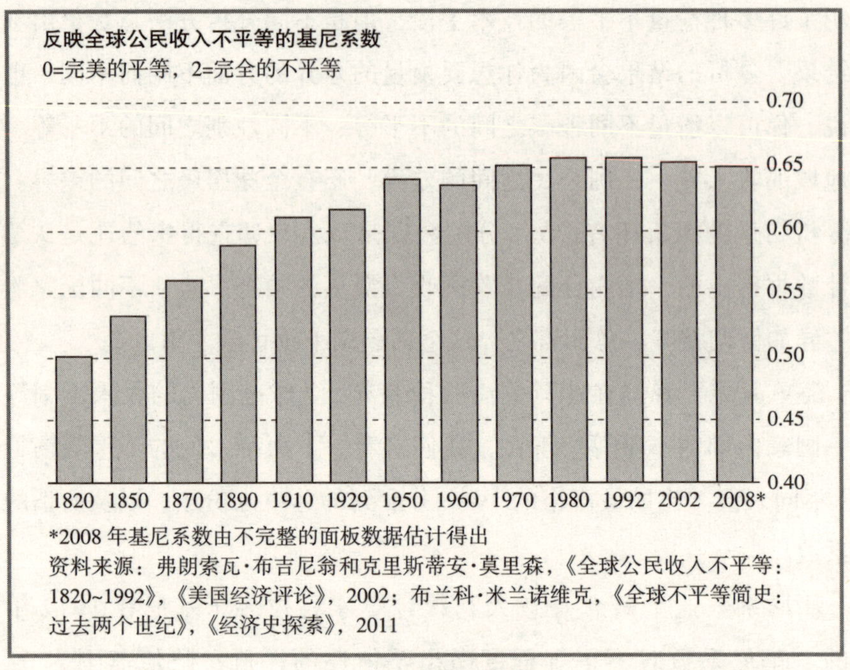

*2008 年基尼系数由不完整的面板数据估计得出

资料来源：弗朗索瓦·布吉尼翁和克里斯蒂安·莫里森，《全球公民收入不平等：1820~1992》，《美国经济评论》，2002；布兰科·米兰诺维克，《全球不平等简史：过去两个世纪》，《经济史探索》，2011

图 12.2 差异的世界

两位法国经济学家弗朗索瓦·布吉尼翁和克里斯蒂安·莫里森利用一些巧妙的统计学侦测方法对最早至 1820 年的全球不平等情况进行了计算。他们的研究结果表明，在工业革命初始阶段，全球基尼系数大概是 0.5。而不平等的主要原因是国家内贫富差距很大，一小撮富裕的精英集团和穷困的无产阶级的收入之间存在天壤之别。而国家间的收入差距并不大：19 世纪最富裕的 10 个国家的人均收入只是最贫困的 10 个国家的人均收入的 6 倍。

过去两个世纪里，全球不平等现象越来越严重。这主要是因为，这两个世纪大部分时间里，世界上最富裕国家的发展速度都比贫穷国家要快。在工业革命之后，先是欧洲，然后是北美的经济发展速度迅速提高，而世界其他地方都停滞不前，整个 20 世纪，这种分化的趋势都一直持续着。结果就是，最富裕的10个国家的人均收入现在已经比最贫穷的国家高40多倍。

尽管20世纪大部分国家国内的收入差距都减小了，但是国家间收入差距的鸿沟越来越深，以至于使我们忽略了国家内部贫富差距的缩小。国内收入差距缩小的原因五花八门。社会主义国家政府以人人平等为目标的调整措施是原因之一。但是，即使是在西方经济体中，基尼系数和最富裕的1%人口所掌握的财富也都有所下降（见图12.3）。教育的普及发挥了重大作用，社会化大生产以及其他一些技术上的进步刺激了工厂对中等技能的劳动力的需求，也促进了贫富差距的减小。累进税收制度也很重要。另外，工会还有其他规范市场行为和强化工人政治影响的机构的发展也发挥了积极作用。

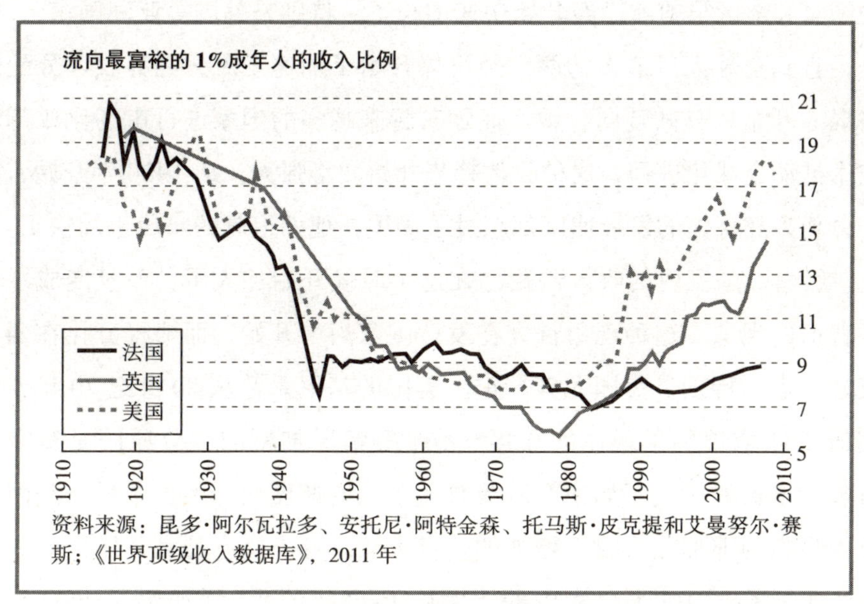

图12.3 富人的收成

这些趋势持续的时间已经很长了，因此人们以为这样的趋势会一直持续下去。20 世纪 50 年代中期，从俄国移民到美国的经济学家西蒙·库兹涅茨曾经提出过著名的“库兹涅茨曲线”，称随着国家越来越富裕，收入分配会呈倒 U 字型。在发展的最初阶段，随着人们从农业转入工业领域，收入不平等会加剧。然后，随着社会变成熟，城乡收入差距会缩小，政府会重新分配更多收入，而不平等状况会缓解。这条“库兹涅茨曲线”成为经济学家理解不平等现象的指导性原则。

而不幸的是，它却无法指导我们理解最近的历史发展。从 20 世纪 70 年代末开始，两种代表 20 世纪收入变化情况的曲线都开始发生逆转了——国家间收入差距不断缩小，而国家内收入差距却又开始拉大。

中国从 1978 年开始了经济改革，而印度也从 20 世纪 90 年代初开始了市场化进程，国家间收入差异的态势也开始转变。尽管还有一些贫穷的国家和地区早前就已经开始快速增长了（特别是韩国等亚洲国家），但是，直到全球人口最多的两大经济体开始了加速发展，世界收入分配的格局才开始从分散转向收敛。而随着越来越多的国家进行市场化改革和技术推动全球化进程，这种收敛趋势开始变得强大。从 1990 年开始，大部分新兴经济体的发展速度都超过了美国，他们追赶的步伐也加快了。

然而，国家内的收入差距也在这个时候开始加大了，而且变成了非常普遍的现象。这种现象首先在发达国家当中开始，而两极分化在西方发达国家，特别是美国尤其严重。美国的基尼系数从 20 世纪 70 年代中期的 0.31 增长到了现在的 0.38。不平等情况加剧的部分原因是贫穷人口收入增长的速度不如中产阶级收入增长的速度快，不过主要还是因为收入最高的那部分人收入增加的速度太快。算上资本盈利，国民收入中纳入最富裕的 1% 人口囊中的比例从 1970 年的 8% 增加到了 2007 年的 24%。从金融危机之后，这个比例有所下降。但是美国最富裕的 1% 人口如今从国民收入大蛋糕当中分走的那一块还是和一个世纪以前差不多。

甚至欧洲那些通常更平等的经济体也发生了同样的情况。比如，德国和瑞典的不平等情况就迅速加剧了，主要的原因还是最富裕人口收入的激增。而在新兴经济体当中，中国和俄罗斯收入差距加大的程度最大，但是印度还有非洲一些地方的收入差距也加大了。而唯一抵制了这一趋势的新兴市场就是拉丁美洲，这一地区很多国家贫富差距都变小了。巴西很久以来一直是全世界贫富差距最大的国家之一，在过去几十年里，其贫富差距也减小了。

在全球范围内，国家间收入差距缩小，国家内收入差距变大，这两个趋势逆向发展。但是，国家间收入差距减小的趋势更强。因此，全球的基尼系数开始下降了。

更平等的未来

未来几十年会发生什么情况呢？最稳妥的预测就是新兴经济体的追赶性成长还会继续。经济学理论认为，只要它们的经济体系是开放、稳定和秩序井然的，相对贫穷的国家会比相对富裕的国家成长得快。越来越多的国家印证了这一论断，创新和技术的传播变得越来越容易，这种追赶会持续下去。未来有些国家的发展速度相对如今的飞速发展会略微放慢，特别是中国，自从变成中等收入国家以后，也因为人口老龄化的拖累，它的发展速度已经变慢了。但是，更贫穷而且人口结构也更加年轻化的印度会拥有飞速发展的空间。非洲大部分地区也是如此。随着发达经济体因为债务和逐渐加剧的人口老龄化问题而举步维艰，今天的富国同穷国之间的发展速度鸿沟还会继续加宽。

而这一趋势会极大减小全球生活水平的差异。经济学人智库的拉扎·科奇克在上一章中所做的计算显示，到 2050 年，亚洲发展中国家的人均 GDP 会达到美国的 40%，而今天这一比例只有 21%。中国的人均收入将会达到美国的一半，而今天只有 16%。印度的人均 GDP 与美国人均 GDP 的比值会增加到现在的 5 倍，从 7% 增长到 35%。非洲撒哈拉沙漠以南地区的人均收入将会达到美国的 14%，而如今只有不到 5%。

所有这些积极变化会不会极大缓解全球不平等现象，还要看国家内以及国家间的不平等情况如何发展。如果新兴经济体迅速成长的果实大都流向了极少数精英集团成员，那么收入分配“伟大的调平作用”就要消极得多。而且，这种发展在政治上的可持续性也更差。

中国的情形似乎说明，非常贫穷的国家以惊人的速度发展就会加剧不平等状况。这同库兹涅茨的假设似乎是相符的：随着人们离开土地，不平等就加剧了。但是，中国的情况尤其特殊，它实行了几十年的计划经济体制，因此其基尼系数曾经非常之低，也因为如此，这看似自然的不平等情况加剧也不尽正常。

中国的经历在其他地方被部分复制。那些贫穷的、在很大程度上还是农业国的经济体会在工业化和城市化的过程中遭遇贫富差距加大，特别是在那些贫富差距低得不正常的地区。非洲和南亚的大部分国家情况都是如此。世界银行的三位经济学家毛里西奥 · 布索洛、拉斐尔 · 德 · 奥约斯和丹尼斯 · 梅德韦杰夫主要关注潜在经济趋势，比如工业化等，对经济生活的影响，他们在分析中指出，在今后几十年里，三分之二的贫穷国家内贫富差距都会拉大。

但是，正如中国的情况一样，这些国家的贫富差距大小还要由其具体政策和起点来决定。有些新兴经济体的贫富差距已经很大了，比如拉丁美洲的一些国家，它们在经济高速发展的同时还能减小贫富差距。巴西就是个很好的例子。长久以来，因为过去殖民主义历史的残余影响，它一直是全球最不平等的国家之一。然而，近年来，巴西却成功地在经济高速发展的同时减小了贫富差距。它的基尼系数已经从 20 世纪 90 年代中期的0.60下降到了现在的0.54，降幅惊人。这主要得益于巴西的工作岗位迅速增加、教育投入增加还有为穷人提供经济帮助等因素，而这些因素的作用大致相同。

中国的贫富差距也会停止继续扩大甚至可能会减小。其人口迅速老龄化意味着工人收入水平会迅速提高；劳动力的缺乏也可能导致人口流动性限制的放松；将经济发展的重心转向拉动内需上也会提高底层人群的收入水平。与此同时，中国的政界人士也已经在构建安全网了，政府税收收入也要像西方国家那样主要依靠所得税了。

也许最重要的是，大多数新兴经济体国家经济的全面快速增长本身就会催生政治压力，迫使政府改善国内收入分配方式。根据世界银行的分析，全球的中产阶级，也就是收入介于巴西和意大利的平均水平之间的人群，他们的数量将会从现在的不足5亿（占全球人口的7%）上升到2030年的超过11亿（占全球人口17%）。而到2050年，中产阶级的数量还会更多。

这支全球中产阶级队伍不但是巨大消费市场的中流砥柱，更是发展中国家中左右经济政策走向的一股越来越强大的政治力量。从历史经验来看，中产阶级的成长会带来公共教育投入的增加。而更高的教育水平则是减小贫富差距的最好办法。假如运气够好，政策对路，许多新兴经济体都有能力进入快速发展和分配更广泛更平等的良性循环。如果情况真的如此，全球贫富差距会迅速消除。

新的发展时期？

比起在发展中国家发生的事情，今天发达国家里发生的一切对于全球收入分配平等化的影响并不太大，因为到2050年，这些富裕国家在全球人口和全球收入中占据的份额都要小得多了。但是，既然发达国家目前对世界经济、政策的影响力还非常巨大，在美国这样的发达国家中贫富差距的发展趋势还是会产生巨大影响，不仅对美国，也对全球的政策环境产生影响。多年收入差距加大的趋势，还有中产阶级利益受到挤占很容易引发贸易保护主义回潮，而这会让全球的发展前景变得暗淡。

那么，富裕国家内部的贫富差距是否会继续拉大呢？这个问题的答案是，跟新兴经济体一样，这也取决于政策决策以及基本经济走向的合力。

在过去 30 年里，技术创新和全球化的脚步都加快了（驱动新兴经济体奋起直追的主要力量就是它们），这导致富裕国家内部的收入差距进一步扩大。随着在 20 世纪中被创造出来的那些需要中等技能的工作（特别是在制造业中的这类工作）逐渐被新技术所取代，或者转移到了新兴经济体中，劳动力市场越来越两极分化。因为教育进步的速度远远赶不上对技术人才需求的增长速度，技术工人的薪酬更高了。而 20 世纪应运而生的那些对工人阶级有利的机构和规则也都逐渐衰退，这也加深了内在的经济压力。比如说，行业工会在整个西方世界失去了影响力，特别是在美国，美国私人企业中的雇员如今只有 6.9% 是工会成员了。

科技和技术的差异以及工人力量变弱解释了为什么穷人变得更穷。但是，这无法充分解释为什么落到最富有的人手中的财富会增加了那么多。一定还有其他因素在起作用。

经济学家们想出了几种可能的原因。一个原因是，现在各个领域的顶尖人物，无论是最好的演员、首席执行官还是律师，所掌握的都是全球市场，比以往要大得多。这造就了一个“赢家拿走一切”的环境，于是在任何一个行业里，顶尖的人和垫底的人之间的收入差距必然拉大了。另外一个原因是过去 30 年里，比起其他行业，金融服务业的发展壮大显得过快过强了，这也促进了贫富差距的加大，因为很多高收入的人都是这个行业的。即使是在贫富差距拉大的情况下，在大多数国家里，政府政策的再分配功能却弱化了。惩罚性税收税率也削减了。尽管发达国家还在利用税收和消费杠杆来缩小贫富差距，但是效果却没有以前好了。

在今后几十年里，这些趋势的发展走向不尽相同。金融业不成比例的影响力可能会变弱，一些新的规则会驯服这个行业。但是，在一个更大的全球化市场上，随着技术继续迅速更新，世俗的经济力量还是会继续青睐高技能人才。这是否会深化收入差距鸿沟还取决于人们能否及时提高技能，而关键要看人们的教育水平。那些对教育投入更加成功的国家贫富差距拉大的步伐就会慢一些。

最大的不确定因素在于政府会如何进行收入再分配。过去四分之一个世纪里，政府的收入再分配方式强化了市场趋势。即使是在收入差距加大的大背景下，公共政策还是变得相当保守，没有采取激烈的手段来缩小这种差距。很可能这种趋势会继续下去，特别是在富裕的少数精英集团成员拥有超强政治影响力的时候。但是，这种可能性并不大，因为简单的预算加减法就能让人发现其中的不合理。

大部分发达国家公债规模都比较大，还面临着巨大的人口老龄化压力。要修复其公共财政状况就需要更多的税收，而且还要控制养老金和医疗保健费用规模。有两条最显而易见的途径，一是增加高收入人群的税赋，二是通过“收入测试”来确定是否发放公共救济，比如医疗保障和养老金。这两条路都有助于保持政府的收支平衡，还有助于缩小贫富差距。要是设计不合理的话，惩罚性税项会伤害经济发展，而设计合理（比如将侧重点放在消除减税项目而不是提高税率上）就可以让经济运行效率更高。换言之，无论是发达国家还是新兴经济体，都需要选择正确的政策才能在改善经济前景的同时改善收入分配状况。

今天无论是在发达国家还是新兴经济体，收入差距的问题都受到了重视，这说明各国都会调整政策来解决最触目惊心的贫富差距问题。人们可能采取野蛮的方式，在缩小差距的同时妨害经济增长，也可能做得非常巧妙，同时还改善了经济效率。运气好的话，未来几年里，会重现20世纪初各种改革带来积极效应的情形。不过，这一次的改变是在全球范围内发生的，而且还与贫穷国家追上富裕国家的趋势同时发生。我们应该可以期待“伟大的调平作用”的出现。

13 熊彼特（有限）公司

商业机构可以期待将来的创造性破坏风暴会比现在来得更猛烈，不过，大都是往好的方向发展。

即使是按 20 世纪中期哈佛的标准来衡量，约瑟夫 · 熊彼特也算得上是个迂腐的老学究式人物。他故意不学习驾驶，不乘飞机，除了一次不愉快的试乘之外再也没有尝试过连接坎布里奇和波士顿的地铁。他一门心思要做个完美的绅士，每天早上花一个小时的时间穿衣打扮。他不屑于尝试影印机和复写纸这样新奇的玩意儿，所以他把自己的代表作《资本主义、社会主义和民主》唯一的一份书稿通过邮局寄给了出版商。

然而，正是这个怪人，这个飞扬跋扈又带着奥匈帝国刻板僵化色彩的人作出了关于 20 世纪社会变革的最精辟的预言。对熊彼特来说，资本主义就是一股“滋生多年的创造性破坏风暴”，这股风暴会一直将做事情的老办法淘汰掉，并用新的方法取代它们。他相信创业者是破坏性创新的主要推动力量，这些人能够最早预见未来并将自己的预见转化成可操作的商业运作形式。他还说，历史发展的脚步是越来越快的，做事情的老办法被抛弃的速度会越来越快。而各种变化的持续性会越来越差。商务人士常常会发现自己赖以生存的舞台突然就在脚下消失了。

熊彼特在1950年去世，在其后的“有管理的资本主义”时代他常常被人忽视，当时统治经济学界的是其宿敌约翰·梅纳德·凯恩斯的理论。凯恩斯的门徒，如J.K.加布尔雷斯之流鼓吹的是大型公司规划经济体制的论调。但是，今天熊彼特的观点终于得到了应得的重视，人们甚至认为他的预言比卡尔·马克思（他预言共产主义的平静会终结资本主义的风暴），或者马克斯·韦伯（他认为历史会变得更加理性、官僚主义和容易预测）都看得更深刻、更长远。曾担任过比尔·克林顿政府财政部长和巴拉克·奥巴马总统首席经济顾问的劳伦斯·萨默斯甚至认为熊彼特很可能最后被证明是21世纪最重要的经济学家。

众所周知，我们现在生活在一个异常狂躁的世界。不信的话，看看层出不穷的商业著作的书名吧，《更快》《暧昧不明》《失控》《炸成碎片》《飞速向前》《思维之迅捷》，还有《醒醒吧！》。不过，熊彼特认为，这种狂躁背后隐藏着它的内在逻辑性。企业家们不断创新，而这些创新给了他们暂时领先于竞争对手的优势。其竞争对手会努力适应新的商业格局，管理机构也会摸索着适应新现实，在此过程中，这些创新其实引发了破坏整个经济体系的冲击波。而生产率提高的代价就是永恒的改变。

暴风雨肆虐的时代

有些商界人士认为，近来经济圈里的暴风骤雨已经够猛了，再不可能有比它更猛烈的暴风雨来袭了。产生这种误解是可以理解的。技术创新和全球一体化的合力共同释放了一系列破坏性作用。互联网普及的速度比以往任何创新成果都更快，对商业规则的改写也比以往任何技术都更彻底，它让数十亿人一起进入了即时通信时代，改变了信息密集型行业和创新型公司的面貌。比如说谷歌公司，它的产品明明是免费发布的，却还是赚到了数十亿美元。

几十年来，全球化风潮横扫实体经济领域，互联网的出现对这一过程起到了推动作用。今天的牧羊人大卫可以撼动根基深厚的巨人歌利亚[①]——看看维基解密的朱利安·阿桑奇在同BBC和纽约时报集团这些传媒大鳄的竞争中如何争得先机你就明白了。那些来自世界不为人知角落的公司也可以敲响你的门——比如一家叫作Ponoko的新西兰公司就利用自己先进的软件来提供个人制造服务，它能够帮助你把想法转化成产品，而且不管你的顾客居住在世界上哪个地方，它都会帮你把产品送到顾客手中。

资本市场也来实体经济中“掺一脚”了。如今，金融机构比以往任何时候都更强大，也更爱指手画脚（投资者不断施加压力，敦促公司提高经营业绩）。而它们也在创造更多的不确定性，释放了一大群“黑天鹅”。2007~2008年的危机主要就是因为通常不引人注意的金融机构买卖了一批神秘的有价证券而动摇了“实体”公司的根基，让数百万人丢掉了工作。

所有这些不稳定影响的最显著结果就是企业的平均寿命大大缩短。1956~1981年，财富500强公司中平均每年有24家会落榜。而在1982~2006年，这个数字跳增至40。这些剧变也导致了商业模式的剧烈改变。企业被迫把自己从堡垒变成了一个个网络体系上的开关。这意味着鼓励外部人士提出产品创意。宝洁公司50%的产品创意来自外部人士。其他公司则更进一步开发出了“合作消费”模式。Netflix公司和Zipcar公司分别革命性地改变了娱乐产品租赁和汽车租赁市场的格局。

---

① 歌利亚是传说中的著名巨人之一，《圣经》中记载，歌利亚是腓力士将军，带兵进攻以色列军队，他拥有无穷的力量，所有人看到他都要退避三舍，不敢应战。最后，牧童大卫用甩石用的机弦打中歌利亚的脑袋，并割下他的首级。——编者注

CouchSurfing公司则为那些拥有闲置沙发的人和希望能够租用它的人建立了沟通的渠道。Flickr、Twitter和Linux的专长是让成千上万人分享自己的努力成果，然后利用这些分享的资源建立网上社区。

在今后几年里，这股洪流会更加汹涌澎湃，互联网革命已经进入“星际速度”时代。谷歌正在试运行比普通宽带快一百多倍的超高速网络。思科公司开发的最新路由器能够在一秒多的时间里传输相当于三个美国国会图书馆藏书量的扫描图片格式的文件。Facebook公司耗费了五年的时间才吸引了3.5亿用户，但是到2011年8月其用户数量就翻了一番还多，达到了8亿。

全球化的进程方兴未艾，远远没有结束。西班牙IESE商学院的教授潘卡吉·盖马沃特指出，外国直接投资目前只占所有固定投资的9%，跨界互联网流量只占互联网流量的大约20%。而世界新兴市场成长的速度让全球化最狂热的支持者也大吃一惊：它们在全球GDP中的份额从1990年的20%上升到了今天的近50%。这场伟大变革掀起了巨大浪潮：新兴国家要求改变全球经济政治格局而掀起了政治浪潮，带来了政治局势的不安定，特别是难以驾驭的人群要求更多地掌控自己的未来，他们发起的运动也掀起了巨大的浪潮。但是，这一股股浪潮还只是刚刚形成，还未充分发挥作用。

一波波变化浪潮

未来几十年将会经历自从社会化大生产出现以来最大的制造业改革。大生产创造出了一个由大型组织和巨大的人类集合组成的世界：亨利·福特的红河工厂雇用了10万名工人，占地149万平方米。而三维打印技术或者“叠层制造技术”能够从内向外，从上到下进行制造。从内到外是因为三维打印技术通过加法而不是减法来创造新产品，它通过一层一层地添加材料来构建物品，而不是拿来一块材料然后把用不着的部分削掉。从上到下是因为三维打印技术使得我们能够让生产一件产品的成本变得和生产 1000 件产品的单位成本同样低廉。威廉・莫里斯及其工艺美术运动[①]的伙伴们对大生产提出了激烈的批评，他们梦想能够建立一片乐土，独立的手工艺者能够兴旺发达，而有了三维打印技术，我们就有可能创造出一个跟他们梦想中的世界非常相似的世界。小的制造商虽然偏居一隅，却能够为全球市场上的客户提供服务。而普通人也可以设计和打印自己的产品，而不是买现成的商品。

另外三种创新技术会更加强化这种激烈的变化感，并给世界经济带来一波波的冲击。首先，是“物联网”技术，人们给实体物品安装数百万个感应器，并通过它们进行物品之间的交流。冰箱能够盘点它存储的食物；如果我们饮酒过量，红酒杯就会对我们发出警告；药瓶会提醒我们服药。其次，机器人会逐渐承担起人们不愿意做的事情——那些难度大的、肮脏的或者危险的工作，比如清理核电站；还有那些一成不变的工作，比如家务劳动。而科幻小说作者们想象的世界很快就会变成现实。在 10 年左右的时间内，老人或者残疾人就能够用上价格低廉的私人机器人。机器人会有一个新的表亲——电子秘书，它们可以把蜂拥而来的信息流分门别类，管理我们的时间表，安排会议和商务旅行。

这股创新的大潮不但会流淌进私营部门也会涌入公共部门，因为政府会努力让纳税人的钱发挥更大的作用，而公民们也希望自己从国家得到的服务水平同私营机构提供的服务一样高。互联网的普及大大降低了协调的成本，它对公共部门的改变将会比它对私营部门的改变更显著。

---

① 工艺美术运动是 19 世纪下半叶起源于英国的一场设计改良运动。这场运动针对家具、室内产品、建筑等工业批量生产所导致的设计水准下降的局面产生，运动的主要人物是艺术家、诗人威廉・莫里斯。——编者注

政府机构将从原来的官僚主义帝国转化成为各种“平台”，同各种公益组织和私营企业还有活跃的公民通力合作。在学校里将会用计算机教学普及基础知识，而教师则可以花更多的时间对学生进行单独辅导。医生可以通过互联网来监测病人的情况，一旦发现问题，就可以要求他们来做手术。大学也能够获得大量的明星授课者和反映最新科技发展水平的课程储备。这种转化会引起相关专业行业协会的强烈抵制，因为学者和医生们会不遗余力地保留自己现在优越的生存状态，但是，政府提高公共部门生产率的趋势却是谁也抵制不了的。

高速成长的新兴经济体不但要在体力劳动方面挑战发达国家，也要在脑力劳动方面发起挑战，因此，新兴世界将会成为创新的温床。新兴经济大国将会制造出更加先进复杂的产品，而发达国家的公司会更加积极主动地转移到新兴世界以利用当地的智力资源，并让自己的工厂离成长中的市场更近。结果就是，自从16世纪起就一直被西方垄断的商业创新行为将会实现全球化。新兴经济体将会创造出一系列突破性的发明创造。中国已经成为世界“物联网”研究的领跑者，最擅长在产品中植入感应器；肯尼亚在“移动支付”（利用手机来付款）方面领先世界；而亚洲国家普遍在电子游戏产业领跑世界。

新兴世界还会为一种新型创新形式的发展设定步速，这种新型创新活动被称为“节俭式创新”，其目标不是把商品成本不痛不痒地减少几个百分点，而是致力于将其直降90%。我们已经看到了一些此类创新的成果了，比如印度Tata公司价值2200美元的汽车；通用电气公司价值400美元的心电图仪；还有印度戈德瑞吉和博伊斯公司生产的价值70美元的冰箱。现在，更大的东西正在被创造出来，从能够改进贫民生活质量的造价300美元的房子到便宜的转基因食品，五花八门，无所不包。这些创新不但能改变贫穷国家的生活，还能改变发达国家的生活：新兴市场国家将会生产出一系列商品来迫使发达国家的公司降低成本、创造出更多附加价值，不然，它们就要关门大吉。这种情况会在越来越多的领域发生。

在创造性地为人类谋福利方面，新兴市场也会领先世界。印度企业家把社会化大生产技术应用到了医疗保健领域。德维·谢提在班加罗尔建立了一家高度专业化的医院，极大降低了心脏手术的费用同时又没有降低其质量，因为它成功地结合了专业化与规模经营的经济性（医院每周要进行 600 台心脏手术）。印度发展迅速的私人医疗连锁机构生命之泉将在私立医院分娩的花费降到了 40 美元，因为它同时照看许多母亲。而全世界最大的眼科连锁医院亚拉文眼科医院每年要做 20 万台眼科手术，而且彻头彻尾地贯彻了流水线生产原则：四张手术台并排摆在一起，两个医生在相邻的两张手术台上做手术。第一台手术结束的时候，第二个患者就已经准备就绪了。而由电话营销公司建立起来的墨西哥“医疗服务叫回家”公司则围绕电话重组了医疗行业：顾客只要每月以电话费形式支付 5 美元就能够与公司网络内的 6000 名医生建立联系。而 60% 的病例都通过电话得到了解决，另外 40% 则很快得到了医生面对面的服务。

在暴风雨中冲浪

这场创新风暴还会加剧长久以来改变职场形态的一些发展趋势，比如职场女性化，弹性工时制，还有平均寿命增加等。传统的事业并不会完全消失：公司还是要继续雇佣那些年轻时就加入公司，并努力攀爬到事业阶梯顶端的核心雇员。但是，总的说来，“事业”这个概念会变得更加复杂。公司会雇佣大量外围契约式工人，而这些人可能会向多家雇主出卖自己的劳动。

许多人的个人事业形态也会变复杂。女权主义者创造出了“退出职场”和“返回职场”这两种说法来描述女性放弃全职工作生儿育女，然后在孩子长大成人之后重新做全职工作的情形。而随着人们平均寿命的增加，主动和被动的离职现象（前者如学术休假，后者如工作变动等）都变得越来越普遍了，这些说法现在已经被用在越来越多的男性身上了。伦敦商学院的教授琳达·格拉顿建议我们放弃以前事业阶梯的比喻，而采用“一系列呈上升态势的铃铛形曲线，即所谓钟形曲线来描述事业发展态势，在这个过程中，能量和资源积累会先逐步增长然后达到稳定水平，之后再重复这样的增长”。

我们该如何应对这种创造性破坏呢？我们能够驾驭它并藉此改善日常生活质量吗？还是会任其将我们的社会撕成碎片并降低我们的生活质量呢？对大部分公司而言，未来几十年里遇到的最大问题就是创新速度怎么能和竞争对手一样快。但是，对于越来越多的普通人来说，最大的问题是应对所有这些创新带来的社会和心理冲击。

有几样东西已经开始制造紧张气氛了。所谓的知识精英集团与其他普通人之间的差距越来越大。各种各样的脑力劳动者，不光是银行家还包括咨询师和外科医生，他们的收入占国民收入的比例急速上升。而即使是在知识精英集团内部，学术明星们的收入也要比那些没有那么引人注目的同僚们要高得更多。美国引领了这股潮流，但是这样的情况并不局限于美国，而是在整个工业社会中蔓延，甚至是在德国和日本这样社群主义思潮更强的国家，情况也是如此。

许多脑力劳动者的薪酬数量超高，而他们的工作量相应也是超大的：在整个青年时代，他们要努力掌握越来越难以掌握的各种知识，而在整个职业生涯中他们都要加班加点地工作。而随着知识的进步，这样的压力只会越来越大。但是，普通人的工作压力也越来越大了：全球化和互联网的结合意味着工作无处不在，而且会吞没一切。晚上和周末的时间都被电子邮件和来自世界各个角落的会议电话给吞没了。随着通讯成本进一步下降，工作沿着全球供应链广泛分布，信息超载的问题会越来越突出。

在势不可当的创造性破坏作用和可驾驭的生活之间找到一个可持续性的平衡点将会是未来40年里的一个重大课题。许多有趣的生长型行业也将会应运而生。

IT企业会想出许多聪明的点子来应对信息超载的问题，而这些点子本身就很具创造性。聪明人将会花更多精力来进行“自我管理”——学习如何智慧地应对他们职业生涯中的激烈变化，还有他们生活中各种单调乏味的压力。教育企业家们将会发现，想要提升知识结构的中年人和想要开始第二次职业生涯成为哲学家或是作家的老年人当中蕴含着巨大的市场。而自由职业者为了保证自身安全以及逃避孤独，会建立各种各样的社交网络和协作组织。自由职业者正在建立“虚拟协会”，比如律师协会、内科医生协会、牙医协会等，以便可以随时更新自己的知识和技能。而企业家们正在创造联合办公场所，为自由职业者提供工作或聚会的去处，这些地方的名称各异，有的被称为集线器联合办公室，有的被称为沙箱办公吧，有的被称为公用工作空间。

这些发展趋势的影响叠加起来就能成就更大和更惊人的东西：创造出一种像中世纪行业协会的组织。而未来几年里，引起最多争议的就是这些行会的性质：它们会像今天的学术界和医学界那样成为排他性的小群体吗？还是会变成友好的社团，帮助所有上门的人更新知识和技能，并帮助他们保持良好的社交关系。

在这场狂飙突进运动当中，寻找平衡点的斗争会孕育一些非常明显的持续性趋势。公司之所以生存下来，不仅仅因为它是非常强悍的经济机构，还因为它满足了人类同其他人建立联系的需求。“company”（公司，伙伴）这个词来自两个拉丁词 cum 和 pane，意思是一起分享面包。这也许能够解释为什么即使是在以怪咖和高风险著称的技术行业里，许许多多公司都是由朋友合伙创办的而不是由单打独斗的“孤狼”创办的。

一定要记住，人们从这些变化中得到的远比他们失去的多。熊彼特对“创造性破坏”的论述非常迷人，因为它似乎抓住了现代经济充满活力的特性。但是，从很多方面来看，这个说法也是具有欺骗性的。创造性破坏创造的东西远比它破坏的要多，比如电子书并没有取代纸质书，而是成为它们的有益补充。

熊彼特曾经说：

> 伊丽莎白女王（一世）拥有一些丝质的袜子。而资本家的成就通常不在于给女王提供丝袜，而是在于通过不懈地努力让工厂的女工们都买得起丝袜……资本主义的过程不是巧合，而是通过它的机制逐步提高普通人的生活水平。

到 2050 年，更多的人能够用得上“丝袜”。而这次“丝袜”的表现形式则有所不同，可以是通过触摸屏幕就能够得到全世界书籍的平板电脑，可以是能够控制今天致命疾病的神奇药品，也可以是其他一些今天我们甚至还没有想到的技术奇迹。创造性破坏的风暴一定会把我们吹向更美好的地方。

14 市场动量

从现在开始到 2050 年的经济形势和市场运动会呈现周期性变化，而投资者有时候需要付出惨痛的代价才能发现这一点。

有两个投资者，其中一个在 1965 年把所有的储蓄都用来购买美国的股票，因为他对股票的远期前景非常有信心，所以从那以后他一直过着一种安静冥想式的生活，从来不关心财经新闻头条。1982 年，他第一次检查了自己的投资收益情况，却发现这些股票的实际价值缩水超过 40%。这个打击要了他的命。

而他的后代也是这么做的，把钱放在股市中 17 年没有动。而 1999 年他查看自己投资的时候，惊喜地发现这些股票的价值已经升值了 5 倍多。

换言之，在不同的时期，勤俭节约的回报是不一样的。你什么时候出生、什么时候开始储蓄，这对你的长期收益有很大的影响。从股票估值的角度来看，20 世纪美国股票市场有过四次高峰：1901 年、1929 年、1965 年和 2000 年（见图 14.1）。

图 14.1 美国股市的崎岖旅程

债券市场和房地产市场的涨跌也有周期性，而且这三个市场会相互作用。总的来说，股票市场和房地产市场的利好对于政府债券而言是利空，反之亦然。

我们可以从多种角度来解释这些长期的周期性变化。也许，它们只是市场的本质属性之一。1996 年辞世的美国经济学家海曼·明斯基认为，金融市场的运行有三个阶段。第一个阶段被他称为正向冲击阶段，投资者们通常很保守，他们使用贷款（比如贷款买房）的时候，储蓄水平较高，能够有足够的钱来支付利息和本金；第二阶段叫作投机阶段，通常会在资产价格连续上升多年之后出现。储蓄水平下降，而贷款者的资金可能只够支付利息的，无论是借方还是贷方都相信资产价格会继续上升。

明斯基借用20世纪20年代臭名昭著的庞氏骗局的实施者查尔斯·庞齐的姓氏，把第三个阶段称为庞齐阶段。在这一阶段，投资者已经支付不起贷款的利息了。他们购买资产的目的非常明确，就是希望以更高的价格把它卖给一个“更大的傻瓜”。21 世纪初的美国房地产市场就是个典型的例子：其主要特征就是“负摊销”抵押贷款（未支付的利息被计入了贷款本金）和“期房炒卖”（房屋还没有盖好就被购买并转手卖出）。

明斯基的主要观点是，这样的周期是一个自然的过程。经济和金融稳定增长的时间越长，投资者利用贷款来冒险的冲动就越强。没有比看到朋友或者邻居炒楼赚大钱更能让一个人对资产前景信心满满了。一开始的时候，投资者们纷纷冒险出手，因此增加了需求，强化了上涨的趋势。但是最终价格被推得过高，投资意愿也降得很低，崩盘在所难免。

对冲基金经理乔治·索罗斯提出了反射理论，其推理过程与明斯基的理论相近。在某个特定时期，人们对基本面的看法会改变基本面。资产价格上涨，银行就更愿意为资产投资提供借贷，而更多可得的金融资本就会进一步推高资产价格。

这个周期的牛市阶段，投资者投资信心极强，强到他们会相信“这一次会不一样”。维克拉姆·曼莎拉马尼在其作品《繁荣萧条学》一书中指出，17 世纪 30 年代荷兰郁金香的疯狂炒作和 20 世纪 20 年代华尔街的大牛市都是在相关国家刚刚在大战中获胜之后出现的。那种情况下，过分乐观是很自然的结果。

新行业的出现常常会带来经济更快增长并给早期投资者带来特别丰厚的回报。19 世纪的运河和铁路还有 20 世纪 90 年代的互联网都是这样的。事实上，历史证明，最终从这些变化中受益的并非投资者而是消费者——有太多商人发现了这种趋势并蜂拥而入，过度竞争反而降低了利润空间。沃伦·巴菲特也许可称得上是世界上最成功的投资者，他曾经调侃说，当人们在开发汽车的时候，正确的反应不是去购买汽车制造业的股票，而是趁机压价购买马匹。

有些人甚至认为泡沫是推动经济增长的必要动力。社会要得到长远发展就需要出现周期性的技术变革，而必须有人出钱支持这些变革。也就是说，一定要有些愿意为挣快钱铤而走险进行投资的“傻瓜蛋”，经济才能迅速发展。

人口结构也是个影响因素。在发达国家，人口增长就会带来GDP增长。而在房地产行业，一旦土地供应受限，人口越来越多也会催高房价。在西方社会，婴儿潮一代在20世纪八九十年代纷纷购置房地产，这推高了房地产的价格，而最终受益的是他们的父母，因为他们的父母已经拥有了自己的住房。他们对股市也发挥了类似的作用，婴儿潮一代赚钱最多的年纪是35~54岁，而这一时期几乎同1982~2000年的牛市完美重合。

而日本的人口结构却越来越糟糕，老人越来越多，劳动力越来越缺乏，因此，最近20年来，该国的股票和房地产价格都出现了下跌，而通货膨胀率以及政府公债的收益率都停留在较低的水平。

如今，德国、意大利和俄罗斯都面临着相当长的一段人口减少时期，自从中世纪以来，发达国家中还没有发生过这样的情况。而人口减少最著名的一个例子可能就是黑死病，它的爆发导致能够在田间劳动的农业劳动力匮乏，转而带来了工资水平的上涨和房地产价格的下跌。

这些周期性变化的相对作用方式是否可以预测呢？不少经济学家都曾经尝试过揭示这些现象的本质，其中最著名的是一位俄国经济学家尼古拉·康德拉季耶夫所提出的40~60年周期的说法。因此，考虑到华尔街1929年的大崩盘，很多人把1987年的股市大跌（后来被称为“黑色星期一”）看作是一次新的经济衰退的信号，但是，事情并没有像这些人猜测的那样发生。现在已经没有多少人还相信康德拉季耶夫的理论了，而且技术创新的发展方向本来就特别难以预测。

躲不过的信用周期

要是真的存在能够推动市场周期性变化的力量的话，那它就一定是信贷的充裕度。历史上任何一次泡沫的最大特点都是利用借来的钱买东西，不管是1929年看涨买进股票的擦鞋小童还是2005年花50万美元买房的看门人。

这些现象后面有些潜在的经济规则在起作用。更宽松的信贷政策和更低的利息水平常常会同经济繁荣联系在一起；而紧缩的信贷政策和上涨的利率则常常同经济衰退联系在一起。低息和更宽松的信贷门槛使得创业相对容易，也更有利于现存企业发展壮大。这也方便贷款方偿还旧账并贷入新账，很多时候，通过信用卡就可以实现这一过程。

不过，最终只有两个可能，要么消费者的需求推高价格，要么企业间越来越激烈的竞争挤压利润空间。前者发生时，中央银行就会采取紧缩政策来减轻通货膨胀的压力。而一旦后者发生，公司的偿债能力就会下降，而银行扩大信贷的时候就会慎之又慎。

一旦循环到这个阶段，更高的利率以及紧缩的信贷会打消人们创办新企业或者扩大企业现有规模的念头。不过，紧接着，价格压力就会变小，经济发展也会变慢，这个时候中央银行就会降息。换言之，整个循环就又重新开始了。

这样的信贷周期性循环有短期和长期两种版本。长期版本通常同货币体制的调整结合。比如说，19世纪晚期货币体制的特点就是坚持黄金本位制和低通货膨胀率。尽管1890年和1907年都出现过恐慌，但是资产价格都没有出现明显的泡沫现象。

为了负担第一次世界大战的军费，各国纷纷放弃黄金本位制。战争结束后，它们也迟迟没有回归。许多国家没有恢复战前的黄金等价制度，因为那意味着巨大的通货紧缩，它们反而选择根据更高的价格来调整货币供应量。因此，德国遭遇了极度通货膨胀。

20世纪20年代中期，各国重返黄金本位制度的做法并未马上发挥作用，部分原因是美国联邦储备银行降低了利率来对英国的国家储备银行施以援手。但是，因为黄金本位制度会限制信贷增加，它成为导致20世纪30年代大萧条的因素之一。

1971年，随着布雷顿森林体系的崩塌，货币价格同黄金的最后一丝正式联系也被切断。布雷顿森林体系限制了贸易：持续的贸易逆差给货币造成了巨大的压力，因此中央银行必须采取紧缩的货币政策。而这导致英国战后经济发展进入停停走走的怪圈，它让英国人非常难堪。

布雷顿森林体系终结之后，发达国家的经济发展速度迅速提高，也导致了20世纪70年代因为通货膨胀带来的衰退。最后，一个新的体系从无到有建立起来。欧洲希望能够在内部重建一个固定汇率体系，但是主要货币，包括美元、德国马克、日元和英镑之间的汇率总是呈现出此消彼长的态势。因为无需捍卫固定汇率，在贸易持续逆差的情况下各国也无需承担严重后果。20世纪80年代初，联邦储备银行率先将通货膨胀挤出了货币体系，此时债券的收益率下降，而股票市场开始暴涨。

由此开启了大致从1987年开始持续到2007年的20年的“大稳定”时代，这一时期经济稳步增长、通货膨胀水平保持低位、资本市场活跃、信贷迅速增长。这就是本章一开头提到的那位从1982年开始购买股票的幸运儿能够发财的原因。

2000年的互联网泡沫的破裂其实是一个预警，警示我们长期趋势可能会发生转变了。那一年的股票估值达到了峰值，而随后投资者们度过了痛苦的10年。但是，中央银行按照以前的老办法降低了利率水平，随后的经济衰退也比较温和，而且紧接着迎来了房地产的繁荣。

从这个意义上来讲，信贷周期并未被打破。贷款人发现，他很容易得到贷款而利率水平也保持在低位。也许，关键是中国、印度以及东欧经济体整合加入全球经济体系从而创造出了一次起到积极作用的供给冲击。因此，经济增长加快的同时，通胀水平也很低。

2007~2008 年间，情势急转直下，因为美国超级火爆的房地产市场泡沫破裂，华尔街也出现内爆。中央银行又一次被迫以激烈手段干预经济。利息几乎降到了零，却收效甚微。中央银行又祭出了“量化宽松”政策，通过购买金融资产来促进市场的流动性并降低长期债券的收益率。与此同时，因为试图通过凯恩斯式干预手段[①]来刺激经济，政府赤字飙升。有些欧洲国家的高额赤字引发了主权债务危机，因为市场并不愿意提供那么大一笔钱。欧盟被迫对希腊、爱尔兰和葡萄牙实施经济救助计划。

潮流正在改变吗?

很可能两个延续了非常长时间的发展趋势如今已经发展到顶点了。第一个趋势就是利率不断降低。1981 年美国发行债券的收益率达到了近 16%，而到 2009 年，其收益率已经降到了 1.9%。这对经济还有股市都是巨大的刺激。债券收益率下降降低了企业的融资成本，缓解了政府的预算压力，并鼓励投资者放弃安全的债券转而投资更有风险的项目，比如股票和房地产。

这个趋势可能还有发展空间。历史上，日本曾经为了刺激经济而建议将公债收益率控制到 1%~2% 之间。但是，跟日本不同，美国和英国

---

① 凯恩斯主张放弃经济自由主义，代之以国家干预的方针和政策。国家干预的最直接的表现，就是实现赤字财政政策，增加政府支出，以公共投资的增量来弥补私人投资的不足。——编者注

必须依靠外国的资产来补偿相当一部分赤字，想要用低收益率来打发投资者是很困难的。而提高利率来吸引投资者又对经济发展有害，因为这会增加企业的融资成本，也是对借款者（其中包括买房者）偿债能力的巨大挑战。

第二个趋势同政府支持市场的能力有关。发达国家在2008~2010年间持续破纪录的财政赤字让众多发达国家的国库弹尽粮绝。卡门·莱因哈特和肯尼斯·罗格夫的研究表明，一旦政府负债超过GDP的90%，政府债务就会导致经济增长放缓。许多西方政府的负债率要么已经达到这个警戒水平，要么在不进行财政改革的情况下很快就会达到这个水平。

因此，发达国家的政府现在面临一个非常棘手的问题。现在他们无法以减税措施或者更多的政府支出来收买选民，而是必须分配痛苦、提升税率并削减公共服务。这可能会导向一个政局动荡不安的时代，就像20世纪二三十年代那样让极端主义政党赢得民心。

而发达国家面临的另外一个问题是在金融危机之前就已经存在的现象：商品价格上涨。在人类历史上的大部分时间里，经济事件是由农业周期推动的，收成好就意味着繁荣，而收成不好就意味着革命。但是，其他原材料的价格——从石油到铜，也有涨有跌。而它们的价格同勘探和开采利用它们的难易程度还有成本密切相关。

当某种原材料价格很低的时候，生产商寻找更多这种材料的动力就不足（事实上他们也没有足够的资金来做这件事）。因此，供应增加就受到了限制。最终需求会增加，供应的压力也会增大，鼓励生产商寻找更多资源。不过，要找到并开采它们需要一定的时间，价格还会继续上涨，有时候会持续上涨20年左右。而这么长久的上涨趋势只会进一步鼓励勘探和开采，最后就会出现供大于求的情况，价格也会应声下跌。正因为这个道理，20世纪70年代商品价格上涨之后，到20世纪八九十年代又出现了下跌（见图 14.2）。

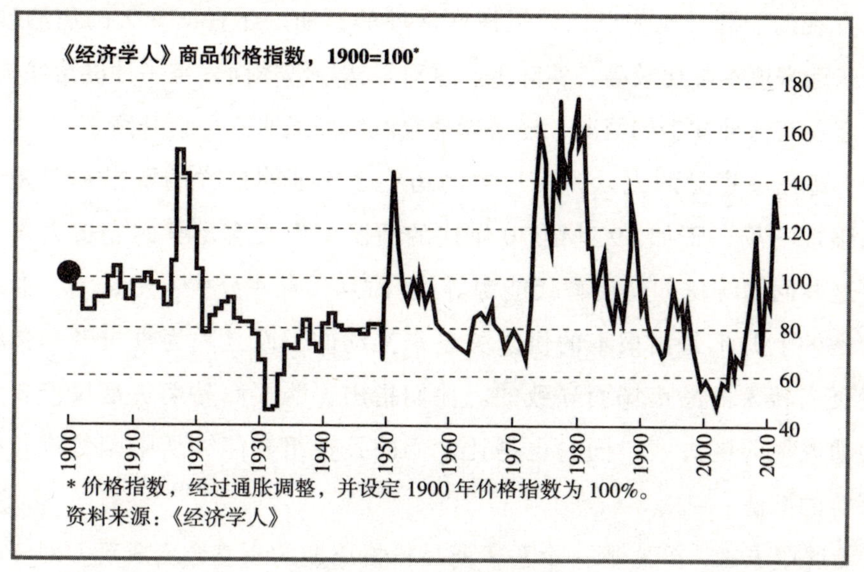

图 14.2 什么涨价了

而这个循环的最低点在 2002 年达到。从那以后，来自中国和印度越来越多的需求赶上了供给，并引起了价格的可观上涨。GMO 基金管理公司的杰里米·格兰瑟姆创造了 33 种商品的等权重指数。从 1900 年到 2002 年，这个指数实际上下降了 70%（只在两次世界大战期间和 20 世纪 70 年代有短暂的回调）。但是从 2002 年到 2010 年，短短八年期间，所有的失地都被收复了。

更令人吃惊的是，在 2008~2009 年经济衰退之后，商品价格上涨的速度尤其惊人。在过去的循环中，商品价格下跌通常可以让发达国家轻易逃出经济衰退的泥沼，其效果就像减税。但是，因为中国这样的发展中国家的需求增长，发达国家已经不再是商品价格的制定者了，它们已经变成了被动接受价格的一方。

包括格兰瑟姆在内的许多观察者认为，商品价格会保持高位运行。

它们认为人类一般会开采那些容易找到而且开采成本低的自然资源。而新发现的能源，比如巴西附近海底深埋的石油，还有加拿大的焦油砂，开采起来成本都比较高。实际上，这对发达经济体而言是一种供给冲击，比起没有这种冲击的情况，经济增速会减缓而通胀水平会升高。

持相反意见的人认为，过去的历史多次证明这样的警报都只是让人虚惊一场，正如 19 世纪 70 年代的情况。人类有足够的创造力来解决这些问题（比如使用替代能源等）。而且，有些分析人士认为，商品价格的上升不是由根本的供求关系来推动的，而是因为投机者和机构投资人转入商品市场而导致的。他们指出，购买商品期货是投资者对冲通胀风险的方式，同时也是让他们的投资组合能够从中国的成长中获益的办法。

展望未来，到底哪一个关于商品价格周期的预言会变成现实对于本章中提到的其他周期意义非凡，对于已经因为人口结构恶化和信贷紧缩导致的债务负担而千疮百孔的西方经济体而言更是影响深远。经济增长速度不够快，信贷增长势必乏力，资产泡沫出现的可能性就更小。这样一来，日本式疲软的市场就会长期存在下去。而更加看好后市的一种看法就是，商品价格升高只是中国和印度的发展给世界经济带来的成长性问题。19 世纪也出现过类似的情况，当时美国和阿根廷的发展导致了欧洲农业的萧条，但是最终带来了全球经济的繁荣。

动量效应

在过去 100 年里牛市熊市轮番出现的情况下，还是有些投资者能够赚到钱。有一部分原因是因为股票市场的一种奇怪的现象：动量效应（或称价格惯性）。最近一直表现不错的股票总是能够继续有不俗的表现。

而这种现象的累加效应则非常惊人。伦敦商学院的埃罗伊路·迪姆森、保罗·马什和麦克·斯丹顿研究了伦敦股票市场上市值最大的100种股票自从1900年开始的变化，并设计了购买过去12个月里表现最好的20只股票并在每个月进行一次重新调整收益的投资模式。利用这种投资模式，在1900年投入1英镑，可以在2009年底变成230万英镑，而假如我们投资过去12个月里表现最差的股票则只能拿到49英镑。

其他国家的股票市场也有同样的情况。对冲基金公司AQR资本管理公司的研究发现，在1927~2010年，比起那些动量效应收益最差的股票，美国动量效应收益最优的股票每年的业绩要高10%。

那么该如何解释这种现象呢？人们一般认为市场是“高效率的”，投资者无法根据过去的股价波动来发现未来的股票价格走势，但是股票价格惯性这种现象却与这种认知相抵触。这看来也不像是数据的偶然巧合，截然不同于将股票市场表现和超级杯棒球联赛的获胜队有关系这样牵强附会的说辞。20世纪80年代中期，学术界首先发现了价格惯性现象，而25年后，情况依旧如此。通过这种方式可能获得的收益绝对比交易费用要高。

很可能这是因为投资者对新消息的反应速度很慢。在判断一个企业的管理是否有问题或者它所在的行业是否有前途上，投资者的头脑中有自己的看法。因此，一开始出现利好的时候，他们会把它们当作是正常的起伏。然而，一旦利好持续，更多的投资者就会认识到，原来这种变化是根本性的，而且会长期持续。

这时候就会出现所谓的潮流效应。投资组合经理们必须每三个月向委托人做一次报告。他们可能希望用表现抢眼的股票来“充门面”，所以通常会在每个季度末尾购买这样的股票。保罗·伍利在伦敦经济学院创办了资本市场功能失调研究中心，他认为这种现象是由“本金代理”效应导致的。投资者把钱交给最近表现优异的基金经理，而这些经理会购买更多他们喜欢的股票，于是这些股票的价格惯性就被加强了。

但是，仅仅解释这种效果还是不够的。我们还需要解释为什么它还没有被投资者的套利行为给破坏掉。既然购买过去12个月中表现最好的股票能够赚钱，那么就有投资者可以据此选择过去11个月里表现最好的股票以占得先机，另外一些可能会选择最近10个月里表现最好的……并可依此类推。而这种情况之所以没有真正发生是因为有时候价格趋势会突然逆转，而在这种情况下，价格惯性策略会让投资者血本无归，就像2009年发生的情况。

动量效应并不会一直延续下去。很显然，它无法永远延续，因为股票价格不可能一直上涨。在2~5年的时间内，股票价格总是会向平均值移动。价格过高的股票会下跌。这也可能是因为投资者对某家公司的前景变得过度乐观造成的：所有的好消息都会过度反映到股价当中，而新买家则会开始因为股价过高而对它望而却步。

在这个阶段，一种与动量效应截然相反的效应——价值效应开始发挥作用了。比如说，有些公司过去被忽视了，估值过低，股票交易价格低于其资产的实际价值。一直在寻找合算买卖的人发现了这个机会并买下了这些公司的股票。从长远来看，这样的投资策略一样能够跑赢大盘，不过有些学术研究者认为这是因为这种投资方式冒着更大的风险，这纯属风险回报（属于高价值范畴的公司，股价下跌的可能性更大）。

有些观察者将股市投资者分为“价值投资者”和“成长投资者”两类。简单描述一下就是，只要股票便宜，价值投资者不在乎这家公司从事什么行业；而成长投资者则是，只要行业有吸引力，他们并不在乎公司股票价格是高还是低。

延续到未来的周期性变化

正如本章中提到的诸多趋势，价值投资和成长投资风格也是此消彼长。成长派通常在牛市风头正盛的时候出手，比如20世纪90年代的互联网泡沫时代；而价值派通常会在经济衰退的时期表现最好。

如果发达国家希望能够逃出目前的债务陷阱，就需要有几个行业能够激发成长派的投资热情。能够及早发现这个行业（比如生物科技或者替代能源）的人就能够大赚一笔。

那么，这些趋势会在2050年的时候把我们带到哪里呢？回顾历史，20世纪30年代出现了大萧条，布雷顿森林体系在20世纪70年代初崩溃，2007~2008年出现了次贷危机，因此我们不由得会想，下一次危机恐怕就要出现在2050年左右。确实让人不由得担心，但是这种担心未免过于想当然了。没有理由认为这些周期会走得像钟表一样准。

我们可以更有把握地说，在2050年之前我们可能会经历多个周期。2011年，信贷状况在市场的很多领域还是很吃紧，有些欧洲国家的政府也正在经历债务危机。这个货币紧缩时期不会一直持续下去。要么经济复苏促使银行家们放宽信贷标准，要么信贷缺乏导致违约，并最终导向经济重组。同样的，商品价格也不可能在未来40年里持续上涨。要么某个时候会发现商品新的供应来源，要么需求会下跌（而后者有可能会带来灾难性的经济后果）。

人口是另外一个问题，调整人口发展趋势需要的时间更长。然而，也有可能发达国家会经历另外一次1946~1964年那样的婴儿潮，而另外一个没有那么激动人心的结果就是，疾病（或者肥胖）会剔除退休人口这个大类。

从现在开始到2050年，金融市场各种周期性变化的持续时间也许会比其他经济领域的周期要长。比如，1966~1982 年的股市大熊市之后，牛市从 1982 年持续到了 2000 年。因此，从现在开始到 2050 年，我们也许会经历更多的涨涨跌跌。但是有一件事情是确定的：在市场繁荣的时候，股票经纪人会告诉委托人，过去的价值投资原则已经不适用了；而聪明的投资者不会被他们忽悠住。

PART 4 第四部分

知 识

科学、太空和技术前沿

15
科学的未来

人类对知识的探索将会跨入新阶段，然而，比起等级森严的东方学术界，自由和无序的西方学术界开疆拓土的成就一定会更高。

从科学的角度来看，未来是属于生物学的。作为一门学科，化学研究已经没有多少可以作为的空间了。元素周期表已经强大到以秒为单位计算原子寿命的地步，化学键的根本属性也解释清楚了。再也不会出现化学奇迹了。不过，我们还是可以期待化学领域陆续出现一些具有实践意义的新成果。

物理学研究的前景比化学稍微乐观一点。我们对宇宙的基本结构还知之甚少，用于探索宇宙的仪器变得越来越大，越来越昂贵，而效益却越来越不明显。物理学家们最新的玩具是安置在日内瓦附近的大型强子对撞机，要是用它来进行的试验能够取得实质性进展，这一领域的研究就有可能被注入新的生命力，也能够说服政界人士和纳税人继续为这项研究提供资金支持。即便如此，关于宇宙基本结构的研究是不太可能做出什么让人们的生活变得更加美好的研究成果的。

生物学却与前两者截然不同。实际上，这个领域还是片未经开发的处女地，既给了人们无尽的希望，也让人们心生敬畏。这一领域的新研究成果将会层出不穷，生物学还将会与两个非传统学科融合，这两个学科会启发生物学研究，并促进生物学研究成果的技术转化，它们就是纳米科学和信息科学。其实，生物学的本质就是纳米科学和信息科学。细胞生活在纳米王国，比化学粒子大，但是又比常规的力学单位要小。而生物体本身就是一个信息处理系统。从现在到 2050 年的这些年里，生物学、纳米科学和信息科学不同的结合方式会催生许多的创新成果。

科学的另外一个大变化不是学术上的而是地理分布上的。非西方国家在经济上迎头赶上，逐渐缩短了它们同西方经济体之间的差距，而在科技方面它们也在努力赶超西方。一旦成功，它们将会改变科技领域的格局，因为会有数量更多的聪明头脑为科学研究事业贡献力量。但是，它们却未必一定能够成功，因为要将这样的抱负变成现实，这些国家必须付出一定的社会代价，而其现任执政者未必乐于见到这样的变化。

揭示生命的奥秘

因为下面几个因素的作用，生物学研究正在取得长足的进步。首先，最近科学家们拥有了迅速、批量取得 DNA 序列的能力。其次，显微技术的进步使得我们对细胞的理解更加完善。再次，研究大脑构造的技术也更加发达了，而大脑恰恰是一个最有意思的生物学研究课题。最后，生物学家现在都普遍相信进化论，并认为它应该是生物学研究的重要指导原则之一（对此，没有几个人可以提出异议）。

19 世纪是生物分类学的黄金时代，人们孜孜不倦地将世界上的各种生物分门别类地插入到巨大的基因“集邮册”当中。在未来的几十年里，我们制作集邮册的办法怕是会大大不同了。到 2030 年左右，地球上大部分已知生物的样本都能够被人类取得，而建立样本过程本身又可以帮助我们认识更多未知的生命。比如，许多生物学家认为地球的深处生活着各种能够发挥特殊作用的菌群。

这项工作的学术意义显而易见。各种各样的单细胞有机体统御着地球，但是我们对它们知之甚少，如果能够准确找出这些有机体之间的联系，我们就能够更好地理解生命的历史。最近，这方面的研究已经取得了初步的进展，科学家利用基因技术发现了一群生物，而它们似乎属于一个同古生菌、细菌和真核细胞并列的结构域，这几大结构域并列成为生物分类的最顶层。

这绝对让人陶醉。但是，生物学的新成果可不单单是在学术上让人陶醉这么简单。19 世纪元素周期表的发现还有化学反应本质的揭示促进了化学工业化利用的飞跃。而大量新基因的发现，以及随之而来的对生物学的新理解也能够带来生物学工业化运用的浪潮。

生物学新发展的突破口之一就是生物学同纳米技术和信息技术的结合。在过去 20 年里纳米科技大红大紫，可是最终人们发现，其发展定位从一开始就出现了偏差。20 世纪 90 年代人们热衷于讨论利用纳米技术来制造一系列可以相互协作的微型机械，可是目前的纳米技术真正能够做到的就是通过分散的晶体来改善材料的性能。不过，一旦我们对细胞行为的理解更加深入，这种情况就能够得到改观。蛋白质和 DNA 都是大分子，恰好是复兴纳米科学的契机。生物化学不是传统意义上的化学，因为分子之间的距离很近，所以静电效应对它们的影响非常大，完全无法用传统的力学理论来分析分子间的相互作用。这正是阻碍 20 世纪 90 年代纳米科学发展蓝图变成现实的主要因素。早期纳米技术研究者们津津乐道的那些小嵌齿和链轮齿根本就无法正常工作，因为，在零件尺寸如此小的情况下，分子间作用力以及其他一些我们还不甚理解的电效应就开始发挥作用了。然而，有机体构成的微系统显然是可以正常工作的。一旦我们理解了它们的工作原理，其技术运用空间一定相当广阔。不管是高度人工改良的有机体还是完全人工制造的微系统都能够借用生命科学研究的成果。剧作家和科幻文学家卡雷尔·恰佩克在1921年想象出来了高智能的复杂机器人，而我们很有希望借助生命科学研究成果研制出那样高级的机器人。英语中“机器人（robot）”这个词就是恰佩克发明的。

要生产出这样的机器人就必须将信息技术同生物学结合起来，既需要更好地理解大脑的工作原理，又需要更高级复杂的人工计算能力。新的脑扫描技术能够从细胞层面上揭示大脑的各个部分是如何连接的，而速度更快、功能更强大的计算机可以借助软件来模拟这些研究发现。也就是说，我们不但可以由此理解大脑的工作原理和方式，还能够开发出以同样方式工作的人工大脑。这些成果不光可以帮助我们制造出先进的机器人，还可以帮助我们更好地理解一个多年来都让科学家理不清头绪的东西：意识。

认识自我

了解意识是自我认识的极致境界。不过，即便在2050年，人类自我认识的发展尚且无法取得如此突破性的进展，但我们还是可以在这个方向上取得许多其他的进展。其中一些成果会来自基因科学，一些可能来自化石记录研究的新进展，而另外一些则可能来自对大脑逐步深入的认识（即便我们还是无法彻底理解意识）。这些发现的共同作用可以改变人类的自我认识，而有些认识的进步则可能引发政治领域的大地震。

举个例子，人们很快就能够搞清楚自己的基因同古代穴居人有什么不同了。也就是说，人类将能够理解使其称之为人的本质属性，再加上古老人类化石中提取的DNA和现存猿猴的DNA，这幅画卷就会更加丰富和完整了。我们也能够搞清楚生活在地球上不同地区的人类的头脑之间是否存在着关键性的、系统性的差异。套用一句非常政治化的说法就是，全人类是否真的是肤色不同的兄弟姐妹。

研究者还能够发现一个人可能在现实生活中取得的成就在多大程度上是由基因决定的，又在多大程度上是靠后天的教育来实现的。教育领域也会因为脑科学的发展而发生翻天覆地的变化。虽然这项技术可能还有许多复杂的问题需要解决，但是也许有一天，人类会有可能通过改变后代的基因而提高孩子未来成功的概率。

即便我们无法靠改造基因来改善智力，也完全有可能靠改善基因来让人们活得更健康更长寿。最近，这个领域的喧嚣似乎平静了许多，因为人们发现基因其实比原先设想的或者希望的要复杂得多。不过，我们现在已经搞清楚了基因是如何控制细胞，进而控制身体的了。这方面的探讨肯定又会成为大热的新闻话题。

当然，除了人为干预最根本的基因蓝图之外，操控大脑的办法还有许多。一旦人类真正理解了大脑的工作原理，就能够理解大脑的确切用途了。大脑的用途未必会同那些非科研知识分子，比如传统的哲学家、牧师、经济学家等，原先设想的一样。他们总是脱离生物学的思维，过分强调人类的独一无二性。即使是无神论者也认为人和自然是分离的，人和人之间也耸立着各种壁垒，把我们分成不同的群体。而随着科学家揭开智人进化过程和基因源头的秘密，这种思维势必受到挑战。在新的理论中，人之所以与众不同，就是因为他的进化和适应能力，而这种进化和适应的根本作用就是生存和世代繁衍。

这一过程能够让我们清晰地看到人类的优点和缺点。比起缺点，我们的优点会更清晰地凸显出来。而传统的哲学家们一直都解释不清楚人类的优点。自私的生物学根源显而易见，可是合作精神以及人类在特定情况下所表现出来的不同寻常的自我牺牲精神等推动人类社会进步的人性优点解释起来就没有那么容易了。不过，如今对人类优良品质特点的研究已经开始起步了。现在研究的侧重点是，在复杂的现代经济活动中，人类的行为到底是什么样子的，而不是过去经济学家们习惯的，用一个概括度很高而又非常理想主义的行为模式来解释一切。在研究人类进化的时候，宗教也是个无可回避的话题。未来 40 年里，这些领域（至少是其中一些领域）的研究必然会取得大量新的成果。到那时，我们可以期待看到建立在新认识基础之上更加善意的政治理论，还有一些对此善加利用的手段高明的政治家。

外部推动力量

根本性的认识进步也可能会来自其他研究方向。20 世纪五六十年代，人们为太空时代勾勒了宏伟蓝图，设想出像轮子一样的空间站，建在月球上的基地还有火星上的人类殖民地。而这样的时代注定短期难以实现，可是这并不意味着太空探索就此停滞了。不过，现在大部分的太空探索都是利用安装在地球上或者空间轨道上的高级望远镜远程遥控进行的。这些研究的目的是回答两个问题："我们为什么在这里？"和"宇宙中只有我们吗？"。

靠加速器来进行的粒子物理研究怕是已经走向了穷途末路，但这并不意味着基础物理学本身的终结。恰恰相反，通过研究自然存在的物质，就像欧内斯特·卢瑟福和保罗·维拉德研究 α、β 和 γ 射线一样，而不是一门心思无中生有地创造自然界根本不存在的奇异夸克和希格斯玻色子[①]，这个学科的研究才真正能够固本清源。而这意味着，研究者将把

① 希格斯玻色子是粒子物理学的标准模型所预言的一种基本粒子。标准模型预言了 62 种基本粒子，希格斯玻色子是最后一种有待被实验证实的粒子。——编者注

视线投向宇宙。暗物质和重力波的研究会特别得到加强（暗物质指的是一种几乎完全依靠重力来同其他形式的物质发生相互作用的基本粒子；而重力波则是沟通重力和量子物理学的重要媒介，因为目前对重力的研究主要依靠爱因斯坦的广义相对论，而解释其他物理现象的时候都是用的量子物理学理论）。所有这些现象都可以用价格比较便宜的安装在地球上的仪器来进行观测——至少比一台超大的粒子加速器要便宜。另外一个尽管我们知道它存在，但是对它知之甚少的东西就是暗能量，它是让宇宙中的物质相互分离的能量。我们迫切需要在对它进行解释的理论上取得突破，而不是收集更多的新数据。这项研究的前景是完全无法预测的。也许当你读到这里的时候，世界的某个角落里，正有一个像爱因斯坦一样对自己的工作提不起精神的专利局小职员在试图解释这个现象。

不过，对天文学能够做出最大贡献的领域还是生物学。宇宙中是否拥有大量其他生命呢？又或者，是否宇宙中的生命非常稀少，地球上发生的一切是独一无二的？到 2050 年的时候，我们应该已经能够回答这个问题了。想要弄清楚这一点，关键性的发现是最近发现的一些围绕恒星沿轨道旋转的行星。而研究这些行星是未来很有希望获得资金支持的一种基础科学研究项目，因为这项研究真正能够回答这个问题：宇宙里还有别的生命吗？它采用的主要研究方法是光谱学。正如我们可以通过分析太阳以及其他恒星释放出来的光而发现它们的构成成分一样，我们也可以通过分析行星吸收的光来确定其大气层的成分。当一颗遥远的行星从其母星前经过的时候，一支精良的望远镜就能够帮助我们在地球上解读它释放的信号。

我们已经搞清楚了，大部分恒星都是有行星的。现在我们已经发现了数千颗这样的行星了。到 2050 年的时候，能够从地球上观测到的这样的行星的数量应该足够我们得出结论了。任何一颗大气层中含有游离态的氧元素的行星都算得上是无意中暴露的生命证据，或者说，都能够证明生命的存在。因为氧气具有非常强的化学反应能力，除非不断有新的氧气补充，否则氧气是无法在大气中以游离态存在的，而目前我们所知的唯一能够释放游离态氧的就是生物。相反，如果我们找不到氧气存在的迹象，或者发现不了任何以其他方式打破化学平衡的大气层结构，就会证明宇宙中很可能没有别的生命。

而这又将研究引向了一个最重大的问题：地球上的生命是如何起源的？观察其他的行星能够让我们知道生命的起源是容易还是困难，但是还是无法让我们确切知道它到底是如何发生的。而地球上进行的实验则能够告诉我们答案。

我们可能通过下列方法来找到答案。一种方法是通过深入分析现有细胞的工作方式，找出哪些部分是真正原始的，有可能是在生命起源的时候就形成的。还有一种方法就是在实验室里做试验，找出最简单的化学系统，而这些系统只要有原材料和能量就能够以足够的保真度来进行自我复制。

复制我们了解的生命形式将会是巨大的进步。这项技术的基础就是利用核酸来承载基因信息并利用蛋白质来做载体的工作。通过这样的研究，生物学家能够搞清楚其他生命形式是否可能形成，比如其他形式的基因或者蛋白质之外的其他充当驮马角色的高分子材料形成的生命。而这些真正意义上的人造生命形式的新陈代谢作用又反过来能够告诉生物学家除了氧气之外还要从其他行星的大气层中寻找什么。

伽利略的孩子

那么，现在关于未来科学研究内容的问题就谈到这里。但是，我们还有一个问题，就是“哪里”的问题。科研的主战场还会继续留在西方世界吗？亚洲那些逐渐崛起的力量会攻克科学的主阵地吗？

这个问题听起来很奇怪，甚至带着点歧视的意思。其实不然。这个问题的实质是，在什么样的社会中以求知欲驱动的科研能够蓬勃发展。

到目前为止，关于科学研究的一个无可否认的现实就是，当前的科学研究成果很大一部分是现代西方社会贡献的。在这个推崇文化多样性的时代，夸奖巴格达的哈里发王朝和中国宋代的科学创新成果已成为一种时髦。同样的，西方的科研革命成果也在很大程度上被归功于古希腊文明。甚至还有些人高度赞颂前哥伦布时代的阿兹特克人、印加人和玛雅人的科学。但是，这些表面上的历史先例其实很具误导性。

的确，重新发现古希腊文明的确激发了欧洲文艺复兴的科学复兴。但是不要忘了，除了数学思想之外，古希腊人对他们眼中自然界的解释几乎全部都是错误的。他们的理论，从天文学上托勒密的地心说到加伦以幽默为基础的医学，几乎都已经被人们所抛弃。早期西方科学界最关心的就是如何从欧洲学术界移除已经僵死的、普遍接受的希腊学术认知，好让人们可以去发现真正的真理。而所谓的前哥伦布时代科学，跟托勒密的天文学一样，在算术方面成就确实惊人，但是除了创造出精确的历法之外，其观点也都是错误的（而他们的技术也同样落后得可怜：印加人甚至都没有发明出轮子）。

而阿拉伯文明和中国文明同样具有误导性。这两种古文明都创造出了大量数据和许多有用的技术，但是除了在算术方面外，它们在理论方面也没有多少建树。更重要的是，这两种文明都不鼓励人们通过实验来检验思想和拒绝古老的权威学术思想。而真正的科学在本质上只尊重数据，而不是权威。

这正是亚洲国家的症结所在。亚洲国家，特别是中国，称他们鼓励科学研究。的确，描绘的“四个现代化”中就有一个是科技现代化。但是，科学是在挑战权威，而不是接受权威的过程中进步的。即便是日本，目前唯一的一个非西方技术大国，在真正的基础性科学研究方面也少有建树。日本科学家只得到了 15 项诺贝尔科学奖，而这只比澳大利亚科学家获得的多 2 项，澳大利亚的人口只有日本的 7%。对此，人们常常谈论的一个原因是，日本的年轻科学家常常不愿意挑战前辈们的观点。而在西方科学界，这样的挑战才是事业发展的根本，这种对权威的挑战影响的不仅是科研工作者的个人事业。西方科学是同自由主义的思想一起走向辉煌的，而这种自由的思维方式带来了政治变革。从伽利略到达尔文的众多科学家们都用自己的研究挑战了维系当时统治力量的主流社会规范。

受益于西方四个世纪以来科学技术创新的成果，到目前为止，亚洲这些崛起的力量还无须应对创新所必需的破坏性思维方式的转变。它们将资本大量投入开工不足的劳动力市场，并取得了进行原始技术创新的地方闻所未闻的经济发展速度。但是，一旦追上了西方，接下来它们要干什么呢？

这个问题的答案左右着科学的未来和人类的未来。如果新兴的势力接受西方世界好不容易争取来的那种科学蓬勃发展的自由的学术环境，它们自己也能够兴旺发达，不光在科技方面，社会和政治体制也会有很大发展。而如果它们不愿意或者不能够接受这种环境，它们就会落入和日本一样的命运——生活舒适，随波逐流，但是做不出真正创新的成果。

温斯顿·丘吉尔曾经说过，科学家“不应役人而应役于人”。确实，黑暗的政治艺术同做好科研所必需的天真的诚实是无法和平共处的。但是，同样不可否认的现实是，现代科学创造出的持续不断的学术发酵剂确实催化了西方社会和政治体制的进步，同样也促进了其居民的安居乐业。因此，最后一个需要我们关注的科学趋势就是科学家们自身的行动。他们会挣脱现实对思想的桎梏吗？还是会屈服于政治权威而不惜牺牲科学和社会进步？

16 摘星揽月

未来，人们对太空的探索会更加脚踏实地。

新闻头条的编辑作者最津津乐道的未来高科技典型代表就是太空探索了。说起这个话题，人们总是心潮澎湃，不过，这个话题通常并不会激起怀旧情结。然而，2011 年，一系列纪念日和标志性事件却让人们无限向往过去——50 年前，苏联宇航员尤里·加加林成为进入太空第一人；同样也是在半个世纪前，约翰·F. 肯尼迪启动了阿波罗登月计划；这一年让我们想起了冷战岁月里的那些相信一切皆有可能的英勇战士，还有那些开拓了通往遥远黑暗世界道路的目光冷峻的导弹人。

彼时恰逢太空时代肇始之初，人们想当然地认为人类征服太空指日可待。火箭专家们信誓旦旦，说我们很快就能建立轨道太空站，在那里进行之前做梦都想不到的科学研究。建在太空中的工厂能够生产出只有在失重状态下才能生产出的新奇材料，这将会是制造业的革命。而登月计划（当时人们认为很快就会在月球上建立永久性基地）只是为更加雄心勃勃的登陆金星和火星的载人飞行计划进行的预演。

还有一些人做出了更加黑暗的预言。冷战双方的将领们都为太空所能够提供的无限可能而着迷，特别是对把核武器装载到绕地球轨道上的创意很感兴趣。战略防御倡议（被许多批评者戏称作“星球大战计划”）提出要利用卫星发射激光摧毁来袭的弹头以保护美国不会遭受核打击。

当然，所有这些曾经的设想都没有变成现实。火箭技术并没有能够帮助我们建立理想中的乌托邦。当我们把几十年前勾勒的光辉灿烂的景象同现实世界进行比较时，不禁感叹现实实在是太黯淡平凡了。然而，怀念那个时代的人们言过其实了——太空时代其实已经到来，只是跟那些最狂热的预言家设想的不同而已。据说，盯着地球的那些人造卫星的商业价值在2009年的时候就已经达到了1609亿美元，而且在2008~2009年度，尽管发达国家的经济普遍遇到了问题，这一数值还是增长了11%。卫星产业的某些领域发展迅猛——一份报告指出，主要依靠美国的全球定位系统（GPS）来提供的导航服务，其市场年增长率达到了20%，而到2013年，这一行业的价值会达到750亿美元。

通信卫星担负着转接全世界的电话信号、电视节目信号和互联网信息的职责。军队，特别是美国的军队，都把太空看作是第四战场，不过军方的重点放在了侦察、情报收集和导航上，而不是发动轨道攻击摧毁敌人上。

另外一些卫星监控地球的方式则和平得多。它们负责记录从天气模式到气候变化、土壤肥力，再到森林面积减少情况的各种信息。借助于免费的卫星图片，买房人可以坐在自己的沙发上畅游有意购房的社区，石油交易者可以远程操控沙特阿拉伯的秘密油田。科研用航天器，其中最著名的就是美国航空航天局的哈勃太空望远镜，发现了许多关于宇宙本质的奥秘。轨道工厂暂时还没有变成现实，但是国际空间站在太空中已经持续存在超过十年了（其实空间站基本上是像白象[①]一样费钱、费事、用处又不大的累赘）。

1969 年，人类第一次登上月球，如今已经过去半个世纪了。人们对太空探索，尤其是载人太空探索的态度还是深受美俄两国太空项目辉煌过去的影响（见图 16.1）。然而，太空军备竞赛毕竟是时代的产物：冷战时期的偏执，执着于弹道导弹军事技术，两大政治和经济体一副非要争出个你死我活的态势。今天，这样的情况已经一去不复返了。于是，热

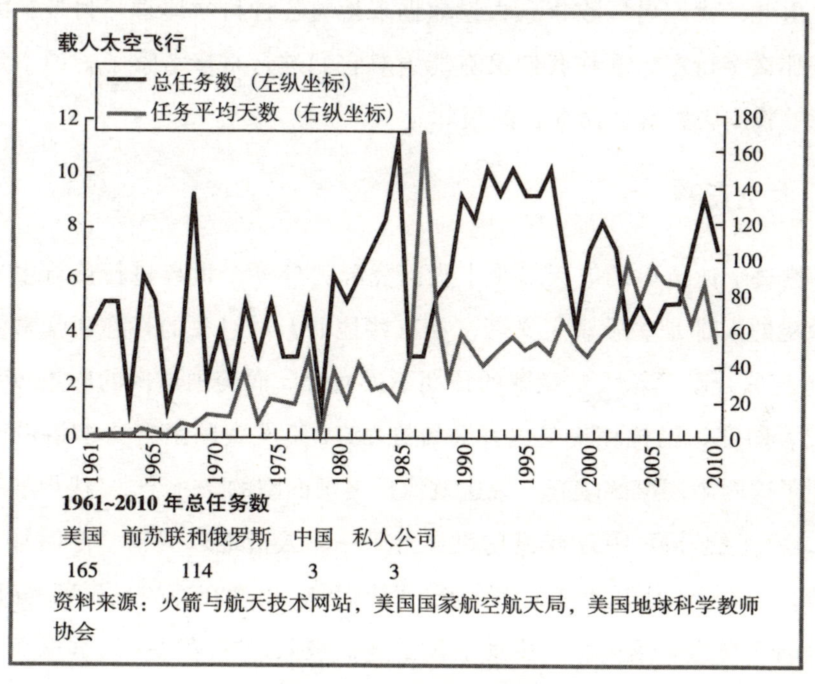

图 16.1 不可能完成的使命

① 白象就是白色的亚洲象，是一般的象得了白化病，非常稀少，在古代暹罗国（今泰国）白象被视为珍宝，只能用来供养，不能劳动，但是大象如果不劳动的话，花销很大，即使是泰国的一般的贵族也养不起，如果泰国国王对哪个臣下不满就送他一头白象，既是宝物又是御赐，那么大臣就得更好地供奉白象，于是家道很快就衰落了。后来英语就把白象称为昂贵而无用的东西的代名词。——编者注

衷于载人太空探险的人们如今遇到了更大的障碍——未来几十年里，在意识形态领域再无对手的美国冒着巨大风险、花费大量金钱把人员送入太空的劲头已经没有以前那么足了。在离地球更近的地方蕴藏着赚钱的机会，地球的外层空间还是会一直繁忙下去，总会有新的卫星被放在那里为地面上的人们提供新的服务。

太空也是天文学家的梦想之地。要不是因为大气层的阻隔，利用望远镜我们可以看到数十亿光年之外的景象，也就是宇宙数十亿年前的样子。由此，我们可以收集到大量数据来检验各种科学原理。另外，太空中有那么多行星，现在我们又有能力对它们进行直接考察了，说不定我们能够找到一颗有生命存在的星球。

重启太空竞赛

热衷于让英勇的航天员坐上火箭登陆另外一个世界进行英雄主义太空探险的人都是些乐观主义者。在有些地方，对过去的怀恋还常常同在21世纪展开新一轮太空竞赛的预期不谋而合。而美国这次的假想敌是中国或者印度。巴拉克·奥巴马总统在2011年发表国情咨文演讲的时候提到了这两个国家的崛起，说这就像是美国面临的又一个"'伴侣号'时刻"，并重提苏联1957年发射世界上第一颗人造地球卫星"伴侣号"的事情，这无异于公开支持太空竞赛。"伴侣号"出现在冷战最疯狂的时刻，被美国人视为一场灾难，由此引发了他们被共产主义对手远远甩在后面的深刻恐惧。

乍看之下，你可能会认为今天的情况同20世纪60年代的情况类似：中国和印度都是新崛起的政治力量，发展速度迅猛，而且至少表面上看起来都信心十足。而今天的美国则前途未卜，因为近几年诸事不顺，再加上经济形势始终不温不火而步履维艰。2011年宇宙飞船退役，美国在 1981 年之后首次丧失了将人员送入太空的能力。这个赢得了上一次太空竞赛的国家现在必须得靠租借俄罗斯宇宙飞船上的铺位才能够把宇航员送入自己的空间站。作为美国潜在的竞争对手，中国的进步最快。2003 年，它成为全世界第三个可以用自己研制的火箭把宇航员送入地球轨道的国家（许多国家的宇航员都已经搭载美俄的飞船去过太空了）。当时中国空军中校杨利伟在绕地轨道停留 21 小时后，成功降落到了内蒙古的草原上。

从那以后，又有 5 位中国“太空人”被送入了太空轨道。而且，这个国家的雄心绝不止于此，除了利用长征系列火箭来发射卫星并招徕商业卫星发射生意之外，中国还在计划建立自己的空间站。2011 年，试验站的两个部分顺利实现了对接。中国还勾勒了在 2017 年实现无人登月的远景目标。而该任务的目的是收集月球土壤带回地球。而 2025 年的计划是实现航天员登月。

但是，我们不应该高估中国的实力，其实力还远远落后于俄罗斯。而且，即使没有宇宙飞船，美国花在载人太空航行上的经费也比世界上任何国家都多。至少在可以预见的未来，这种情况不会改变。显然，把太空人送上月球无疑标志着中国已经初步具备了超级大国的实力，这也算得上是严密组织同技术实力结合的壮举，但是美国 20 世纪 60 年代的阿波罗登月计划远比它要更激动人心。那次壮举至今还影响着一般民众对太空旅行的各种想象。假如中国能够如期实现其目标，那他们也不过是在美国人离开后 50 年再次登陆月球。新闻媒体当然会对此做长篇累牍的报道，五花八门的预言也会应运而生，但是，第一个登上月球的国家还是美国。

2010 年，美国取消了重返月球的计划，而回归月球只是对过去成就的简单重复正是其中一个原因。这一决定可能也会导致中国搁置其登月计划。要创造真正的历史纪录，就必须看得更远。美国航空航天局正在探讨将宇航员送入小行星带的可行性。然而，尽管天文学家们渴望了解更多宇宙的秘密，登陆一块小小的围绕太阳旋转的岩石并无法给予他们多少灵感。要得到真正的启示，就必须去火星，这个传说中的太空飞行“黄金之国”。这场旅行人们已经计划了数十年了，成功登月之后，美国航空航天局内部也有许多人认为这才是合乎逻辑的下一个目标。

21 世纪中叶这个目标能够实现吗？去火星的宇航员必须在飞船里航行六个月才能够到达火星（而去月球的旅程耗时仅三天）。在飞往火星的征途上，他们还要经受宇宙射线的考验，冒着被太阳耀斑烤熟的风险。所谓太阳耀斑是指无法预测的局部辐射突然增加的太阳活动。即使他们顺利到达了火星，因为与地球的距离太过遥远，发送给地面控制人员的信号需要几十分钟才能够到达地球，回复信号到达火星又需要等量的时间。这意味着，去火星的宇航员得比登月的宇航员更自力自主才行，因为他们可享受不到登月宇航员那么便利的条件，一举一动都能接受地面专家的指导。

从投资回报率的角度来看载人太空飞行，其可行性更会大打折扣。尼克松政府考虑取消第 16 和 17 次阿波罗计划任务的时候，尼克松的幕僚卡斯珀·温伯格指出，一旦取消任务就等于“在某种程度上承认最辉煌的日子已经过去了，我们正在进行力量回缩，并主动放弃超级大国的地位，恐怕目前许多美国人都在逐渐接受我这样的看法”。登月行动的成功无疑确立了美国超级大国的地位，也极大鼓舞了美国人的自信。

当然，并非所有的太空竞赛都是出于和平目的。太空的军事意义非凡——可以从太空密切监视敌方的一举一动，保持各部队之间的联络，甚至可以通过类似 GPS 的各种工具来帮助制导武器准确命中目标，帮助士兵顺利到达任务目的地。现在，这方面的竞争已经进入白热化了。

同欧盟一样，俄罗斯已经建立了属于自己的全球卫星定位系统并投入使用，中国也有类似的计划。2007 年，中国利用导弹摧毁了一颗老旧的气象卫星，让人们意识到中国拥有了摧毁卫星的能力。为此，俄罗斯警铃大作，马上开始吹嘘自己也具有这样的能力，而美国则在几个月之后把自己的一颗旧卫星打下来了。美国政府坚称把这颗卫星打下来纯属安全措施，因为这颗人造卫星即将要坠落到地球上来了。没有几个人会相信这套说辞。

这样的竞争还会继续下去，间谍卫星也会越来越高级（据传已经有雷达发现不了的潜伏卫星被送上太空了）。而从长远角度来看，更激进的可能性也都还存在。目前，美国正在试飞一种军事用飞行器，这东西的本质就是机器人化了的宇宙飞船。美国当然还不肯透露其用途，但是从突击侦察（因为它不像轨道卫星那样好监测）到从空间轨道投放炸弹，它无所不能。长久以来，空军就雄心勃勃地想要实现从空间轨道投放炸弹这个目标。一些想象力更加丰富的将领们已经在讨论从太空轨道向目标投放钨合金棒的问题了。钨合金棒每小时的下落速度达到数千千米，比最快的导弹都要快。上述这些设想还有更多新进展都可能在未来实现，尤其是在当老牌大国同新兴大国之间的对峙变得火药味更浓的情况下。不过，至少我们可以确信，10 年内，太空不会发生太大的变化，主要的进展项目还是信息和情报采集，跟过去 50 年的情况差不多。

太空商机

20 世纪 60 年代的太空开发给人类传递的另一个信息就是太空中蕴藏着无限商机。而如今，事实证明这也有些言过其实。利用建在绕地轨道上的工厂在失重状态下进行工业生产的梦想如今基本破灭。而科幻小说宠爱的另外一种技术就是利用轨道卫星定向反射太阳光能。这项技术可以用来给孤立无援的军事基地或者科研设施提供能量，但是成本过于高昂。一个人数不多但很有影响力的决策委员会（据说其成员包括了中国登月计划的首席科学家）大力鼓吹建设必要的设施从月球上开采氦 –3（这是一种地球上不存在的因为宇宙射线爆炸而产生的物质），并将这种物质用于核聚变。经过了 50 年的尝试，我们还是没有找到建立氦 –3 核聚变反应堆的办法，所以这些人开采氦 –3 的热情也就渐渐消失了。

不过，太空中确实也蕴含着商机。20 世纪 60 年代，加加林和阿兰·谢巴德都是被改装过的弹道导弹送入太空的，那时火箭技术还是很激动人心的新技术。而今天，全世界每年都要实施几十次卫星发射，火箭的型号也有十几种。而掌握火箭发射技术的也不仅仅是美国航空航天局这样的官方机构了，其实美国航空航天局的大部分工程项目也是私营承包商承接的。火箭发射行业一直存在竞争，参与竞争的都是实力雄厚的巨头，主要有欧洲的亚利安太空公司和美俄合资的国际发射服务公司，而中国也在积极为其长征系列火箭谋求商机。卫星相关行业规模庞大，同时也已经非常成熟，主营全球范围内的电话、互联网以及电视等的信号传输业务。美国政府同这些业务关系紧密，因为它控制着 GPS 系统，而这个系统则革命性地改变了社会生产生活的方方面面，从国际货运系统到假日自驾出游，无不受其影响。

美国政府正在成为更大的太空服务消费者。奥巴马总统 2010 年面世的太空战略中计划让私营企业发挥更大作用，也希望可以通过这种方式让美国航空航天局不必再继续承担为国际空间站运送物资的重任。美国政府还希望能够在几年之内，实现太空人员运送的外包化。外包的费用会远远低于由美国航空航天局自行发射的费用。有几家公司已经在美国航空航天局的资金支持下研发自己的新产品了，而其中得到媒体最多关注的是太空探索技术公司。这是一家设在美国加利福尼亚州的公司，经营者是互联网企业家埃伦·马斯克。2010年12月，该公司将他们自己的天龙号太空船送入空间轨道并成功回收。而之后，它又携手一家叫轨道科学公司的同行业竞争对手一起为空间站运送了货物。

未来发生在太空领域的一个发展趋势是完全没有政府介入的、真正意义上的私人太空飞行，主要是旅游开发。在这方面，俄罗斯已经趟出了一条路子。它的“联盟号”宇宙飞船已经将好几个游客送入了绕地轨道或者空间站，而其费用据估计是每一次3000万美元。一家由英国企业家理查德·布兰森经营的公司，名字起得气势恢宏，叫做维珍银河。该公司希望能够利用从飞机上发射的太空飞船搭载游客进行亚轨道飞行。号称美国进入太空第一人的谢巴德所做的就是这种亚轨道飞行。该公司希望几年内就能够开始载人飞行，不过，它的飞船上一个坐席的价格就高达20万美元——仍旧贵得让人望而却步。如果能够通过火箭设计改进、规模化生产等方式降低太空旅游的费用，那么可能在几十年的时间里，太空旅行这种娱乐休闲方式就会成为人们，至少是富人们，能够负担得起的活动了。也许在21世纪，一次大气层外的旅行就跟现在的一次豪华的滑雪圣地游差不多。

奇怪的是，并非所有太空科技公司经营者都是讲求实际、一门心思赚钱的生意人。马斯克坦言，他之所以从事这个行业是因为他相信从长远来讲，人类想要生存下去就必须到地球之外的地方开疆拓土。而他认为私营企业才是唯一能够降低太空飞行成本的可靠机构，也只有它们能够把登陆火星的宇宙飞行和外星球殖民变成现实。

源于众星，智慧

那些认为载人宇宙飞行风险太大的人常常更愿意看到太空机构将预算投入到科学研究上。人们研究夜晚的星空已经有几千年的历史了，但现代科技最让人醍醐灌顶的发现还是它让我们了解到自己看到的东西是多么有限。我们通过天文望远镜所观察到的物质和能量大概只占整个宇宙容量的5%，而我们看不到的一切都被称为暗物质或者暗能量。

先来说说暗物质。一般认为，宇宙中的暗物质占其总容量的五分之一。在地球上我们能够观察到的所有物质所产生的重力并不足以解释像星系或者是星系团这样的超大型结构的运动形式。为了圆满解释这些现象，科学家们假设在宇宙的空洞里隐藏着大量的物质（海王星就是利用这样的推演而发现的，科学家们先是发现了冥王星运行的轨道异常，然后推断出冥王星之外应该还有一颗行星）。

科学家们认为，暗物质一共有两类。一类是宇宙中的碎片，比如毁灭的恒星、失去了恒星的行星、漂移的小行星带，因为太暗淡，所以在地球上无法观测到它们，这类暗物质占的比例较小。另一类占大多数的暗物质则被认为是同正常物质联系非常薄弱的、神秘的新型粒子（这些物质被称为大质量弱相互作用粒子——WIMP），因此很难被发现。一些物理学家则提出了另外一种更激动人心的可能性：根本就不存在什么缺失的物质，物理学史上验证性最优的理论——爱因斯坦的相对论其实是错误的，星系间重力作用的方式同我们所熟知的这种重力作用是截然不同的。人们在地球上，还有天空中做了许多的实验，希望可以解开这个谜团，但是，迄今为止，还没有人发现暗物质的本质。谁要是能够解开这道谜题，肯定会因其艰苦卓绝的努力而获得诺贝尔奖。

接下来的话题就是暗能量了，而它比暗物质更神秘。1999年，超新星（正在爆炸的恒星）的发现证明宇宙正在加速膨胀。这个结果令人惊讶：重力的作用本来应该让宇宙膨胀越来越慢，而宇宙正在加速膨胀这个事实说明存在一种力，它大到足以克服宇宙中所有物质产生重力的总和。

这一现象的一个可能的解释就是宇宙常数的恢复作用。所谓宇宙常数，就是指同重力作用相反的一种排斥力。为了让相对论符合其重要假设——宇宙的尺寸是固定的，爱因斯坦假设宇宙中存在这样一种力。而这种力是由“真空能量”来驱动的。真空能量是量子力学的一个假设，认为即使是在空的空间中也蕴藏着一定量的能。问题是，量子力学所假设的真空能量所能引起的宇宙膨胀量比我们实际观测到的量要大得多。按照真空能量假设来计算，早在几十亿年前宇宙就已经分崩离析了。理论推演与实际观测之间的差距何止千里，其差距之大也是科学史上所仅见的，这种尴尬的不一致让许多物理学家开始对现有的重力模式提出了质疑。能回答这个问题的人无疑能将另外一个 21 世纪诺贝尔奖揽入怀中。

寻找外星生命

在其发展史上，天文学一直同物理学密不可分。不过，生物学也许有一天也能与这些星星攀上关系。而外星生命的发现也许会成为科学史上最伟大的发明。

发现外星生命并不容易，尤其是外星生命形式只是简单的微生物而不是一个高度发达的外星文明的时候就更难。火星是不是有或者是不是曾经有过生命，这个问题还没有解决。另外，可以想象得到，太阳系中也还有其他一些行星上有可能有外星生命。木星的卫星，冰壳覆盖的欧罗巴（又称木卫二），人们怀疑在其冰壳下面隐藏着一个覆盖全星球的海洋，因为这颗卫星同其母星之间的动力作用而保持温暖。而土星的卫星泰坦是另外一个候选对象。2004 年到达泰坦的“卡西尼·惠更斯”号科学考察探测器报告指出，这颗卫星的大气层中有些化学迹象似乎能够证明，在其表面上散布的湖泊所释放的寒冷沼气中存在某种形式的生物，当然这只是个初步的结果，还没有得到证实。

必须要承认，上面这些研究取得实质性进展的希望比较渺茫。地球很可能会被证实是太阳系中唯一孕育了生命的星球。但是，只要天文学家们知道了原来看到的星星只是和太阳一样的恒星，他们就可以合理地推测银河系中还有很多其他的行星。用不了几年，我们也许就可以直接观测这些系外行星了。美国航空航天局2009年发射的开普勒太空望远镜肩负着发现这种行星的使命，它目前已经找到了1200颗这种行星存在的证据了。银河系的1000亿颗恒星当中至少点缀着500亿颗行星。即使这里面只有极少一部分存在于某颗恒星的“适于居住区域”——距离恒星足够近而能够存在液态水，同时又不会太近，水不至于沸腾——那么就至少存在数百万个生命可能发生发展的世界。

很快，我们就不必仅仅依靠外星生命会多么普遍的统计学推理了，因为我们将会直接检验它们是否存在。技术的进步使得我们能够分析这些星体大气层的成分，寻找那些能够说明问题的新陈代谢的化学副产品。

17
智能微尘

互联网在短暂的时间内改变了这个社会。而将来的变化会更快，因为我们创造和处理的数据正在以指数速度增长。

“二战”即将结束的时候，美国总统罗斯福的科学顾问范内瓦·布什在《大西洋月刊》上发表了一篇题目叫作《诚如所思》的文章。他设想了一种叫作“memex”（memoryextender，记忆增强器的缩写）的机器，用来存储所有人类的知识，而且使用者可以随时调取这些知识。一位操作者坐在键盘和显示器前同信息打交道的景象，相对当时常见的机械打字机还有图书馆的微缩胶卷投影机，这算得上是思维上的一小跳。memex能够在不同文件之间建立联系，正如人们会发现不同想法的规律性一样。布什设计这部机器的目的是实现人类思维的自动化。而且布什还描述了一个人使用这种机器的程序，参考今天的互联网，我们不禁要感叹他非凡的预见能力：

他首先翻阅一本大百科全书，找到一篇有趣但是很简略的文章，把它记录到机器中。然后，他在历史书上找到了另外一个相关话题，将二者结合起来……然后，他换了另外一种方式，在教科书当中查找……最后，他插入了一页自己手写的分析。这样，他就在自己能够获取到的知识库中建立了一条属于自己的兴趣轨迹。

要是想到这个主意的是其他任何一个人，它都有可能被当成是科学幻想而被丢在一边。但是，作为当时最杰出的科学家之一，布什却鼓励当时最优秀的人才去努力探索如何才能用技术来驾驭信息。后来发明出互联网的工程师们还有万维网的先驱者们都承认自己的研究受到了布什远见卓识的指引。未来可能跟布什所预测的稍有出入：要是知道今天互联网用户留下最常见的“兴趣轨迹”就是色情内容的话，这位一本正经的新英格兰绅士一定会气得吹胡子瞪眼的。而且，在他的设想里，完全没有提到改变了信息生成、处理和传递的计算机技术，而正是这项技术才让他的设想变为现实。不过，他的 memex 还是很精准地预言了人类将如何延伸他们思考、发现和分享知识的能力。

我们同信息的互动发生了惊人的转变，而今后 40 年里，在这个方向上将会出现两个主要的发展趋势。一是，技术会继续以越来越快的速度发展进步，今天像 iPad 之类的东西将不再作为卓越技术的代表而让人顶礼膜拜，更像 memex 的工具将成为人们的新宠。二是，因为信息技术将会更加强大、更加普及，研究开发的重点将会从这项技术本身转向它的应用。正如早期印刷术的发展使得其本身的光华很快就被其催生的一切（比如大众的读写能力以及改革和民主）光辉所掩盖一样。

古代和现代的信息技术

这个世界总是不断被信息冲刷。而在任何时代，信息的完美收集都是人类不懈的追求。在公元前 3 世纪，埃及法老托勒密三世要求所有的旅行者交出自己的书册以供抄写和保存，由此建立了亚历山大图书馆（图书馆会收藏书册的原本，而将复制本交还给原主人）。而“9 · 11”

事件之后，美国政府发起了一项叫作“整体情报识别系统”的计划，希望能够搜集和编辑从电话号码到网络访问记录，再到信用卡消费记录，甚至是医疗记录的所有个人信息，最终迫于民众担心自己的隐私权受到侵犯的压力而改变了其具体操作方式。豪尔赫·路易斯·博尔赫斯在其短篇小说《论科学的严密性》一文中描述了这样一个国家，那里的制图师们极其追求严密性，所以画出了一张跟这个帝国一样大的地图，而因为它太笨重了，他们的子孙后代就任其四分五裂了。“在西方的沙漠里还能找到这幅地图的碎片，里面或许会住着一只野兽或者一个乞丐。”

不过，有三个因素使得现代利用信息同古代不同了。首先，微型芯片革命意味着人类收集、存储和加工信息的能力大大增强，而且相关的费用也大大降低了。其次，20 世纪全世界经济发展程度惊人，这也使得同信息发生关系的人大量增加。再次，虽然无线感应技术才刚刚起步，却已经开创了一个新时代，信息不再完全由人创造而是更多地由机器、我们的身体甚至是环境本身创造。

在这些趋势共同作用下，信息增长的速度会加快。历史上困扰我们的一直是信息缺乏问题，未来我们最大的难题则是信息过量问题。今天，我们遇到的主要问题就已经不是获取信息而是如何找到有用信息了。比如说，当今世界最具价值的公司之一就是谷歌了，它创建于 1998 年，仅仅用了十年，其市值就达到了惊人的 2000 亿美元。而它实现价值的唯一方式就是替人们在已经公开的信息当中查找有用的那些信息。然而具有讽刺意味的是，在这样做的同时，谷歌会生成一个搜索结果排序，而这又增加了更多的信息量。

首先，让我们来思考世界上到底存在多少信息以及这些信息增加的程度。在这个问题上，专家们的意见还是存在一些分歧的，因为他们的参照物不同。但是，他们的结论大体上一致：现存信息量极大，而且还在迅速增加。比如说，1453年到1503年的50年里，大概一共印刷了800万册图书，据说这比此前1250年间君士坦丁堡建立之后全欧洲出版的书籍总数都要多。牛津互联网研究院的维克托·迈耶–肖恩伯格在分析了历史学家伊丽莎白·爱森斯坦关于这个问题的研究之后，说道："产量增长速度是惊人的25倍。"

而现代技术却让这样迅猛的发展也相形见绌。IDC市场研究公司的研究表明，世界上存储的信息总量差不多两年就会翻一番。2011年，全世界存储的信息总量将会达到1.8皆字节（一个皆字节相当于1后面跟20个0的字节），或者说1.8万亿个千兆字节。同时，今天生成和存储

表 17.1 信息通胀

单 位	大 小	描 述
比特（b）	1或0	"二进制数位"的缩略，表示计算机用来存储和处理数据的二进制编码，0或者1
字节（B）	8比特	足以用来创造一个英文字母或阿拉伯数字的计算机编码。这是计算机处理的基本单位
千字节（KB）	1024字节 2^{10}比特	来自希腊文的"千"字。一页键入的文字相当于2KB
兆字节（MB）	1024KB 2^{20}比特	来自希腊文的"大"字。莎士比亚所有作品总共5MB。而一般一首流行歌曲的大小是4MB左右
千兆字节（GB）	1024MB 2^{30}比特	来自希腊文的"巨大"。两小时长的电影可以被压缩到1~2GB
太字节（TB）	1024GB 2^{40}比特	来自希腊文的"怪兽"。美国国会图书馆所有物理藏书转化为电子数据大小为15TB
拍字节（PB）	1024TB 2^{50}比特	美国邮政服务在2010年投递的所有信件的信息量为5PB。谷歌在2009年每小时的信息处理量为1PB
艾字节（EB）	1024PB 2^{60}比特	差不多相当于100亿册《经济学人》
泽字节（ZB）	1024EB 2^{70}比特	2011年全球信息量据估计达到了1.8ZB
尧字节（YB）	1024ZB 2^{80}比特	目前这个量还大得难以想象

注：这些单位是由政府间合作机构国际度量衡局来规定的，皆字节和尧字节这两个单位是1991年增加的，比这更大的单位现在还没有做出规定。
资料来源：《经济学人》

信息的成本只是2005年的六分之一。而计算机存储每千兆字节的成本也将会从2005年的19美元降低到2015年的66美分。因此，我们完全有理由相信，这些趋势的发展速度会保持现在的水平，甚至更快。

到2020年，需要被主动"管理"的信息会增加到现在的50倍。或者借用迈耶–肖恩伯格分析中世纪信息革命的方式，当时欧洲用了50年的时间让信息储备翻番，而今天的社会让信息储备总量在差不多10年的时间内增加了50倍。存储的信息只是现实生活的投影。IDC市场调查公司估计，每1千兆字节的存储信息都能够生成1拍字节（差不多100万千兆字节）或者更多的瞬时数据。所谓瞬时数据就是指像电话或者电视信号这样未经记录就消失在苍穹中的信息。

南加州大学安纳堡研究中心的马丁·希尔伯特超越了存储信息的界限而研究了我们身边的所有信息。这些信息包括电视、电子游戏、电话甚至是汽车导航系统和邮寄的信件。据他估算，2007年全世界被2.25泽字节的数据淹没。因为在他设计的模型中，全球信息量大概每三年增长1倍，那么到2011年全世界已存储信息量就能够达到600艾字节。如果把所有这些信息都印成书本，这些书一本本码起来能够覆盖美国26层。如果存储在CD光盘上，把这些光盘连起来能够达到月球到地球距离的2.5倍。这个量还相当于给地球上的每个人堪比亚历山大图书馆藏书量160倍的信息。

因此，不难理解，一直以来就有大量的信息让我们烦恼，今天信息超载已然成为非常现实的一个问题了。以另外一个经典且容易理解的方式来解释，如今的信息储备增长速度是世界经济发展速度的4倍，而计算机的计算能力增长速度则是它的9倍。坏消息是，我们将一次次被海量信息淹没。而好消息则是，发展过程本身也暗示了出路，因为帮助我们处理信息的工具本身也在不断改进。比如说，计算和通信成本的降低已经让垃圾信息成为现代生活中常见的现象，但是用来过滤的软件也不断进步，能够过滤其中大部分垃圾信息。技术为我们创造麻烦，又同时为我们解决了这些麻烦。

越来越智能化的通信

当我们考察电信行业的时候，也会发现同样的发展趋势。有两种变化已经开始数年了：数据流取代了语音通话，而移动电话超过了固定电话。这些趋势彻底改变了电信行业经营方式，也改变了人们同信息以及其他人之间的互动联系方式。不过，因为有许多人都经历了这场革命，所以有时候我们意识不到它的改变到底有多么深刻。

首先，我们来考虑一下从事商业活动的电信行业。电信行业起步于19世纪，因为当时利用这项技术的成本非常之高，也因为大部分政府都希望能够控制公民的通信，所以大部分电话公司都是由政府来经营的。而到20世纪末，刚刚实现私营化的电话公司通常都是各国国内最大的公司。美国电话电报公司和日本电报电话公司曾经一度竞争过世界最大公司的头衔，评比的内容包括营业收入、市值和雇员人数。

曾经的巨头却一夕没落！曾经占据行业垄断地位的这些巨头的没落表现在许多方面，但是最有趣的就是今天所有传统电信运营商在电话业务领域的重要性正在逐步减小。从1990年以后，国际语音业务量都以每年13%左右的速度增加，而在1999~2001年这个行业鼎盛时期，增量更是惊人。然而，从2005年开始，一个奇怪的现象出现了：国际电话业务的年增长率下跌至不足5%。如今人们的越洋电话打的少了吗？绝对没有，反而是越打越多了。但是，TeleGeography公司的研究表明，不能根据电信运营商们记录的数据来统计通话数量。更多通话的联通服务是由软件网络电话公司Skype来提供的。今天，国际电话业务量的四分之一左右是网络电话。而国际电话增量中，Skype的份额与全球其他电话运营商增量总和之比为2∶1。换言之，语音通话增长带来的新盈利机遇都流入了这家软件创业公司，而不是通信设施提供商。在短短十年的时间里，整个行业都发生了转型——有人则会说这个行业被毁灭了。

接下来，我们再来说说移动电话。几年之前，移动电话还是很稀罕的新奇事物。而近来，反而是固定电话成了稀罕物。2008年，转接到移动电话上的通话量才开始超过固定电话，而估计到2012年，由移动电话打出的通话量会超过固定电话。正如过去电话取代了电报，假以时日，移动电话也会将固定电话挤出市场。而这一结果的直接影响就是，通信将同移动性永远交织在一起。因为手机能够做的远远不止打电话一件事，每个人都会拥有一部电子设备来协助他工作和生活（同时也让别人能够定位他）。

演变与革新

这个发展趋势的下一步就是用视讯电话来取代语音电话。在很多情况下，这一替代意义非凡：图像所传递的信息比声音传递的信息要多得多，特别适合传递通话中的情感内容。而在通话对象的眼中，视觉信息被认为是信任的要素。不过，视讯电话在其他一些情景之下却意义不大。电视出现之后，无线电广播节目还是很繁荣，同理，即使有朝一日视讯电话得到了普及，最常见的很可能还是语音通话。然而，电信行业更具实质意义的一个演变会是将移动电话功能集成入可以更容易随身携带的物品，比如戒指或者手镯当中，或者将其植入我们的身体而淘汰单一功能的移动电话。这一天并不像我们想象得那样遥远。

我们通常会把计算机革命和电信革命分开考量，而事实上这两项技术越来越像连体婴儿，是紧密联系在一起的。全世界每年芯片的产量大概是 100 亿个，而这些芯片被装入了计算机、汽车、咖啡机还有信用卡等各种东西当中。其中装有芯片的绝大多数东西能够“思考”，但是不会“说话”：它们可以执行特定的功能但是不能交流。而这种状况将得到改变。还记得摩尔定律吗？芯片正在变得越来越小，功能越来越强大，处理速度更快，价格也更便宜。鉴于这种情况，在芯片上添加新功能的空间也会越来越大。

摩尔定律

1965 年，芯片制造公司英特尔公司的一位叫作戈登·摩尔的工程师无意之间定义了信息时代的本质规律。他发现，芯片中集成的晶体管的数量差不多每年会增加一倍。后来，这个时间段被更正为 18 个月。在之后几十年里，这条被称为“摩尔定律”的推测就成为硅谷当中被封为金科玉律的为数不多的几条原则之一，尽管每隔几年就有人会预言它的失准。而这个思想的发展也远远超过了摩尔当年的预言，现在的版本是，不光芯片性能会改进，价格也会以同样速度降低，尺寸以同样速度减小而运行速度以同样速度提高。根据观察，情况大致如摩尔定律所述。计算机的成本降低和性能提高的影响因素有很多，而摩尔定律则是最重要的推动力量。正如詹姆斯·格雷克在其作品《信息——一段历史、一个理论和一场洪水》一书中描述的那样：“所有的信息就那样笼罩在我们的头顶：看不清，摸不着……虔诚的人可能就是以这种方式感受天堂的。”

移动通信设备和芯片发展的历史就是将不同元器件的功能都集成到芯片上的历史。因此，现在的电话比几年前的电话小得多了。如果你把手机的外壳打开，就会注意到绿色电路板上的小装置要比以前少多了，原来那些微小的晶体管、电阻器还有电容都被集成到了芯片上。今天的芯片已经不仅仅是“计算”设备了——因为内置大量的晶体管，它们可以当收音机用（不过，现在还需要在上面连接一些物理的东西，比如天线）。

这种发展趋势到最后会形成我们称之为物联网、普适计算、嵌入式互联网、传感网或机器对机器通讯的产物。2050 年前的这 40 年，它的发展将会给人类的生活带来最多的变化。麻省理工学院的一位计算机科学家戴维·克拉克曾经参与了互联网的开发，他相信，在 10 年或 15 年内，物联网将会容纳上万亿件设备。据通信设备公司思科的估计，在 2010 年，已经联网的设备总量是 130 亿件，两个数据之间的差距还是非常大的。但是，从理论上来说，克拉克的估计是合理的，因为现在几乎我们使用的每样东西上都附有无线射频识别码（RFID），从服装吊牌到交通管理系统，RFID 无所不在。最基本的 RFID 成本不足一美分，最小的可以被植入指纹槽沟里，而 RFID 的全面网络化只是个时间问题。首创传感网的麻省理工学院工程师团队把 RFID 称为“智能微尘”，因为他们认为芯片终有一天会变得微小、便宜且无处不在。微软的数据库开发先锋吉姆·格林也曾提到过“一美分的个人电脑”，表达得也是同样的观点。

指数型发展的未来

上述这些令人费解又啰嗦的技术分析自有其深远的影响。它让我们了解到今天人们对现实世界的理解和对未来发展趋势的认识中间存在着本质性的脱节，而随着时间的推移，这种脱节会越来越明显。当我们同自然打交道的时候，我们遇到的是一个线性的世界，而我们自己创造的这个技术世界则是呈指数速度发展的。比如说，老祖宗们打猎的时候，会观察猎物的跑动，在掷出长矛的那一刻他们能够预先估计出这个动物在几秒钟之后会跑到哪个位置：这种推测是线性的。在公路上超车的时候我们也是以类似方式来进行判断的。但是，硅晶技术革命运行变化的规模则是完全不同的。进步要用指数增长来衡量，就在美国电话电报公司发明出晶体管来替代脆弱的真空管之后的60年里，信息技术已经发展到如此地步。如今各种新的发明正蓄势待发，将会带来许许多多我们在几年之前甚至连想都没有想过的变化。这迫使人们变换思维方式，而且我们还不得不更加频繁地这样做。

人类社会中一个会遭受剧烈震荡的领域就是经济。强大的技术力量和过去完全没有可能收集到的新型数据会催生许多新市场。比如，今天的经济学家把许多项目都看作是间接成本，因为我们没有办法确定到底是哪个人或者哪个组织使用了某种资源。而传感交流技术能够改变这种状况，因为它能够确定某个人或组织到底使用了多少资源。这些技术使得资源的使用过程变得透明、有据可查而且便于衡量。再比如，没有多少条公路可以根据人们对道路的使用量来收费。但是，随着无线电组件被集成到车辆上，这就成为可能。德国的卡车就安装了这种装置。最近，保险公司开始不按年收取车险保费了，而是根据车辆的实际驾驶时间和地点来计费。这个系统现在还不能根据驾驶习惯或者车速等因素来确定驾驶安全度并以此作为计费标准，但是可能很快我们就能够做到这一点。

商业也会经历转型。约翰·哈格尔是一位咨询师，约翰·思雷·布朗是施乐公司帕克实验室的前董事，这间传奇实验室发明了计算机和鼠标，只是没有能够对它们加以开发利用。这两位是深谙硅晶风暴奥秘的专家。他们认为，现代公司需要调整其对“业务成本”的认识，要把在公司内获取并分享信息的成本计入其中。以此为基础的学习和创新是决定一个企业成败的关键。因此，公司需要采取一切措施保证员工能够便捷地获取和交换信息。一个世纪以前，公司经营的中心任务就是利用等级森严的结构来控制运营和信息，而今天和未来，技术似乎在迫使公司放弃一些集中控制并且开始鼓励自主性。

新秩序

社会变革也许会是所有变化中最剧烈的。维基百科几乎完全是靠自行组织的志愿者共同建设起来的，它已经成为全世界知识的仓库了，尽管它所描述的那个世界里还有许多不完善的地方。古登堡活字印刷术印刷的马丁·路德对教会的批评，以及从拉丁文翻译成德语的《圣经》出版之后差不多 70 年的时间，德国的改革之火才被点燃。而自从 1969 年第一张网页被创造出来之后，只用了 40 年的时间，在 2011 年，“阿拉伯之春”的烈焰就在整个阿拉伯地区爆发了，而 Twitter 和 Facebook 这样的社交网络对这场革命起到了推波助澜的作用。

在过去一个世纪里，人们采纳新技术的速度大大加快。只要把互联网的发展速度同过去的技术比较一下你就明白了。其中一个衡量办法是人工智能的推动者雷·库兹韦尔提出的。该办法衡量技术发展速度的指标是一项技术成为大众媒介，也就是美国人口中有四分之一的人接触到它所要的时间（见图 17.1）。根据这种计算方法，电话在 1876 年之后花了 35 年时间被普及。收音机和电视机普及花费的时间越来越少。而硅晶技术出现之后，新事物的普及速度大幅提升。互联网 1991 年正式诞生，而只用了 7 年时间就让四分之一的美国人口用上了它。

库兹韦尔还展望了这个趋势的后续发展。他认为在不太远的将来（有一次他把这个将来定位在了 2045 年）计算机就能获得超人的智慧，他把这称为奇点。很多人都认为这个想法太异想天开了。的确，想想看，我

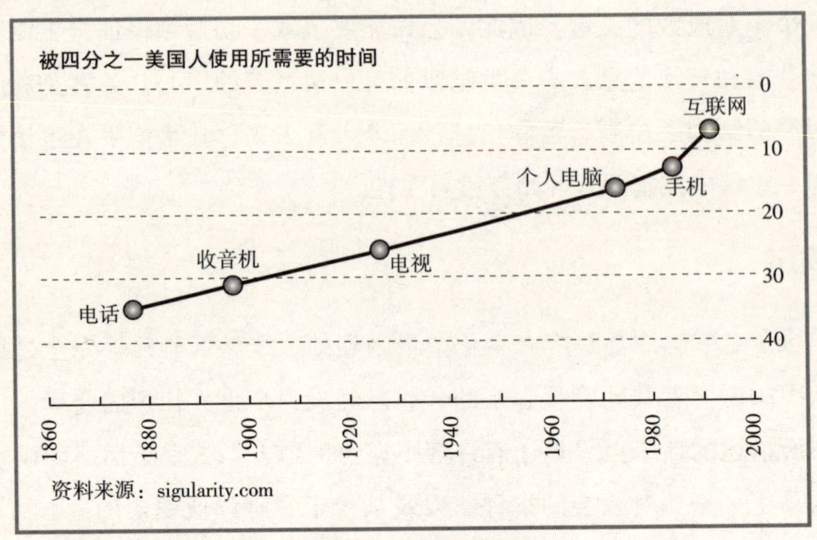

图 17.1 发明的普及

们的计算机时常崩溃，移动电话老是掉线，所以我们很难把广告里宣传得天花乱坠的高技术产品太当回事。但是，我们可以确定的是，随着计算机技术呈指数形态进步，一定会发生一些特别的事情。

人们的一个担忧就是机器会反噬人类，就像《2001：太空漫游》中可怕的超智能电脑 HAL 一样。不过，也许我们现在就可以说计算机已经失控了。2010 年，因为“高频交易”的存在，纽约股票交易所里三分之二的股票交易都是通过计算机算法来进行的。我们有相应的法律和机构来规范人的行为，间接考虑到人的动机问题（不管这种动机是否理智）。但是，你该如何规范软件的行为呢？

最终，我们无法预测所有的信息和技术会如何被使用，但是我们能够理解它们能够作为平台孕育后续的技术革命。电力设施只是为了电灯而铺设的，但是最终它却被用来给各种设备供电，包括个人电脑。同理，传感网、人工智能还有海量数据等技术也会被用来做一些它们的创造者们想象不到的事情。

无论这些趋势会有什么结果，我们都应该怀着浓浓的谦卑心态面对未来。技术很少按照人们预设的方式发展。19世纪90年代，当马可尼发明无线电报的时候，他从来没有想到过无线电广播。而在那之前10年电磁波之父海因里希·赫兹曾经断言："我不认为自己发现的无线电波能够有任何实际应用的前景。"而1947年的时候，对于贝尔实验室的研究人员而言，晶体管只是替代收音机里真空管的一种更高效率的元器件。他们全然想不到它们会被用在计算机上。甚至是预言了memex的范内瓦·布什在提到用唱片（而不是磁带）来记录声音的时候也有点儿半开玩笑的性质，至于数字化录音则是他完全没有想象到的。

在我们为自己处理信息的高超技艺而沾沾自喜之前，有必要提醒诸位，我们的信息处理和存储技术同自然本身根本无法相比。每个人身体内大概有60万亿个细胞，而其中的DNA所携带的信息差不多相当于我们所有的电子计算设备存储的信息的总和。"同自然母亲相比，我们只是笨拙的学徒，她还是遥遥领先。"南加州大学的马丁·希尔伯特强调说。而2010年全世界所有计算设备的计算能力加在一起，处理的指令个数也只相当于普通人大脑五分钟的神经脉冲数量。希尔伯特说："人类的大脑是最令人惊异的信息处理机器！"这对我们而言是个好消息，因为我们不会这么快被机器取代。

18
距离已经消亡，物理位置长盛不衰

技术消灭了距离。然而，随着人与人之间的联系越来越紧密，他们到底身处何处会比以往任何时候都更重要。

我们是否正在经历“距离的消亡”呢？这个问题是当时《经济学人》的一位高级编辑弗朗西斯·凯恩克罗斯在她 1997 年出版的作品《距离的消亡》中提出的。她的结论是：

在 21 世纪的上半叶，距离不再成为通信费用的决定因素，这也许会是改变世界的一股最重要的力量。它会改变人们在哪里工作、从事什么工作、国境线和主权概念确立还有国际贸易等方方面面的决定，当然，具体如何改变，我们现在还只有一些模糊的认识。

当时还是美国第二大长途电话业务运营商的美国世通公司允许其普通客户在母亲节这一天免费打电话，凯恩克罗斯认为这件事意义非凡，不过，她预测说，将来终会有一天每个地方、每一天都是母亲节。

每天都是母亲节

对许多人而言，这个所谓的未来已经成为现实了，他们借助的工具是互联网通话服务，比如 Skype 和 Google Talk。只要把相关软件下载安装到你的个人电脑或者智能电话上，而且你的谈话对象也安装了同样的软件，你就可以一分钱不花使劲煲电话粥了。而且通过互联网给普通固定电话和移动电话打电话，话费也非常低（比如 2011 年 6 月，用 Skype 从英国往美国打电话只需要每分钟 2 美分）。即使是那些更愿意用普通电话来打电话的人，语音通话也变得极其便宜了。凯恩克罗斯的书刚出版时，在高峰时段从美国往任一经济合作与发展组织成员国打电话每分钟的费用是 81 美分。

语音通话只是个开始。1936 年德国邮政公司开展了首个公共可视电话业务，从那以后，技术预言家们就在预言视讯电话的成功了。这其实也已经成为现实了：Skype 就允许用户打免费的视讯电话，而 2010 年上半年人们通过该公司服务打出的 950 亿分钟电话中有 40% 是视讯电话。

Skype 或者谷歌所提供的视频通话服务也许能让家中的老奶奶露出幸福的笑容，但是，其质量和可靠性还不足以满足专业视频通话的需要，无法取代面对面的交流。因此，有几家公司，包括思科和惠普都开发了“远程呈现”技术。特殊的演播室取代了照相机、麦克风还有扬声器，使用者可以进行面对面的交流，而声音就从呈现说话者影像的那个巨大显示器的方向传出。快捷的网络再加上精妙的数据压缩技术确保了通话的即时性。参与者会感觉到大家是在同一个房间里交流。

这样的工作室还很昂贵。但是，随着它们售价的降低，在企业界这样的交流很快就会普及。在今后几十年里，人们出差的次数应该可以大幅减少，不过你必须晚睡或者早起来同身处其他时区的同事们一起开远程呈现会议。

最终远程呈现技术会进入普通家庭，也许内置进电视机，而未来的电视将会变得更大更平。消费者会想到许多新的使用办法。现在已经有一些家庭通过视频网络同打电话进来的亲戚共进美餐。还有人通过电话屏幕看到对方厨房里的景象，屏幕成为他们参观别人家的一扇窗户。这些都预示了未来的发展趋势：不同地方之间建立虚拟连接的影视墙会走入千家万户。

个人速度和永恒运动

另外一个消灭距离的方式就是超高速旅行。菲利斯·弗格（《环游世界80天》的主人公）花了80天的时间环游地球。未来，他可选的交通工具包括超级汽车、高速列车还有超音速喷气式飞机。到时候协和式飞机可能已经不再飞了，但是至少有一家公司正在开发“超音速商务喷气式飞机”，这种飞机时速可达1.6马赫，把旅客从纽约送到巴黎只需要4小时。

不光人类旅行的最快速度提高了，平均“个人速度”也提高了（这个概念是因为旅游社区网络网站Dopplr而流行起来的，它根据用户旅行的速度来计算用户的平均速度）。以乘飞机旅行为例，全球营收乘客里程（计算方法是付费登机旅客数量乘以某班机运行里程）从1970年至今已经增长了9倍。或者以汽车为例，在发达国家，每百名居民拥有汽车的数量已经达到了50辆。1990年，中国的道路上行驶的汽车只有550万辆，而现在已经超过9000万辆。

这个趋势会持续下去吗？只能持续一段时间，因为它们会遇到科技发展的挑战。那些更快捷和更便宜的电子流会继续移动，而人们身体的移动则势必被淘汰。视讯会议将会大幅削减商务旅行预算；而如果汽车数量继续增加会产生严重的环境后果。有人估计，要是中国的汽车保有率达到美国的水平，该国所有车辆排放出来的二氧化碳会比今天全世界车辆排放出来的二氧化碳都多，即使其燃油消耗量远低于平均值。

因为这个原因，到2050年，人们旅行的速度也许不会比2012年快太多，除非有人发明出了《星际迷航》里的瞬间移动技术。然而，生活的节奏还会以其他方式加快。智能电话以及其他一些移动技术产品可以让人们在保持连接的状态下持续运动。欢迎来到数字流浪时代。

移动奇迹

诚然，越来越便宜的语音通话和越来越高级的视频交流技术拉近了人与人之间的距离，而真正将人们连接在一起的还是移动技术。凯恩克罗斯说："对很多人来讲，带手机就像带钱包或者手表一样自然。"在发达国家这种情况已经成为现实了：在许多发达国家，手机使用量比人口数量都高。而在贫穷国家，移动电话也在迅速普及（见图18.1和图18.2）。

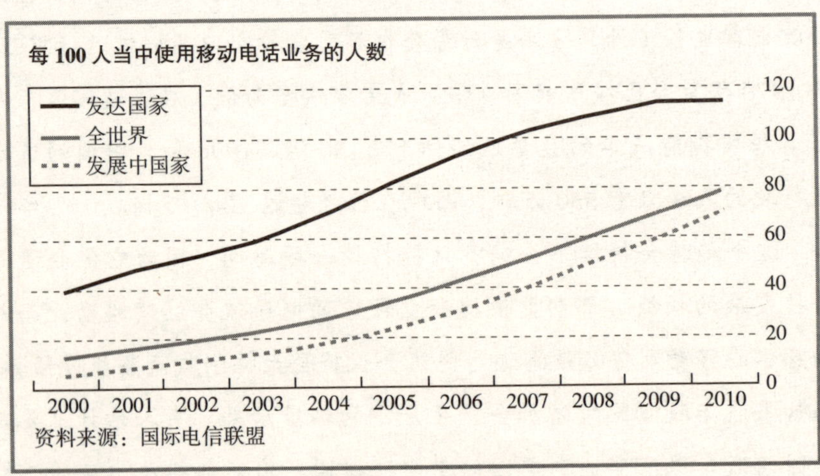

图18.1　边走边聊

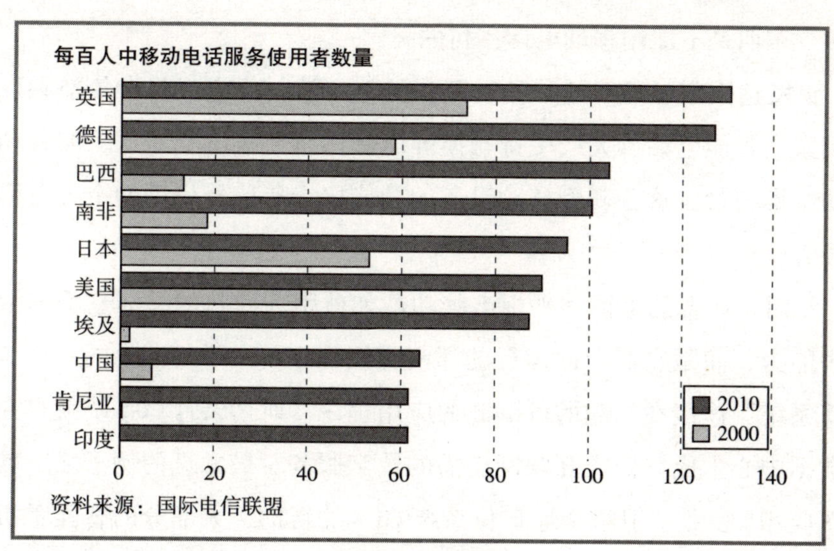

图 18.2　在移动中

移动奇迹成为可能是因为处理器和其他电子元器件的价格越来越便宜，功能却越来越强大。它们还会继续这样的趋势。简单的移动电话现在只需要 10 美元就能买到。即使在贫穷的国家，移动通话费用也不再昂贵。在印度，一分钟的移动通话只需要不到 1 美分。

移动技术不但能够让闭塞的少数人更接近全球的主流，而且还能让市场更高效，贫穷国家可以省略许多发达国家曾经建设过的基础设施。比如，农民们打个电话就能够了解到什么时候、在哪里出手他们的农产品收益最大，道路不好就不是太大的问题了。根据世界银行的判断，在发展中国家，百人电话拥有量每增加 10 部，该国的 GDP 就能够增长 0.8%。

促进社会进步的另外一个有力的工具就是可移动的资金：通过短信息来实现现金流转移。而经营这项业务最成功的是 2007 年创办于肯尼亚的 M-PESA 公司。创立四年之后，在这个人口 3800 万的国家里，它就拥有了 1300 万用户。如今这项服务已经被用来发薪、付账和捐赠：没有多少东西是不能用移动电话支付的。

在发达国家已经开始了移动革命的下一波，而它也将会传播到发展中国家。智能电话、无线手持触摸屏电脑还有平板电脑是这一波移动革命的主推力量。这些新型移动设备的功能比十年前最先进的个人电脑还要强大。

然而，让智能电话和平板电脑功能如此引人注目的并非它们的数据处理能力，而是它们上面运行的那些应用程序——那些常常同一个“云计算系统”连接在一起的可下载的应用程序。所谓云计算系统就是在一个数据中心生成并依靠互联网传播的数字服务。最常见的例子之一就是地图应用：多亏了卫星全球定位系统 GPS 的帮助，大部分的智能手机能够确定自己的位置，而应用程序之后会自动下载必要的地图来进行定位计算。

2007 年苹果公司发布 iPhone 手机，开始把各种应用程序集成到一个小小的手机上。而只用了四年时间，这样的应用就已经有几十万种之多：从游戏到信息服务再到阅读器。这些应用程序为用户提供了大量信息，而用户只需要动动手指就能够获取它们。其中一些应用程序还帮助人们克服了物理距离：个人和群体可以随时保持连接。

而最流行的一个“群信息”服务就是 BBM（黑莓信使），这个软件可以在加拿大移动研究公司（RIM）生产的智能黑莓手机上使用。用户建立自己的群并向其他群成员广播信息，信息中可以包含图片，而且不收费用。这些信息通常可以在两秒钟之内传播到全世界的各个角落。而在 BBM 以及其他类似服务涌现出来之前，人们必须亲身聚到一起才能够进行类似的交流。

在西方青少年中，BBM 非常流行（2011 年夏天英国一些城市爆发骚乱，它就发挥了巨大作用），在那些短信息还很贵的国家，情况尤其如此。

同时，在许多发展中国家，这类用户数量也飞速增长，其中一个重要原因就是，这些服务可以帮助他们绕开那些限制他们集会自由的法律限制。在现实世界中，政府防止公民在公共场所聚集要相对容易，而在虚拟世界，这样的措施实施起来就困难多了。

在今后几十年里，消费者将会受到更多类似服务的诱惑，而交流网络会更加交织密集。电信基础设施将会得到拓展升级以便满足越来越旺盛的实时虚拟服务需求。

电影中的世界是真的吗？

直到最近，还只有哈利·波特和少数几个人们想象出来的魔法师才拥有过可以移动和说话的照片。不过 2011 年初，现实的“麻瓜”世界里也有了这样的照片。让这种梦想得以实施的工具是英国的一家科技公司 Autonomy（自主魔力）推出的 Aurasma 产品，同年，这家公司被美国计算机制造公司惠普收购。用户可以将这项应用下载到自己的智能手机上，这样他们的手机就能够识别物体并将相关信息显示到手机屏幕上了。将安装了 Aurasma 的手机对准罗杰·费德勒的照片，它就会为你播放他最近一次获胜的比赛录像。

Aurasma 其实是一款“现实增强”软件。它让我们了解到在今后几十年里，人类将如何同身边的世界进行互动：虚拟世界与现实世界之间的距离正在缩短。有时候，两个世界会融合在一起。

脑电波控制设备已经让虚拟世界与现实世界汇聚在一起了。尽管如今的脑电波控制还没有达到电影《黑客帝国》里描述得那样高明（电影里，人类在一个虚拟的世界里被机器奴役），这些设备现在也已经被广泛运用到了医疗卫生、市场调查和娱乐等各种领域。

科研人员的研究更进一步，他们计划把脑电波感应器直接植入人的大脑。英特尔的科学家们正在研发一种让用户利用意念来操纵电脑的芯片。以后我们就不需要鼠标和键盘了。还有一些技术专家在探讨将一部微型移动电话植入人大脑的可行性。也许，几十年之后，新生儿一出生就会被直接植入芯片，进入这个世界的时候就带有一个独一无二的电信号码（可以作为第二个身份识别码）。无论将来被集成入其他设备还是单独使用，智能电话未来都有可能接受人体内的传感器发射信号，也向它们发射信号（最明显的好处就是医疗保健的跟踪服务）。而到2050年，得益于动能的开发利用，电话的电池永远都不会没有电。

未来，隐形眼镜会变成显示器，这样人们就可以通过叠加在人们眼镜上的数据来看世界了，就好像阿诺德·施瓦辛格在《终结者》系列影片中那样。在位于西雅图的华盛顿大学里，有一些科学家已经制造出了一副安装了可发光二极管的隐形眼镜，并可以对这副眼镜实施远程无线控制。无疑，这样的眼镜数量还会增加。

因此，我们可以期待全方位、即时的、超宽带的交流。今天与现实世界分离的虚拟世界，只能通过便携式电脑或者智能电话的屏幕才能看到，将来虚拟世界则会与现实世界并行存在。

假如物与物、物与人之间建立了一一对应的广泛联系会怎样？每个螺栓和螺母，每本书，每幅画，每部电影，每张照片，每段视频以及所有其他东西都有自己专属的互联网地址。在这样一个世界里，每个人都可以利用来自四面八方的集体智慧进行自我教育，无论是在家里，还是在三维虚拟世界里。牛津、剑桥还有常青藤名校的大门将会向所有人敞开。

> 因此，2050 年的麻瓜们将会生活在一个虚拟和真实边界模糊的世界上。而人类将会成为一个由人类和计算机组成的复杂多层次网络上的节点。

位置、位置、位置

我们生活的世界现在越来越有“随时在线”的态势，人们一直都相互联系，而在很多方面，距离也不再像以前那样重要了。然而随着距离的消亡，发生了一件奇怪的事情。从某种意义上讲，人们和事物的物理位置反而比以前更重要了。

以未来几年里可能开发出来的通信业务为例。这些服务项目中最具创造性的一些功能都是根据一个人的位置来为其提供相关度极高的信息：他正面对的那条街道，正行驶着的道路，将要去的城镇等。这样被增强了的现实同现实世界还有虚拟世界交织在一起，并没有消灭距离，而是让距离为人类服务了。

再以通信网络自身为例。它们正在变得越来越快，越来越便宜。但是，它们的物理位置变得更重要了，至少对某些应用而言情况如此。比如说，在线游戏运营商会仔细斟酌到底在哪里设置数据中心，这样用户需要的反应时间能够被降到最低。

那些为投资银行以及其他金融机构建设计算机系统的人对位置的选择更加挑剔：在高频交易的竞争中，比竞争对手慢上千分之一秒就意味着每年数千万美元的利润损失。“我们现在已经知道了光在光纤电缆当中传播 1 米需要多长时间了。”美国一家大型交易所的首席技术官如是说。只要还有赚钱的空间，这场数字龟兔赛跑就会继续下去。

更重要的是，一旦人们可以在任何地方连接网络并开始工作，他们在选择居住地的时候就自由多了。这意味着他们可以搬出城市中心。同时，这也让其他因素开始发挥作用了，比如，人们喜欢与志同道合的人居住在同一社区中。那些被美国城市生活理论家理查德·佛罗里达称为"创意阶层"（主要是些高技能的专业人士）的人现在可以更方便地居住在那些他们喜欢的地方，而不是他们供职公司所在地了。如果这些力量发挥作用的方式得当，更便宜、更好的通讯基础设施不会把人们的距离拉开，反而会让他们更紧密地联系在一起。

这个世界也因为数据网络而变平了，那些让人们彼此分开的力量现在变得更容易识别、也更重要了，特别是文化差异。几年前，大型软件公司纷纷登陆印度以及其他一些国家，因为那里的劳动力成本更低。尽管现在情况依旧如此，但现在劳动力的分工越来越细致了。产品研发工作将会被越来越细地划分，各种工作都被放在文化和政策最适宜的地方来完成。比如，德国软件巨头 SAP 习惯依托于其设置在硅谷的实验室来开发用户界面、制定市场策略，加利福尼亚州的高科技产业区在这两个方面是天下无敌的。印度的开发人员数量繁多，特别擅长开发最新的编程语言和工具，所以 SAP 的许多新产品都是在那里编程的。而德国的开发人员则以严谨著称，主要负责商业规则和 SAP 公司企业应用产品的全方位框架设计。

越来越多的证据表明，电子通信不但没有把人与人的距离拉近，反而以新的方式孤立了他们。至少在美国，人们似乎已经失去了与人交谈的兴趣。根据市场调查公司尼尔森的调查，自从 2007 年以来，四年里，美国移动电话用户的月通话时长减少了 100 分钟降到了 700 分钟（包括呼入电话）。而贸易团体美国无线通信与互联网协会（CTIA）的研究则表明，同一时期美国人的平均通话时间从每次 3 分 08 秒降到了 1 分 40 秒。

更有意思也更令人担忧的是，青少年现在不喜欢和朋友们一起玩了，而是更愿意在网络上构建自己的人际关系，通常是通过全球最大的社交网站 Facebook。有些科学家认为，这种行为模式已经改变了我们的大脑。尼古拉斯·卡尔在其作品《浅薄》当中写到，我们现在非常依赖于数码设备，而这些设备已经开始重新连接我们大脑里的“电路”了。让卡尔特别担心的一个问题是超媒体①——点击、跳过、浏览——对思维特别是工作记忆和深层记忆的影响。他说，有证据表明，数码科技正在破坏长期记忆强化过程，而这是真正智力的基础。超媒体对人与人之间的关系也会有类似的作用。

无论你是否同意，关于这个问题都会有许多激烈的争论。如果世界上出现一群“不连接人”，也没有什么可惊异的。这些人主动选择“切断纽带”，因为他们认为数字交流是非人性化的交流。

所有这些都意味着距离的消失会带来惊人的后果。如果仅以通信成本以及信息从世界的一端传播到另一端所需的时间来衡量，现在在发达国家，距离在很大程度上是被消灭了，而贫穷国家也正在迅速朝这个方向发展。但是，从某种意义上来讲，物理位置却变得更加重要了。而且技术进步还可能在人与人之间创造新的距离，这个难题需要另外一批人才的创新来攻克。

① “超媒体”一词是由超文本衍生而来的，是超文本和多媒体在信息浏览环境下的结合，以多媒体方式呈现的相关文件信息。——编者注

19
预言与进步——更少的投入，更多的收获

人类的聪明才智和发明创造力最终会证明占卜未来者，特别是末世论者的荒谬。

关于预测未来，两位运动员无意之间说出了两句最有哲理、最深刻的话，而这两位运动员都不是什么智力超群的人物。其中一个运动员是约吉·贝拉，一位美国棒球选手，他说："我从来不做预测，特别是关于未来的预测。"另一个是英国足球运动员保罗·加斯科因，他说得更好："我从未做过预测，将来也永远不做。"

预测是个吃力不讨好的差事，任何曾经做过这事的人都被证明非常不擅长此道。而且，我可以很确定地说，将来做预测的人也难逃此劫。的确，大部分情况下，即使是那些享有伟大预言家名声的人也躲不过这种噩运。比如说，阿瑟·C. 克拉克曾经预言了地球同步卫星的出现，但是他却在 1962 年预测说气垫船会成为主要的陆上交通工具，甚至认为到 20 世纪 90 年代，大路上将随处可见"禁止轮式交通工具上路行驶"的告示牌。

因此，在发表更多预言之前，我需要申明，一旦事后证明我的预言

失准，很可能会是因为下列情况的影响。第一，许多趋势的发展是非线性的，因此，在某个年代某些现象看来只是云层间的一丝丝阴霾（比如20世纪80年代末的移动通信技术和互联网），而在下一个10年就会发展成势不可当的龙卷风。第二，正如蒂姆·哈福德在其作品《适者生存》中所说的那样，大部分改变世界的创新不是靠学术上的设计或者规划而来，而是由盲目试误法的反复试验改进改良而得来的。第三，正如丹·加德纳在他的作品《未来狂言》中提到了预言者的现状倾向，也就是说他们谈现状远比谈未来谈的多。20世纪前50年间，通信技术并未发生根本的变化，而交通运输领域却发生了翻天覆地的变化，因此20世纪中叶的未来学家们都在喋喋不休地谈论太空旅行、私人旋翼飞机还有装备有喷气动力装置的背包，却没有一个人预见到互联网或者无所不在的移动电话技术。

什么都不会发生

不能指望今后的40年里一切都尘埃落定，无论是历史、科学、石油、战争、资本主义、书籍或者爱都不会在此期间完结。除了极少数特例，老技术总是同新技术共存的。人类社会的本质就是汇聚创意，而不是替代创意。同理，宣称任何东西不可能出现都是错误的。甚至连欧内斯特·卢瑟福①都把利用核能称为胡言乱语。而英国皇家天文学家史波尼克在苏联成功发射人造地球卫星“伴侣号”之前两天，还称太空旅行纯属痴心妄想。在此，我们再来引述一下阿瑟·C. 克拉克关于目标的说法：“要是一位卓越的著名科学家说什么事情是不可能的，大多数情况下，他

① 欧内斯特·卢瑟福是新西兰物理学家，核物理学的创始人，近代原子核物理之父。——译者注

是说错了。”预测任何一种技术的兴衰都是近乎不可能完成的使命。假设我能够预言远程传送机的发明，那我就能够发明它。

到目前为止，我们从过去的预言中得到的最深刻的教训就是：弥漫全球的悲观主义情绪通常都是错的。未来学的田野上到处丢弃着从来也没有变成现实的大灾难预言。再后退40年回到1971年，从我们还只是十来岁的孩子的时候，我们就一直听着各种各样耸人听闻的末世预言。大人们万分肯定地告诉我们，人口爆炸的趋势是不可逆转的，全球性的饥荒也是不可避免的，增产的粮食很快就会被消耗殆尽；向印度援助粮食只能是徒劳的，因为使用杀虫剂而引发的癌症大蔓延会缩短我们的寿命，沙漠会以每年三千米的速度迅速扩张；核爆炸后残余的辐射性粒子将会带来越来越大的风险；埃博拉病毒、汉坦病毒还有疯牛病一触即发；城市会越来越破败；酸雨会毁灭森林；石油泄露在增加；经济增长停滞；地球上不平等现象愈加严重；石油和天然气很快就会被消耗完，其他自然资源，如铜、锌、铬，也会很快枯竭；城市空气污染会愈加严重；五大湖正在消亡；每年都会有数十种鸟类和哺乳动物物种从地球上消失；一个新的冰川纪即将到来；男性精子数量减少；疯牛病会害死成千上万的人；基因改进过的杂草会吞没整个生态系统；纳米技术的发展将会失控；计算机将随着新千年的到来而崩溃，人类文明的一部分也将会随之崩塌；冬雪将变成稀罕事，飓风会变得频繁，疟疾会更厉害，气候变化会让物种成批灭绝；恶劣的天气会让更多的人死于非命，而海平面也会不断上升。所有这些都时不时地被主流媒体大肆宣扬。我在这里提到的都是大家耳熟能详的例子。

下面这些引述能够证明我并非夸大其词。1969年，联合国秘书长吴丹说：“我很担心假如我们无法在未来十年内团结全世界的力量，我提到的这些问题都会恶化到人类无法控制的地步。”1972年出版的畅销书《增长极限》封面上赫然印着这样的字句："你的后代们会为了这样一个世界而感激你吗？这个世界的工业生产几乎为零，人口锐减，天空、海洋和大地都被污染，再无净化之可能；文明只是遥不可及的回忆。这就是电脑预测出的未来世界。"1974年，杰出的经济学家罗伯特·海尔布龙纳曾说："我相信人类的未来是痛苦、艰难的，甚至也许是绝望的，因为其未来确实希望渺茫。"1974年，知名生态学者保罗·埃利克说："让印度这个国家分崩离析的历史列车已经隆隆驶出。"而1980年，就在油价下跌之前，有人在《纽约时报》撰文说："在可预见的未来，能源问题的形势不容乐观……价格会涨了再涨。"2006年，阿尔·戈尔说："几位科学家警告说，在短短10年内，我们就会面临几个倾覆点，我们可能因此不得不对地球做出不可逆的破坏，使其不再适宜人类的生存与发展。"

我在以前列出的那些预言，除了几个尚未有定论的问题之外，其他的无一例外都错了，不只是几年的差错，而是180度的方向性错误。1971年后的40年里，人口增长率减半，饥荒罕见；人均粮食产量翻倍；印度成为粮食出口国；全球人口平均寿命增长25%，考虑年龄因素折算后癌症发病率不升反降；西非的荒漠变绿了；放射性核粒子减少了90%；三分之二的核武器被卸下；大范围病毒流行没有出现；许多城市越来越繁荣；因为贫穷国家发展速度快于发达国家，全球范围的不平等现象有所缓解。石油和天然气探明储量增加，价格也一度下跌（但2008年后开始反弹）；金属价格下跌；发达国家城市污染状况大有改观；五大湖实现了自净；冰川纪并未出现；鸟类和哺乳动物灭绝的速度仍旧缓慢；精子数量没有减少；疯牛病在20年的时间里导致了72人的死亡；转基因农作物极大丰富了生物种类；我们利用纳米科技制造出了纳达抗变色铜。

即使那些并未在千年来临之际对计算机 Y2K 漏洞做任何处理的国家，如意大利和韩国，也只是遇到些许小问题。北半球冬季平均降雪量增加；热带地区热带气旋的强度达到历史新低；疟疾退却；没有哪一种物种因为气候变化而灭绝（金蟾蜍是被菌类杀死的），没有多少人因为极端天气而丧生；海平面也没有上升。

你是不是觉得我精心挑选了一些恰好能够证明我论点的例子？那么你到底倾向于哪一个末世预言呢？21 世纪最初几年里，北冰洋夏天冰层融化的速度比人们预期的要快。的确如此，但是同期南极洲夏季的冰层小幅增多了，南极洲上空的季节性臭氧层空洞确实没能修复，但是说南美巴塔哥尼亚或新西兰的皮肤癌和白内障发病率因此而增加已被证明是伪科学。至于全球变暖，1971 年到 2010 年，地球温度上升了 0.5℃，而且最近十年升温速度有所下降，这远没有 1980 年美国航空航天局的科学家詹姆斯·汉森等人所预言的那般耸人听闻。正是汉森把全球变暖变成了家喻户晓的现象。1988 年，他说，全球气温会在 2010 年上升 1.4~2.8℃。而 25 年之后，气温变暖的增幅只有这个预测的十分之一左右。

因此，请原谅我的无理，但是我只能对今天十几岁的孩子们在媒体和教科书里看到的那些可怕的挽歌嗤之以鼻。这些东西不过是帮助那些已经成为产业的形形色色对政府施压的团体还有某些已经走向穷途末路的公司骗取资金的说辞罢了。这个哈米吉多顿行业[①]总是能以事后诸葛亮的姿态安然摆脱自己的错误，而媒体甚至都不会问一下“过去的预言哪里错了？”这样一个简单的问题。可以想见，这样的情况还要持续下去。也可以想见，2050 年的媒体还是会被悲观论者统治。灾难总是迫在

① 哈米吉多顿是圣经中世界末日之时善恶决战的战场，哈米吉多顿行业指的是总是预言世界末日即将到来的预言界。——译者注

眉睫，到那时还是这样。

好消息难见天日

在1971年，末世预言是错误的，到2012年，甚至是2050年，它们也正确不了。原因很简单，就两条。第一，坏事总是比好事更具新闻性：好消息都比较平淡，而坏消息则跌宕起伏。人类总体的生活水平在不断提高，可是日常的变化一般微不可见。而战争、经济衰退、地震，乃至可能撞上地球的小行星在朗朗晴空的映衬下则更加清晰可辨。因此，一旦有吓人的事情发生，中立的和乐观的声音就会被更极端、更消极的叫嚣声淹没。全球经济每年以2%～5%的速度增长着，却鲜少有人报道。

第二，也是最根本性的一个原因。所有吓人的故事都假设了这样一个前提：人们会乖乖地听天由命。他们想当然地认为人类会傻呆呆地站在铁轨上等着迎面驶来的火车撞上自己，而不是赶快躲开。21世纪第一个10年里，虽然地球总人口增加了，但是因为干旱、洪水和暴风雨而丧命的人数却比20世纪最初20年减少了93%（见图19.1），这并不是因为极端天气不如以前危险了，而是因为科技的发展使得人们有能力降低死亡风险了——新技术包括遮蔽技术、运输技术、通信技术、医学技术等。食物缺乏则价格上涨，农民就会种更多的粮食，使用更多化肥或者进行更多实验研究如何增产；如果石油稀缺，价格就会上涨，就会出现新的钻探技术；如果铜等金属变贵了，人们就会找到它们的替代品；污染严重了，清洁空气法案就会被制定实施。维多利亚时代的一位在很多领导都非常卓越的经济学家威廉·斯坦利·杰文斯一时糊涂，做出了“寻找煤炭的任何替代燃料都是徒劳的”这样的论断：就在他口出此言6年以后，石油就被开采出来了。人类同其赖以生存的能源之间的关系并不是人们从一块越来越小的巧克力上取下自己所需，而是人类的聪明才智同自然的局限性之间的角逐，在这场角逐中，价格总是会努力引向成果丰硕的方向。

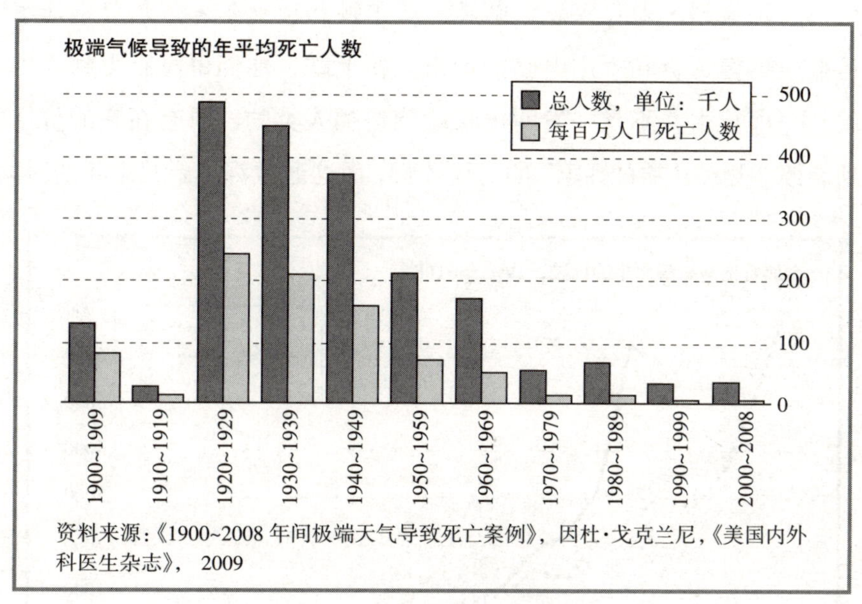

图 19.1　气候灾难致命性降低

人人负担得起的未来

更便宜，这才是关键。经济增长靠的就是减少人们为了满足自身需求和愿望所必须花费的劳动时间（见图 19.2）。完全自给自足的个体每天都需要耗费几个小时来满足自己最基本的衣食住行需求，而参与全球劳动力分工、收入中等的现代人每天工作几个小时就能赚到足够的钱来购买美味的食物、时髦的衣饰，租住舒适的房屋。1950 年一块三明治的价格相当于工资收入达到平均水平的人工作 30 分钟的薪酬，而今天只相当于其工作 3 分钟的薪酬。没有人喜欢强盗资本家，但 19 世纪末，他们正是靠着降低生产成本而致富的。从1870年到1900年，科尼利厄斯·范德比尔特使铁路货运的价格降低了90%，安德鲁·卡耐基使得钢铁价格下降了75%，而约翰·D.洛克菲勒则使石油价格便宜了80%。一个世纪之后，马尔科姆·麦克莱恩，萨姆·沃尔顿和迈克尔·戴尔分别让集装箱运输、零售百货和家用电脑的价格大幅下跌，他们也没有得到人们的爱戴。一项技术并不是一发明出来就能造福人类的，只有在它的价格便宜到能够“飞入寻常百姓家”的时候才行，而这通常都需要几十年的时间。

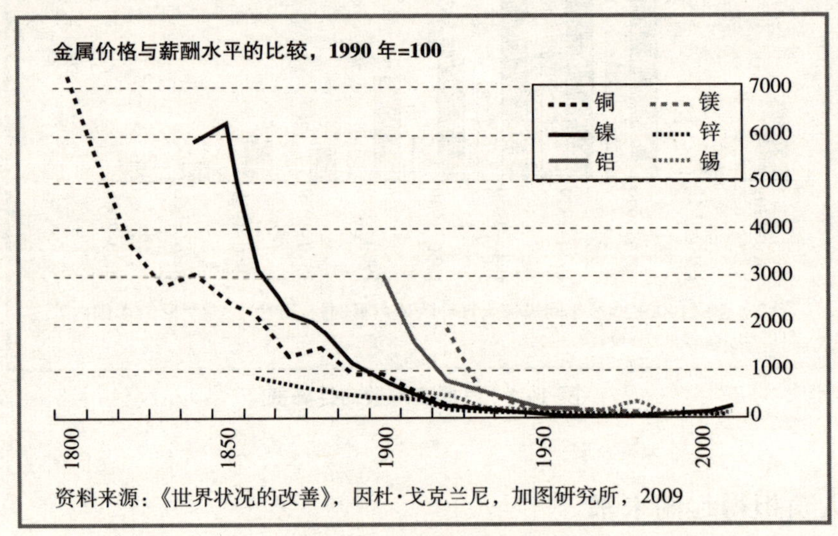

图19.2 金属越来越便宜

未来40年里，什么商品和服务会变得便宜呢？也许是能源。得益于新技术的开发，天然气和石油都能够以更便宜的价格输送到用户手中，而太阳能的价格正在持续下降，很快就无须借助政策补贴来达到民众能接受的价格了。因为石油和太阳能能源完全可以结合起来，夜晚用汽油，白天用光电装置。如果能够控制好安全措施的费用，摒弃早期一直使用的铀燃料水体冷却技术，而采用本质上更安全的钍元素来发电，核能的价格也会下降；冷核聚变这样用途广泛的技术也会出现；高温超导技术也很有用处。但是不管是什么技术，最终结果就是能源很可能变得便宜，而不是变贵。传统的可再生资源，比如风、林木和水在价格竞争中是不会有太大作为了，也不足以生成能够满足未来能源需求的能量，因为那会需要大量的土地，而现在有那么多人想要购置和保有土地，土地的价格不会降低。除了一些小范围的应用，到了2050年它们就会变成像白象一样耗资巨大却作用不大。那时，我们的孙辈会感到非常不解，现在政策补贴这些能源的热情怎会如此高涨。

生物技术也是降低价格的一个很好的选择。基因科学和分子生物学研究在过去40年里取得了一系列突破，而这些突破对研究者的意义远比它们对病人和消费者的意义大。干细胞技术最令人兴奋的特点就是，运用得当的话，它的价格会变得低廉，人们可以负担得起。我们可以把患者连接在机器上，取出细胞，对它们进行重组，然后再植入患者体内。作为组织修复的方式，它比外科手术便宜而且给患者造成的痛苦更小。同样的，癌症治疗也即将取得突破，寻找小到足以通过细胞膜的小分子来打击癌细胞的老办法正在被淘汰，人们可能会利用疫苗和滤过性病毒疗法来把细胞内的大分子运送到需要它们的地方。而且，这比放化疗便宜，且更加有效。过去十年里带给我们最多希望的一种趋势就是，各种癌症的死亡率都有所下降。到2050年，癌症死亡率下降得会比今天心脏病和中风的死亡率下降得更加快速。

通信费用在过去40年里降速惊人，而在今后40年里，其费用必将触底。一旦超宽频道每分钟的费用变成了“零”（今天就差不多这样了），那么再降低它的费用，生活水平也不会因此而改善多少。而这些年来降低运输成本主要靠从业者的积极进取而不是技术的进步（廉价航空班机使用的发动机从本质上来讲同40年前的发动机并无不同），而今后几十年里，交通运输行业也会努力变得更加廉价。然而拥挤的城市无法改进其基础设施，由此而导致的交通拥堵问题将会是降低交通运输成本所面临的重要瓶颈。

更便宜的政府？

那么政府呢？总的说来，过去40年里政治家和他们治下的官僚机构并未在降低其提供服务成本这方面做出太多努力，甚至可以说没有分毫努力。事实上，纳税人为了得到政府的服务而付出的劳动时间显著增加，但政府提供的服务质量并未有多少可见的改善。生产力取得的任何提高都被公共事业部门更高的薪酬和更多的养老金支出吞噬了；公共服务部门就像垄断企业。当然，出现这种情况也不是没有原因的，这个原因多少还有些说服力——政府提供的这些服务，从基础设施到医疗卫生保障、社会服务，再到国防、法制建设，凡此种种，降低成本的空间都不大。的确，随着衣、食、住、通信还有娱乐（由私营机构提供的）越来越便宜，我们现在能够采撷的果实都挂在高高的枝头上了。这些都是生活中成本不易变低的东西，比如护理服务。如今，农业和制造业廉价到降无可降的程度，这方面的支出在我们满足需求的支出中所占的比例小得可怜，继续降低它们的成本并无太大意义；必须拿服务业开刀。正如泰勒·考恩在其作品《大停滞》中暗示的那样，收益递减时代将会最终到来。

其实它早就该来了。从约翰·穆勒和大卫·李嘉图的时代，乃至亚当·斯密的时代开始，经济学家们就开始对它翘首以盼。他们认为增长不会一直加速，而增长也不一定会让收益增加。假设我们再也找不到能够变得更富创造性的技术，全球的发展变缓，那么从1800年开始就一直持续的发展势头就实现了逆转。这是我不认为情况真会如此的理由之一。

我的另外一个理由是，在世界的某个地方，总会有人能够找出办法来提升医疗保健、房屋建筑、交通运输和饭店管理的质量，同时降低其成本。创新常常是通过思想的碰撞和融合产生的，而不是靠某些天才关起门来冥思苦想想出来的，因此，互联网实际上加速了创新的步伐，也增加了找出便宜解决方案的机会。

经济增长的一个特点常常被人忽视，这个特点就是，政治实体越大，经济增长越稳定。比起一座城市，一个国家走向穷途末路的可能性要低许多，而一个大洲则比一个国家稳定。而全球的经济增长则更平稳，其中一个重要的原因就是地球无处借贷。“二战”之后，全球经济只有一次增长率低于零，那就是 2009 年时的 –0.6%。而全球的实际人均 GDP 自从 1970 年至今已经增长了 1 倍。如果今后 40 年里，实际人均 GDP 再增长 1 倍，全球居民平均年收入折算成今天的美元价值就会达到 22000 美元，比现在一些欧盟国家的人均 GDP 还要高。

更可持续发展的未来

根据马尔萨斯人口论，生活水平越高消耗的资源也就越多，这个说法是不正确的。以土地资源这种有限而又重要的资源为例：随着人们越来越富裕，要为一个人提供衣、食、住和燃料所需要占用的土地资源数量一直在减少而不是增加。农业产量提高，用人造羊毛替代天然羊毛，用中央燃气取暖设施代替木柴取暖，使用钢筋或者煤渣混凝土砖等新型建筑材料来代替木材，所有这些改变都能够减少支持一个人基本生活方式所需占用的土地资源数量。人们渐渐向城市迁移，这也减少了每个人需要的土地面积，也使得乡村变成了支持城市居民生活方式的后方基地。其他一些资源的情况也大致相同，随着生活方式越来越现代化，对这些资源的使用也更加节约。在这 20 年里，世界经济的能源强度，也就是单位产值能耗也一直在下降。因此对野生动物的最大威胁来自贫穷国家而不是富裕国家，这绝不是偶然。比如说在海地，大部分人都用不起化石燃料，主要依靠木材作为能源，甚至连面包房都用木炭，因此该国的森林覆盖面积减少了98%。而海地的邻国，多米尼加共和国相对富裕得多，其森林覆盖面积就有所增加。

一种叫做“净初级生产力的人类占用（HANPP）”的指标更能说明问题。维也纳大学的赫尔穆特·哈伯尔算出人类为了自己和家畜的生活而限制了14.2%的植物生长，同时因为修建道路或野放羊群而挤占了植被9.6%的生长空间，留给大自然的空间是76.2%。但是，这还不是问题的全景。尽管总的来说人类限制了植物的生长，但在某些地方人类也利用灌溉土壤和施肥等手段促进了植物的生长。甚至在相当广大的区域内，这种促进植被生长的作用非常明显，已经抵消了人类留用份额（比如北欧），甚至超出了人类留用份额（比如尼罗河三角洲）。也就是说，即使在人类取用之后，可以为自然所取用的初级生产资源也与不存在人类干预的条件下相差无几。因此，在大多数工业化水平高的地方，“净初级生产力的人类占用”效应都不明显。现在假设地球上的其他地方也朝着这个方向逐渐发展，稳步提高人类消耗的植物资源，同时也逐步增加其他动物们的植物资源供给。有一天90亿人阔绰地生活着，而野生植物和动物的生活实质上却丝毫不受影响，难以置信吧？所有证据都表明，只要能源和水足够，这样的情况还是可能实现的。换而言之，如果我们能够从陆地以外的地方来获取能源（还有水），我们就能节省大量的土地，而不像早期原始农业那样依靠对土地的大肆掠夺来进行，因为那时还没有现代化的施肥和灌溉技术。

因此，对于2050年的世界，我有一个很乐观的预期——这将是一个生态环境全面恢复的时期。现在发达国家正以惊人的速度植树造林，比如新英格兰地区，过去农用地面积为70%，而现在的森林覆盖率是70%。2050年，尽管我们需要供养更多的人，但全世界可能都在做同样的事情。重新野化的非洲、美国中西部还有中亚地区可能会再次成为一群群迁徙哺乳动物的家园。正如目前富裕国家已经将一些动物从濒临灭绝的绝境中解放了出来一样，到2050年，许多亚洲国家，甚至是一些非洲国家也能做到这一点。到那时候，也许对某些物种而言已经太迟了，也许还来得及。就算野生老虎绝迹了，未来富裕的印度将驯养的虎野化也不是没有可能。2050年人们可能让哺乳动物复活，而猛犸象可能会是第一个。原因有二,一是冰冻保存的猛犸象状态良好，二是如今已经成功提取了高质量的猛犸细胞。对这样一个细胞进行基因重组，将它培养成胚胎，将其植入印度象体内，让印度象孕育出一头猛犸幼崽现在听起来似乎还很离谱。不过，别忘了，1970年的时候，试管婴儿的说法还像是天方夜谭，可是7年之后就成为了现实。

工匠精神（传承创新版）：员工核心价值的锻造与升华

崔学良　何仁平◎编著

出版日期：2016 年 6 月　页码：248　定价：35.00 元　ISBN 978-7-5158-1649-4

Spirit of Craftsman

2016 年政府工作报告首倡“工匠精神”：鼓励企业开展个性化定制、柔性化生产，培育精益求精的工匠精神，增品种、提品质、创品牌。

让有工匠精神的工人活得体面、有尊严，让有工匠精神的企业拥有健康的市场竞争环境，让工匠精神成为一种社会共识与社会心理。

工匠精神的传承与创新：内修于心，外修于行

粗劣的生活源自粗劣的工作，敷衍了事会摧残梦想、放纵生活、阻挡前进。如果可以放下被时间、利益驱赶着的焦躁和疲乏，将温度和情感浓缩进所有的产品中，你就是这个时代的工匠，你传承的就是工匠精神。

严实精神
中国精神的深层力量
汲取中华优秀传统文化传承的精神力量
严实精神
北京大学中文系教授，博士生导师，著名评论家 张颐武谨献
中华优秀传统文化中的精神力量
企事业单位、党政机关、军队和学校的"工匠精神"
与中华优秀传统文化紧密结合的"两学一做"践行读本

分享经济时代：新经济形态，分享什么，如何分享

[美] 杰夫·贾维斯（Jeff Jarvis）◎著

政府官员、企业和公众的分享经济使用手册

正在改变你我工作和生活方式的分享新生态

出版日期：2016 年 7 月　页码：280　定价：39.00 元　ISBN 978-7-5158-1653-1

Public Parts: How Sharing in the Digital Age Improves the Way We Work and Live

促进“互联网 +”新业态创新，鼓励搭建资源开放共享平台，

探索建立国家信息经济试点示范区，积极发展分享经济。

——《中华人民共和国国民经济和社会发展第十三个五年规划纲要》

支持分享经济发展，提高资源利用效率，让更多人参与进来、富裕起来。——2016 年《政府工作报告》

《分享经济时代》一书打破了人们旧有的习惯。贾维斯基于大量的采访，为我们介绍了在分享的基础上取得了不菲成就的人们，并探索出一种非凡的方式来帮助我们协作、思考、组织和创造。